Stephan Leithner (Hg.)

Nachhaltige Kapitalmärkte

Stephan Leithner (Hg.)

Nachhaltige Kapitalmärkte

Die Transformation erfolgreich gestalten

.

HERDER

FREIBURG · BASEL · WIEN

© Verlag Herder GmbH, Freiburg im Breisgau 2021
Alle Rechte vorbehalten
www.herder.de

Satz: Carsten Klein, Torgau
Herstellung: GGP Media GmbH, Pößneck

Printed in Germany

ISBN Print 978-3-451-39162-0
ISBN E-Book 978-3-451-82634-4

INHALT

Vorwort des Herausgebers

Der Umbau unserer Volkswirtschaften auf Nachhaltigkeit in allen Bereichen ist die zentrale Aufgabe der nächsten beiden Jahrzehnte. Wie dringlich es ist, unsere Ökonomien neu auszurichten, wird uns täglich vor Augen geführt: Dramatische Bilder der Auswirkungen von Naturkatastrophen rücken die Auswirkungen des laufenden Klimawandels an die Spitze der politischen Agenda. Berichte über soziale Spannungen und Forderungen nach einer gerechteren Einflussverteilung in Wirtschaft und Gesellschaft gewinnen an Fahrt – und führen zu entsprechenden gesetzgeberischen Reaktionen. Und nicht zuletzt geben grobe Verfehlungen in der Unternehmensführung mit der Finanzkrise, Bilanz- und Abgas-Skandalen Anlass für eine anspruchsvollere Compliance-Kultur. Die öffentliche Debatte darüber bestimmt unser gesellschaftliches Leben und politisches Handeln, sie verändert die Produkte, die wir konsumieren, die Prozesse, in denen wir sie herstellen, und die Investitionen, die unsere Unternehmen dafür tätigen. Sie bewegt unsere Gesellschaft, unsere Politik und unsere Wirtschaft in gleicher Weise. Sie ist nicht nur Sache von Entscheidern; sie ist Sache von uns allen.

Die große Transformation, die vor uns steht, wird ökologische und soziale Standards einer neuen Qualität erfordern, und sie wird die Formen unserer Unternehmensführung grundlegend verändern. Die Trias Environmental, Social and Governance – kurz ESG – wird auch neue Maßstäbe am Kapitalmarkt setzen. Mehr noch: Ohne den Kapitalmarkt würde sich die Transformation nur allzu leicht in Bekundungen eines guten Willens erschöpfen – und in der unternehmerischen Praxis leerlaufen. Im Klartext: Der Kapitalmarkt spielt nicht nur eine zentrale Rolle bei der Finanzierung der Transformation – er macht sie überhaupt erst möglich: Diese Überzeugung vereint alle, die zu diesem Buch beigetragen haben, bei allen Unterschieden in den Details.

Das gilt auch für diejenigen, die am Kapitalmarkt teilnehmen und ihn organisieren. Die Neuausrichtung der Finanzindustrie entlang der drei ESG-Dimensionen ist in vollem Gange. Aus äußerem Handlungsdruck und innerer Überzeugung entstehen täglich neue Initiativen, die den Kapitalmarkt entlang der drei ESG-Dimensionen auf Nachhaltigkeit umrüsten. Es ist leicht, hier den Überblick zu verlieren, und nicht alles ist so gut abgestimmt, wie das zu wünschen wäre. Das macht es umso wichtiger, über den eigenen Horizont hinauszublicken und einen Dialog all jener in Gang zu setzen, die ein legitimes Interesse an dieser Transformation haben.

Zu diesem Dialog möchten wir mit dem vorliegenden Buch beitragen. Es ist uns gelungen, über 30 bedeutende Führungspersönlichkeiten aus Politik und Wirtschaft zusammenzubringen, die zu dem Thema etwas zu sagen haben. Investoren, kapitalsuchende Unternehmen, Banken und Marktinfrastrukturbetreiber schildern nicht nur ihre persönlichen Vorstellungen von der Transformation; sie skizzieren auch konkrete Best Practices, übertragen sie auf den Gesamtmarkt und leiten konkrete Anforderungen an und Empfehlungen für die nächste Etappe ab. So entsteht ein Austausch über die bestmöglichen Rahmenbedingungen für eine nachhaltige Transformation unserer Wirtschaft mithilfe der enormen Schubkraft, die allein ein gut organisierter Kapitalmarkt zu entfalten imstande ist. Die Konkretheit, die Breite und die Wucht der Initiativen, die bereits angelaufen sind oder unmittelbar bevorstehen, geben Anlass zur Zuversicht. Die hier entwickelten Handreichungen für notwendige nächste Schritte lassen an Klarheit nichts zu wünschen übrig; wir sollten sie ernst nehmen. Wir hoffen, dass der hier begonnene offene Diskurs zu einer breiteren öffentlichen Diskussion beiträgt.

Ich danke den Autorinnen und Autoren an dieser Stelle sehr herzlich für ihr Engagement und unseren Austausch während der letzten Monate. Ich danke auch Dr. Nicolaus Heinen, Leiter der ESG-Strategie der Gruppe Deutsche Börse, ohne dessen Impuls und unermüdliches Engagement dieses Buch nicht entstanden wäre, Achim Brosch für seine Unterstützung bei der Erstellung des Manuskripts insbesondere auch in der inhaltlichen Ausarbeitung der ersten Kapitel. Vielen weiteren Personen inner- und außerhalb der Deutschen Börse gebührt Dank für den regen Ideenaustausch: Die Vielseitigkeit des Geschäftsmodells und der Mitarbeiterschaft, durch die sich die Deutsche Börse auszeichnet, ist ein ideales Umfeld, um ein solches Buch zu erarbeiten und der Öffentlichkeit vorzulegen. Und nicht nur das: Sie ist auch das beste Rüstzeug für alle Herausforderungen der großen Transformation, die die Deutsche Börse nicht nur für sich aktiv gestaltet, sondern mit ihren Kunden als Marktinfrastrukturdienstleister gemeinsam mit dem Blick auf unsere Verantwortung über unsere Generation hinaus erfolgreich meistern wird.

Dr. Stephan Leithner
Mitglied des Vorstands
Deutsche Börse AG

I.

Die große Transformation als Aufgabe für den Kapitalmarkt

Die Umstellung der Ökonomien weltweit auf ein nachhaltiges Wirtschaften ist die größte Aufgabe, die wir in unserer Zeit zu meistern haben. Diese Einsicht ist in unserem noch jungen Jahrhundert aus den Rändern des öffentlichen Diskurses in dessen Mittelpunkt gerückt. Umweltthemen dominieren die mediale Berichterstattung in einer neuen gesellschaftlichen Breite. Große Teile der Bevölkerung – und ganz besonders der jungen Generation – nehmen den Klimawandel und andere Bedrohungen unserer natürlichen Lebensgrundlagen, aber auch den mangelnden Fortschritt zu einer gerechteren, demokratischen Welt zum Anlass, sich in neuer Qualität einzubringen: in ihrem Konsumverhalten und in einem seit den 1970er und 1980er Jahren nicht gekanntem politischen Engagement. Sie stellen Fragen nach unserer Verantwortung für künftige Generationen, die für Führungskräfte in Wirtschaft, Gesellschaft und Politik nicht von der Hand zu weisen sind. Viele Jugendliche gehen für umweltpolitische Ziele auf die Straße, und breite Bevölkerungskreise üben über soziale Medien mit oft hoher Professionalität Druck auf die traditionellen Verantwortungsträger aus. Mit Erfolg: Innerhalb weniger Jahre ist ökologische Nachhaltigkeit zur obersten Priorität vieler politischer Akteure auf regionaler, nationaler und internationaler Ebene geworden. Das zeigt sich nicht nur am Green Deal der Europäischen Kommission; auch der zurückliegende Bundestagswahlkampf war stark vom Thema Nachhaltigkeit bestimmt.

Auch überkommene parteipolitische Gewichtungen haben sich vor diesem Hintergrund verschoben. Neu ist vor allem, dass Nachhaltigkeit inzwischen allgemein als dringlich anerkannt wird: Es hat sich ein breiter gesellschaftlicher Konsens gebildet, dass uns die Umstellung innerhalb einer Generation gelingen muss: also in den nächsten 25 Jahren. Selbst unabhängige Organe wie das Bundesverfassungsgericht mit seinem jüngsten Grundsatzurteil bestätigen diese Sicht der Dinge. Sie nehmen die Politik in die Pflicht, über die aktuelle Generation hinaus zu handeln und z. B. den Abbau der Treibhausgasemissionen ab 2031 besser zu regeln. Diese Breite der Dynamik hat eine neue Qualität gewonnen und gibt der Transformation einen disruptiven Charakter.

Die Diskussionen über Nachhaltigkeit beschränken sich nicht auf den Klimawandel. Wir beobachten zugleich eine völlig neue Dynamik und Schärfe in der Auseinandersetzung über Gerechtigkeit und den sozialen Zusammenhalt unserer Gesellschaft. Die Covid-19-Pandemie der letzten beiden Jahre hat nicht nur die reale gesellschaftliche Kluft zwischen Arm und Reich, sondern auch den Kontrast zwischen sozialer Ausgrenzung und eingebildeter Überlegenheit verstärkt und so die Debatten über soziale Inklusion weiter verstärkt. Nach fünf Jahrzehnten mäßigen Fortschritts in der Gleichberechtigung der Geschlechter hat die Debatte zur Anerkennung von Diversität und zur Rolle von Frauen in Führungspositionen der Wirtschaft eine deutlich schärfere Form angenommen. Auch internationale Ungleichgewichte werden offen adressiert: Ungleiche Standards in der Beschäftigung, von denen globale Unternehmen bislang zumindest indirekt über die weltweite Arbeitsteilung profitieren konnten, werden infrage gestellt und gesetzgeberisch zunehmend eingeschränkt, wie zuletzt im deutschen Lieferkettengesetz.

Gleichzeitig sehen wir im Zuge der Aufarbeitung verschiedener Skandale aufgrund mangelnder Compliance und Fälle des Missbrauchs wirtschaftlicher Macht, dass Nachhaltigkeit auch Fragen zur guten Unternehmensführung aufwirft – wie etwa beim Abgasskandal deutscher Automobilfirmen oder bei der spektakulären Insolvenz des Zahlungsdienstleisters Wirecard. Keines dieser Themen ist heute aus den Agenden von Geschäftsführungs-, Vorstands- und Aufsichtsratssitzungen wegzudenken. Gleichzeitig haben sich an der Schnittstelle zwischen Wirtschaft und Politik die Transparenzanforderungen für den Dialog mit verschiedenen Anspruchsgruppen erhöht: den Kapitalgebern, der Kundschaft, internationalen Nichtregierungsorganisationen etc. Damit wird deutlich: Nachhaltigkeit umfasst Umweltthemen ebenso wie Soziales und Unternehmensführung, englisch Environment, Social, Governance – ESG. ESG ist zum bestimmenden politischen, wirtschaftlichen und gesellschaftlichen Thema unserer Zeit geworden.

Das bedeutet zugleich: ESG ist als Umsetzungsanforderung in der Realpolitik angekommen. Der European Green Deal, auf den sich die Europäische Union im Dezember 2019 einigte – in sicher nicht zufälliger Analogie zum großen Aufbruch des New Deal in den USA der 1930er Jahre –, sieht jährlich zusätzliche Investitionen von 260 Milliarden Euro oder 1,5 Prozent des EU-weiten Bruttoinlandsprodukts vor. Er setzt dabei auf den öffentlichen ebenso wie auf den privaten Sektor. Auch in den USA hat sich die Biden-Administration nach einem zeitweiligen Rückschritt in der Trump-Ära des Themas wieder beherzt angenommen. Die USA sind zum Pariser Klimaschutzabkommen zurückgekehrt. Bidens Clean-Energy-Plan sieht vor, in den nächsten vier Jahren über zwei Billionen US-Dollar in den Klimaschutz zu investieren. Und auch beim jüngsten G7-Gipfel in Cornwall stand neben der

Coronapandemie der Umweltschutz im Fokus der Gespräche auf höchster politischer Ebene. Nur wenige Wochen nach dem Erscheinungstermin dieses Buchs stehen mit dem UN-Klimagipfel COP 26 im schottischen Glasgow weitere Weichenstellungen an. Kein Zweifel: Die nachhaltige Transformation unserer Gesellschaften und Volkswirtschaften ist im Gang.

Von Transformation zu reden ist das eine; sie auch umzusetzen ist das andere. Notwendige Bedingung für den Wandel ist seine Finanzierbarkeit. Die Investitionssummen, die hier im Spiel sind, zeigen: Diese Transformation wird es nicht umsonst geben. Die Internationale Energieagentur IEA geht davon aus, dass die jährlichen Investitionen im Energiesektor von jährlich zwei Billionen US-Dollar auf fünf Billionen US-Dollar jährlich erhöht werden müssen, um bis 2050 das Pariser Klimaziel einer Erderwärmung von maximal 1,5° C zu erreichen.[1] Und das sind nur die Summen für die ökologische Nachhaltigkeit: für das »E«. Schätzungen für den erforderlichen Wandel bei »S« und »G« liegen noch gar nicht vor. Aber auch sie werden kommen.

Eines ist schon heute gewiss: Diese enormen Summen wird die öffentliche Hand nicht allein stemmen können: weder von den Volumina noch von den Planungskapazitäten her. Auch die öffentlichen Banken und Förderinstitute stoßen hier an ihre Grenzen und sind im Sinne unserer marktwirtschaftlichen Grundkonzeption auch nicht gedacht als Träger einer Neuausrichtung. Um das Ziel einer Netto-Null-Wirtschaft zu erreichen, dürften weltweit Investitionen in Höhe von 50 bis 100 Billionen US-Dollar nötig sein; das geht aus Angaben des Intergovernmental Panel on Climate Change der Vereinten Nationen und des Vermögensverwalters BlackRock hervor.[2]

---

1   Vgl. Internationale Energieagentur (2021). *Net Zero by 2050 – A Roadmap for the Global Energy Sector.* Paris

2   Vgl. BlackRock (2021). *A sea change in global investing. Integrating climate into portfolios with ETFs.* New York

Damit wird deutlich: Die grüne Transformation wird nur gelingen, wenn wir es schaffen, im großen Maße privates Kapital für sie zu mobilisieren. Auch hier gilt aber: Banken allein können diese enorme Finanzierungsaufgabe nicht bewältigen. Sie sind keine Eigenkapitalgeber, und aufgrund der politischen Bemühungen um eine Stabilisierung und Regulierung ihrer Bilanzen im Gefolge der Finanzkrise nach 2007 sind auch ihren Fremdkapitalkapazitäten enge Grenzen gesetzt. Gerade in Europa besteht darüber hinaus eine unveränderte politische Sorge über eine im internationalen Kontext zu große und einseitige Abhängigkeit von Banken auch im Kontext potenzieller Krisen. Allerdings kann der Kapitalmarkt als einzige Ergänzung und Alternative zu Staat und Banken bei der Eigen- und Fremdkapitalfinanzierung des Umbaus eine zentrale Rolle spielen und auch die damit verbundenen Risiken in den Griff bekommen. Es führt kein Weg daran vorbei: Die ökologische Transformation ist nicht zu schaffen, ohne dass diejenigen konsequent in die Pflicht genommen werden, die über die nötigen Mittel und das nötige Netzwerk verfügen, um langfristige Veränderungen voranzutreiben. Das sind die Kapitalmarktteilnehmer, und für sie heißt es vor allem: das dafür nötige Kapital bereitzustellen und ihre Portfolios am Kapitalmarkt entsprechend auszurichten.

Gerade weil die Veränderung so tiefgreifend und die Unsicherheit über die richtigen Ansätze in der Praxis zur Umsetzung hoch ist, gilt: Wir müssen die Schumpeter'sche Kraft der schöpferischen Zerstörung und Kreativität des Kapitalmarkts für die Transformation in Richtung Nachhaltigkeit noch besser nutzen. Es sind ergebnisoffene, dezentrale Entdeckungsprozesse, koordiniert über offene und transparente Märkte, die unser Wirtschafts- und Gesellschaftssystem so erfolgreich machen. Zentrale Steuerungssysteme wären mit komplexen Prozessen dieser Größenordnung schlicht überfordert. Der Staat muss Ziele setzen, einen klaren Rahmen vorgeben und in Einzelfällen auch Marktversagen korrigieren bzw. selbst investieren. Doch bei allem, was darüber hinaus geht, sollten ihm in unserer marktorientierten Wirtschaftsverfassung enge Grenzen gesetzt sein. Gerade bei der Transformation hin zu mehr Nachhaltigkeit kann sich daher einmal mehr die Stärke und globale Bedeutung der gerade für Deutschland so prägenden sozialen Marktwirtschaft zeigen – sofern es ihr gelingt, auch das volle Potenzial des Kapitalmarkts auszuschöpfen. Dieses Potenzial gründet sich nicht nur auf seine Fähigkeit, Finanzmittel zu mobilisieren, sondern auch auf seine Kapazität zur schnellen Verarbeitung von Informationen, seine weltweite Vernetzung und seine Kompetenz darin, rasch auf Veränderungen im konjunkturellen oder geschäftlichen Umfeld zu reagieren. Es liegt also in unser aller Interesse, das volle Potenzial des Kapitalmarktes für die Transformation der Gesellschaft und der Industrie zu nutzen.

Die Finanzbranche und alle Kapitalmarktteilnehmer haben zudem ein hohes Eigeninteresse daran, strukturellen Reformbedarf rechtzeitig vorwegzunehmen und umfassend voranzutreiben. Wenn die Industrie diese Transformation heute mangels Zugang zu notwendigen Finanzierungen versäumen sollte, kommt sie morgen auch nicht mehr als Kundschaft der Finanzbranche infrage: Unbewältigte Transformationsaufgaben würden zu grundsätzlichen, unakzeptablen Risiken auch aus Sicht von Kredit- und Kapitalgebern führen. Übersteuert der Kapitalmarkt jedoch kurzfristig, und entstehen unter öffentlichem oder politischem Druck unrealistische Anforderungen für den Zugang zu Finanzierungen, bestehen umgekehrt erhebliche Risiken einer kurzfristigen Kapitalverknappung für Staaten, Wirtschaftsbereiche und Unternehmen, die für die Transformation mehr Zeit brauchen.

Hier gilt es, klare Ziele zu formulieren, konkreten Handlungsbedarf aufzuzeigen, diesen in Transformationspläne umzusetzen sowie konkrete Kontrollmechanismen für die erreichten Fortschritte einzuführen. Entscheidend für den Erfolg wird ein gut ausbalancierter Ansatz sein, bei dem politische Entscheider und maßgebliche Kapitalmarktteilnehmer im engen Austausch bleiben und immer wieder »E«, »S«, und »G« als Ganzes denken: einseitige, kurzfristige, rein ökologische Perspektiven würden weitreichende soziale Probleme nach sich ziehen. Ohne starke und glaubwürdige Governance-Strukturen für die Transformation bestünde aber auch die Gefahr einer mangelnden Bereitschaft des Kapitalmarktes, »braune Aktivitäten« zu finanzieren: ein Spannungsfeld, das am Beispiel des Kohleausstiegs in manchen deutschen Regionen oder an den Sorgen um die deutsche Autoindustrie als Motor für Wohlstand und Beschäftigung bei gleichzeitigem Übergang zur Elektromobilität deutlich wird. Ein weiteres Mal zeigt sich hier die Bedeutung eines umfassenden und systemischen ESG-Ansatzes.

Kapitalmärkte sind somit zentrale Transmissionsriemen für mehr Nachhaltigkeit. Umfassende Nachhaltigkeit erfordert einen systemischen Wandel. Diesen Weg können wir nur gemeinsam gehen: im unmittelbaren Austausch, indem wir uns gegenseitig beständig korrigieren und auf diese Weise gemeinsam besser werden. Daher gilt es, eine möglichst breite Öffentlichkeit für die bedeutende Rolle zu sensibilisieren, die der Kapitalmarkt und seine Anspruchsgruppen – also Banken, Versicherungen und Vermögensverwaltungen, aber auch die Marktinfrastrukturen – bei der Finanzierung des notwendigen Wandels spielen können, wollen und müssen.

Die maßgeblichen Akteure am Kapitalmarkt sind inzwischen mit voller Kraft dabei, ihre Geschäftspolitik an ESG-Kriterien auszurichten. Am guten Willen fehlt es nicht, ebenso wenig an der Kraft, ihn auch in die Tat umzusetzen. Entscheidend für den Erfolg und das Tempo wird es aber sein, dass sich dabei das Gesamtökosystem Kapitalmarkt an den neuen Anforderungen ausrichtet und damit der Schritt von einzelnen nachhaltigen Finanzprodukten zu einem nachhaltigen Kapitalmarkt gemacht wird.

2.

Vom nachhaltigen Finanzprodukt zum nachhaltigen Kapitalmarkt

Nachhaltige Finanzierung bzw. Sustainable Finance gibt es seit langer Zeit – doch bisher nur als Thema einzelner Akteure und auf Basis einzelner «nachhaltiger Produkte». Schon im 18. Jahrhundert ächteten die Quäker Investitionen in Unternehmen, die mit Waffenproduktion und Sklavenhandel zu tun hatten. Ende des 19. Jahrhunderts vergaben die von Friedrich Wilhelm Raiffeisen gegründeten Genossenschaften Kredite zu fairen Bedingungen, schulten mit den Erträgen die Landbevölkerung und blieben dennoch profitabel. Heute würde man das »Impact Investment« nennen. Im letzten Drittel des 20. Jahrhunderts trieben soziale Bewegungen, Nichtregierungsorganisationen wie Greenpeace oder der World Wildlife Fund und die mit ihnen verbundenen politischen Parteien das Thema mit zunehmender Vehemenz und steigender Popularität voran. Ein wichtiger Weckruf war der 1972 veröffentlichte Bericht des Club of Rome, dessen Titel »Die Grenzen des Wachstums« zum geflügelten Wort geworden ist. Ein weiterer Meilenstein in der öffentlichen Nachhaltigkeitsdiskussion war der sog. Brundtland-Bericht der Vereinten Nationen, der 1987 unter dem Titel »Unsere gemeinsame Zukunft« erschien; Gro Harlem Brundtland, die lang-

jährige Ministerpräsidentin Norwegens, war bei der dafür eingesetzten Kommission in Federführung. Der Bericht enthält die bis
heute maßgebliche Definition von Nachhaltigkeit:

»Nachhaltige Entwicklung ist Entwicklung, die die Bedürfnisse
der Gegenwart befriedigt, ohne zu riskieren, dass künftige Generationen ihre eigenen Bedürfnisse nicht befriedigen können.«

Das erste Jahrzehnt des 21. Jahrhunderts kann als die Dekade gel-
ten, in der institutionelle Anleger das Thema für sich und ihre
Kundschaft entdeckten. Umweltskandale taten ein Übriges, um
die Dringlichkeit von Nachhaltigkeit auch im Bewusstsein der
breiten Öffentlichkeit immer stärker zu verankern – und nicht zu-
letzt auch in den oberen Etagen des Managements und bei den
Aufsichtsräten weltweit agierender Konzerne. Dadurch geriet ein
Prinzip in die Defensive, das der Chicago-Starökonom Milton
Friedman 1970 in der *New York Times* populär gemacht hatte:
»The Social Responsibility Of Business Is to Increase its Profits« –
die soziale Verantwortung der Geschäftswelt besteht darin, ihre
Profite zu steigern, kurz: »The Business of Business is Business.«
Dieser Slogan war nicht mehr haltbar. Plötzlich war klar: Wer Pro-
fit-Autismus predigt, läuft Gefahr, Rekordverluste zu ernten – und
sogar komplett zu scheitern.

Spätestens seit dem Pariser Klimaabkommen von 2015 steht
ESG ganz oben auf der weltweiten politischen Agenda. Mit dem
dort ausgegebenen Ziel einer Begrenzung des weltweiten Tempe-
raturanstiegs auf maximal 1,5 Grad Celsius ist erstmals ein globales Ziel formuliert worden, an dem sich das politische Handeln
ausrichten kann.

Das hat auch Auswirkungen in neuer Qualität auf die Wirtschaft
und Kapitalmärkte. Denn das Pariser Klimaabkommen definiert
zum ersten Mal eine verbindliche Zielmarke von gesamtwirt-
schaftlicher Tragweite, die von der Regulierung aufgenommen
wird und zugleich eine Benchmark für Anleger ist. Im Zeichen

von Paris verändern sich daher auch nachhaltige Finanzprodukte. Diese waren bis 2015 in Ermangelung gemeinsamer Richtwerte ein Flickenteppich mit einer Fülle von Produkten. Deshalb dominierten in der Anfangsphase auch sog. exkludierende Anlagen das Produktspektrum: Bestimmte Wertpapiere werden einfach aus der Zusammensetzung von Investitionspaketen ausgeschlossen, etwa die Energiegewinnung mit Kohle, die Produktion von Waffen, die Organisation von Glücksspielen oder die Zurschaustellung menschenverachtender Formen der Sexualität. Beste Absichten waren oftmals jedoch auch in Gefahr, durch unscharfe und verwässerte Kriterien in Kritik zu geraten oder sogar Konsumentenvertrauen zu untergraben.

Seit dem Pariser Klimaabkommen von 2015 hat die Brisanz, die das Thema ESG in der Politik gewonnen hat, auch die Märkte erfasst. Es hat eine neue Qualität erreicht und wird zunehmend marktrelevant – und zwar in zwei Stufen, die aufeinander aufbauen.

- Auf der ersten Stufe stehen eine neue Qualität und Bemühung um Klarheit über die ESG-Ziele, verbunden mit einem höheren Bedarf an besseren, zuverlässigeren und konsistenteren Informationen für alle Akteure am Kapitalmarkt. Nur so kann auch Greenwashing – ein rein rhetorisches Bekenntnis zu ESG – vermieden werden, und nur so lässt sich der Übergangspfad ohne Überbewertungen, kurzfristige Spekulationsblasen und andere Fehlentwicklungen minimieren, die zulasten der Allgemeinheit gehen.
- Auf der zweiten Stufe muss an die Stelle selektiver, ESG-orientierter Finanzprodukte ein nachhaltiges Kapitalmarktökosystem aus Emittenten, Anlegern und Marktinfrastrukturangeboten mit ESG-Orientierung treten. Nur so entsteht die Liquidität und Markttiefe, die für eine effiziente Preisfindung und Abwicklung nötig ist und zudem Wachstumsperspektiven eröffnet.

Um diese beiden Stufen soll es auf den folgenden Seiten gehen.

Auf der ersten Stufe ist der Umbruch in vollem Gang. Im Mittelpunkt stehen dabei klare Ziele, zusätzliche Berichtspflichten und eine immer bessere Datenqualität. Zunächst einmal sind hier die 17 Sustainable Development Goals der Vereinten Nationen zu nennen, die Ziele für nachhaltige Entwicklung. Sie traten 2016 in Kraft und gelten bis 2030 – und zwar für alles Staaten weltweit. Es handelt sich hier nicht einfach um wolkige Absichtserklärungen auf einem Abstraktionsniveau, die es allen Unterzeichnenden ermöglichen würden, sie je nach politischer Opportunität auch sehr minimalistisch auszulegen. Im Gegenteil: Zu den Zielen gehören 169 konkrete Vorgaben, die etwa das Ende staatlicher Subventionen für fossile Energie oder für Exporte aus umweltschädlicher Agrarproduktion vorsehen.

Vor allem Europa ist dabei Vorreiter – oder genauer gesagt die Europäische Union. Denn hier sind diese Ziele 2018 durch den EU-Aktionsplan Nachhaltige Finanzierung ergänzt worden. Mithilfe der sogenannten Taxonomie-Verordnung legt der Aktionsplan Kriterien fest, die bestimmbar machen, wann eine Wirtschaftstätigkeit ökologisch nachhaltig ist. Um dafür infrage zu kommen, muss sie wesentlich zur Verwirklichung eines oder mehrerer von folgenden Umweltzielen beitragen: Klimaschutz, Anpassung an den Klimawandel, nachhaltige Nutzung und Schutz von Wasser- und Meeresressourcen, Übergang zu einer Kreislaufwirtschaft, Abfallvermeidung und Recycling, Vermeidung und Verminderung der Umweltverschmutzung sowie Schutz gesunder Ökosysteme. Darüber hinaus legen technische Evaluierungskriterien fest, was als wesentlicher Beitrag zu einem Umweltziel und als erhebliche Beeinträchtigung anderer Ziele gilt. Damit hat die Europäische Kommission einen Rechtsrahmen geschaffen, der entscheidend dazu beiträgt, dass bei Investitionsentscheidungen ESG-Faktoren besser als bisher berücksichtigt werden. Er richtet sich an alle Finanzmarktteilnehmer, von der Verwaltung alternativer Investmentfonds über Versicherungsunternehmen, Einrichtungen der betrieblichen Altersversorgung, dem Management europäischer Risikokapitalfonds bis hin zum Europäischen Fonds für soziales Unternehmertum.

Im Rahmen ihres Aktionsplans will die Europäische Kommission darüber hinaus Nachhaltigkeit mit folgenden Maßnahmen vorantreiben: Mit Offenlegungspflichten zu Nachhaltigkeitsrisiken will sie Klarheit darüber schaffen, wie institutionelle Anleger ESG-Faktoren in ihre Anlageentscheidungen einbeziehen sollen. Zudem müssen institutionelle Anleger nicht nur nachweisen, dass ihre Anlagen den ESG-Zielen entsprechen, sondern auch offenlegen, wie sie diese Pflichten erfüllen. Mit der Non-Financial Reporting Directive (NFRD) hat Europa hier den ersten großen Meilenstein gesetzt und die Realwirtschaft weiter an die Erfüllung von ESG-Standards herangeführt. Auch dadurch erhalten ESG-orientierte Anleger die Informationen, die sie für eine vertrauenswürdige Vermögensverwaltung brauchen.

Mit der Weiterentwicklung zur Richtlinie über die Nachhaltigkeitsberichterstattung von Unternehmen – die Corporate Sustainability Reporting Directive, kurz CSRD – geht die EU den nächsten großen Schritt hin zu einer Verbesserung von Qualität, Vergleichbarkeit und Zugänglichkeit offengelegter Nachhaltigkeitsinformationen für Anleger. Die CSRD hat das Potenzial, weltweit Standards zu setzen – und genau darauf kommt es jetzt an. ESG-Datenanforderungen, Ratings und Rankings werden sich an ihren Standards orientieren. Gleichzeitig ermöglicht die EU auf dieser Datenbasis Transparenz und die Berücksichtigung von Nachhaltigkeitsrisiken durch die Anleger.

Dabei hilft auch ihre Offenlegungsverordnung für ein nachhaltiges Finanzwesen: die Sustainable Finance Disclosure Regulation, kurz SFDR. Mit einem weiteren Vorschlag wird die EU die Benchmark-Verordnung ändern, damit künftig auch Referenzwerte für CO_2-arme Investitionen und Referenzwerte für Investitionen mit günstiger CO_2-Bilanz berücksichtigt werden. So entsteht ein neuer

Marktstandard, der Anlegern mehr Informationen über den CO_2-Fußabdruck eines Investmentportfolios gibt. Wertpapier- und Versicherungsvermittler sollen zudem verpflichtet werden, ESG-Faktoren im Rahmen der Anlageberatung zu berücksichtigen. Alle diese finanzregulatorischen Initiativen stehen im Zusammenhang mit einer größeren Roadmap, dem EU Green Deal, der das Ziel hat, die Europäische Union in einen ressourceneffizienten Wirtschaftsraum ohne CO_2-Emissionen bis 2050 umzuwandeln. Er soll in diesem Kapitel jedoch nicht weiter thematisiert werden.

Wichtige Arbeit leistet zudem die Arbeitsgruppe für klimarelevante Finanz-Offenlegungspflichten, die Task Force on Climate-related Financial Disclosures, kurz TCFD: eine im Dezember 2015 gestartete Initiative des global tätigen Finanzstabilitätsrats, des Financial Stability Board, kurz FSB. Sie wurde mit Unterstützung der G20-Länder gegründet, um die internationale Finanzstabilität zu fördern. Die Arbeit der TCFD soll Anlegern und Vermögensverwaltungen helfen, Klimarisiken und damit verbundene Geschäftschancen mit den richtigen Daten und Informationen zu identifizieren und zu bewerten.

Bereits heute hat die EU-Regulierung positive Effekte. Sie verbessert die Planungssicherheit für Unternehmen und schafft zudem Anreize für eine beschleunigte Transformation der Wirtschaft – ein entscheidender Wettbewerbsfaktor für die Märkte von morgen. Allein die wirtschaftspolitische Stärke der EU als Institution könnte die Einheitlichkeit der Ratings verbessern und bereits damit Licht in das noch zu intransparente Dickicht der ESG-Labels bringen. All dies erhöht den Grad an wissenschaftlicher Präzision, mit der wir ESG-Fortschritte messen. Sie folgt dem Prinzip der doppelten Wesentlichkeit; dieses nimmt zum einen die finanziellen Risiken ins Visier, die auf Unternehmensseite durch mangelnde Rücksichtnahme auf ESG-Gesichtspunkte entstehen, und zum anderen die negativen Auswirkungen der Vernachlässigung von ESG auf das wirtschaftliche Gesamtwohl in der Gesellschaft. Zugleich fördert die EU eine übergreifende Betrachtungsweise des ESG-Komplexes.

Ein konsistenter regulatorischer Rahmen schafft klare Orientierungspunkte – und damit die Voraussetzung dafür, dass Angebot und Nachfrage eine Größenordnung erreichen, die ausreicht, um ein effizientes Wirtschaften zu ermöglichen. Der Markt entsteht. An die Stelle einer fragmentierten Landschaft vereinzelter Produkte treten auf diese Weise einheitliche und massenmarkttaugliche Angebote.

Märkte sind nicht gut darin, aus sich selbst heraus allgemeinverbindliche Standards zu schaffen, denn die Angebotseite hat einen Anreiz, durch Sonderregeln die Vergleichbarkeit mit anderen für die Nachfrageseite zu senken und auf diese Weise die Härte des Wettbewerbs abzumildern. So nachvollziehbar dies aus einer engen betriebswirtschaftlichen Perspektive sein mag, so schädlich ist es für das Funktionieren von Märkten – und damit zugleich für den gesamtwirtschaftlichen Wohlstand. Deshalb ist es besser, die Standards werden von Regulatoren im Schulterschluss mit privaten Infrastrukturbetreibern gesetzt – auf dass ein guter Rahmen entstehe, innerhalb dessen es zu einem produktiven Wettbewerb der Ideen kommt.

Der Kapitalmarkt kann seine Rolle nur dann wirksam wahrnehmen, wenn für Preis- und Mengenfindung adäquate Informationen zur Verfügung stehen. Eine zentrale Rolle spielen damit die ESG-Analysten, Indexanbieter und Experten. Jahr um Jahr entstehen neue spezialisierte Datenanbieter, die ESG-Anliegen Zugang zu einem Markt für Sustainable Finance verschaffen. Dies macht Informationen als Grundlage für Entscheidungen über nachhaltige Investments günstiger und senkt die Eintrittshürden für Anleger. Ein neuer Dienstleistungszweig mit ESG-Ratings, Analytik usw. ist entstanden und entwickelt sich rapide weiter. Er entschärft damit schrittweise das bisherige Kernproblem des Markts für ESG-Angebote: dass ESG-Informationen viel schwerer zugänglich sind als die klassischen Finanzindikatoren. An den Aktien- und Anleihemärkten entstehen spezialisierte Segmente, und die Verfügbarkeit von Analyseinstrumenten und Daten nimmt permanent zu. ESG wird somit zum integralen Bestandteil des Anlage- und Risikomanagementprozesses – und ermöglicht zugleich, die notwendige Transformation zu finanzieren.

Sicher ist hier noch nicht alles perfekt: Die geplanten Offenlegungsanforderungen werden kritisiert für übertriebene Detaillierung und unrealistische Einführungszeitpläne. Auch werden ESG-Ratings aus mangelndem Verständnis häufig als rückwärtsgerichtet bezeichnet und die mangelnde Korrelation bemängelt, wobei der Ruf nach regulatorischer Harmonisierung dann schnell laut und derzeit diskutiert wird. In der Tat kann eine Regulierung von ESG-Datenanbietern sinnvoll sein, um gemeinsame Qualitätsstandards oder etwa einen Code of Conduct sicherzustellen. Eine Regulierung der Ratingmethodik selbst wäre allerdings zum derzeitigen Zeitpunkt kontraproduktiv, da der Markt noch in den Kinderschuhen steckt und Innovation dringend notwendig ist. Oft wird auch ins Feld geführt, dass ESG-Daten teuer seien – eine Aussage, die beim Vergleich mit den Kosten anderer Finanzmarktdaten keiner Überprüfung standhält. Doch der Innovationsdruck auf ESG-Datenanbieter ist hoch, und es findet eine Konsolidierung statt. Diese Entwicklung muss die Politik jedoch aktiv unterstützen: durch verlässliche, prinzipienbasierte Rahmen, die weitergehende Innovation fördern, sowie europaweite und wenn möglich global anerkannte Regelungen, die eine ausreichende Marktgröße für Anbieter aus Europa sicherstellen.

Klare Informationsstandards, Daten und Analyseangebote sind notwendige Bedingungen für ein Kapitalmarktökosystem. Doch um nachhaltige Finanzprodukte aus der Nische in den Mainstream zu heben, sind Informationen allein nicht hinreichend. Nur wenn das volle Potenzial des Kapitalmarkts ausgeschöpft wird, ist echte Transformation möglich: neben der Aufbereitung, Verteilung und Analyse der ESG-Informationen durch spezialisierte Dienstleister gilt es, die Infrastruktur für die Bündelung und Strukturierung der Nachfrage der Emittenten nach Kapital sicherzustellen: über emissionsbegleitende Banken, eine transparente und faire Preisfindung in regulierten, liquiden Märkten. Zudem müssen Anleger die Möglichkeit zum Risikomanagement erhalten; dies erfordert eine enge Verbindung des Handels der Basiswerte mit Derivatemärkten. Zentral ist zudem die Integration von Abwicklungsdienstleistern rund um ESG-Finanzierungen. Alle Teile dieses Kapitalmarktökosystems sind bereits dabei, sich neu auszurichten. Wo die einzelnen Gruppen zwischen Emittenten, Anleger und Banken hierbei als Intermediären sowie Infrastrukturanbietern stehen, stellen die Einzelbeträge dieses Buchs vor.

Gerade in einem Feld, das sich so rapide entwickelt wie ESG, ist eine besonders aktive Rolle der Marktinfrastrukturanbieter notwendig. Sie müssen nicht nur durch Skalierung und den Aufbau einer dezentralen, grenzübergreifenden Struktur Kosten senken, sondern vor allem ihren Vertrauensvorschuss einbringen. »Börsenbetreiber« stehen traditionell in der Rolle, für die Qualität bei Informationen und Fairness von Prozessen zu bürgen – und stiften Vertrauen zwischen den Marktteilnehmen. »Wir schaffen Vertrauen in die Märkte von heute und morgen« ist deshalb nicht umsonst der explizite Unternehmenszweck der Deutschen Börse. Das ist der Grund, weshalb Anbieter von Infrastruktur für die Kapitalmärkte besonders gut geeignet sind, Transformationsprozesse von Institutionen und Technologien über Preissignale dezentral zu begleiten. Intransparente Preisfindungs- und Abwicklungsprozesse würden gerade für noch entstehende Märkte wie ESG die Kundenakzeptanz verlangsamen, denn sie würden Misstrauen wegen möglichen Greenwashings schüren und dadurch nicht nur die Kosten, sondern auch die Risiken erhöhen. Durch die Transparenz, die Marktinfrastrukturen herstellen, entsteht zugleich das Vertrauen, das für das Funktionieren von Märkten so essenziell ist.

Erforderlich ist also eine umfassende Auswahl an Finanzinstrumenten zur Risikoabsicherung und -transformation, deren Infrastruktur mit höchster Verlässlichkeit und 24 Stunden am Tag verfügbar ist. Eine zentrale Rolle werden in der Transformation zu einem ESG-konformen Wirtschaften auch Spezialbörsen spielen, an denen Rohstoffe und Verrechnungsgrößen für die grüne Transformation gehandelt werden. Bereits heute werden CO_2-Zertifikate und Herkunftsnachweise für grüne Energien an Warenterminbörsen gehandelt. Diese Instrumente können jedoch wesentlich breiter, für mehr Branchen und auch regional mit Blick auf einen globalen CO_2-Markt eingesetzt werden. Auch wird sich das Umfeld des CO_2-Handels über die Dominanz von Marktteilnehmern aus dem industriellen Umfeld hinaus öffnen müssen, um auch traditionelle Anleger einzubinden, die Basismärkte mit dem Kapitalmarkt verbinden. Zuletzt: CO_2 bestimmt heute die Diskussion. Morgen können aber Wasserstoffderivate wichtiger werden. Hinzu kommen möglicherweise auch Stromeinspeisungen einzelner Haushalte in kleinsten, hochliquiden Losgrößen.

Neben dem Auf- und Ausbau von Marktinfrastrukturangeboten erfordert das Ökosystem für einen nachhaltigen Kapitalmarkt Banken, um Emittenten maßgeschneidert begleiten zu können. Dazu gehört in den letzten Jahren die kompetente Begleitung von Green-Bond-Emissionen, als auch Branchenexpertise und Research im Hinblick auf Wachstumspotenzial und Risiken aus der Nachhaltigkeitstransformation für Aktieninvestments. Aber auch eine völlige neue Qualität in der Zusammenarbeit mit öffentlichen Förderbanken in frühen Finanzierungsphasen von Start-ups und Wachstumsunternehmen wie auch bei der Finanzierung von langfristigen Transformationsprojekten. Banken und Kapitalmarktintermediäre sind hier im Begriff, ihre Risikosysteme neu auszurichten sowie ESG-Risiken gezielt zu berücksichtigen und damit auch den sich verändernden regulatorischen Anforderungen gerecht zu werden. Neben direkten Green-Bond-Emissionen wird sich auf Grundlage der weiterentwickelten Portfoliosysteme der Banken damit auch der sehr bedeutende Markt für Bankenanleihen anpassen und ein neuer Verbriefungsmarkt entstehen können.

Die aktuelle rapide Weiterentwicklung zu einem nachhaltigen Kapitalmarktökosystem geht aber vor allem auch von der

Nachfrageseite aus: den Anlegern und Vermögensverwaltungen. Weltweit waren Ende 2020 Vermögenswerte in Höhe von 35 Billionen US-Dollar Verwaltungen anvertraut, die unter Berücksichtigung von ESG-Kriterien anlegen. Dieser gigantische Wert entspricht nicht weniger als 35 Prozent der weltweit angelegten Mittel.[1] Wichtigster Treiber für diese Umschichtungen sind sowohl die veränderten Anforderungen von Endanlegern als auch aktuell die Erwartung an kurzfristige Transformationsprämien und Überrenditen, während sich die Nachfrage schneller als das Anlageangebot auf nachhaltiges Investieren ausrichtet und ESG-konforme Anlagemöglichkeiten knapp sind (und noch immer knapper werden). Langfristig dürfte für eine Neuausrichtung der Portfolien sprechen, dass das Risikoprofil von nachhaltigen gegenüber nichtnachhaltigen Anlagemöglichkeiten attraktiver wird. Institutionelle Anleger arbeiten mit erheblichem Mitteleinsatz an der Neuausrichtung ihrer Strukturen, Kompetenzen und Prozesse für dieses neue Umfeld. Verstärkt wird die ESG-Dynamik im dargestellten Kapitalmarktökosystem zwischen Emittenten, Anleger und Infrastrukturanbietern von mächtigen, strukturellen Trends:

Erstens haben passive Anlagestrategien in den letzten Jahren an Bedeutung gewonnen und nutzen das Interesse an ESG-Themen. Zu diesen passiven Anlagestrategien gehören vor allem auch ETF (Exchange Traded Funds)-Angebote mit geringeren Produktkosten als herkömmliche Anlageprodukte. Mit diesen konnten die Anbieter in Marktanteile gewinnen – auch, weil sie geschickt ESG-Elemente in der Vermarktung positionierten. So überholten im ersten Quartal des Jahres 2021 in Europa die Neuanlagen in ESG-ETFs mit rund 24 Millionen Euro zum ersten Mal die konventionellen Anlagen (rund 20 Millionen Euro).[2] Diese passiven Anlageprodukte erfordern Referenzindizes und

1 Quelle: *Global Sustainable Investment Alliance (2021). Global Sustainable Investment Review 2020.* Sydney

2 Vgl. Johnson, S. (2021). *European sustainable index fund flows surpass all others for first time.* Financial Times vom 26. April

hochwertige ESG-Daten, an denen sich die zugrunde liegenden regelbasierten Handelsstrategien orientieren können. Gerade weil passive Anlagestrategien wichtiger werden, müssen Emittenten sich in ihrer Kapitalmarktpositionierung an einschlägigen Indizes und ESG-Kriterien ausrichten. Aktive, traditionelle Anleger und Vermögensverwalter hingegen müssen sich im Wettbewerb mit ESG-ETF-Alternativen durch überlegene Performance und differenzierte ESG-Ansätze bewähren.

Zweitens schafft die Digitalisierung eine neue Qualität der Endkonsumentenbeteiligung am Kapitalmarkt, die auf ESG beschleunigend wirkt. Die Digitalisierung ermöglicht eine höhere Skalierbarkeit von Geschäftsmodellen auch am Kapitalmarkt und ebnet damit den Weg für eine kostengünstigere und direktere Beteiligung von Endkonsumenten. Gerade mit der hohen Bedeutung von ESG für junge Menschen und Anleger ist es auch für digitale, neue und schnell wachsende Finanzprodukte attraktiv. Neue, digitale Anbieter entstehen, und traditionelle Banken und Vermögensverwalter müssen ihr Kapitalmarktangebot entsprechend beschleunigt im Hinblick auf ESG anpassen.

Drittens sind Politik, professionelle Anleger, Emittenten, Regulatoren und Marktplatzbetreiber stark daran interessiert, eine nachhaltige Transformation sicher und mit vertrauenswürdigen Infrastrukturen durchzuführen. ESG bildet einen zugrunde liegenden realpolitischen und gesellschaftlichen Trend ab. Die aktuellen Bemühungen um Regulierung, Standards, Transparenz und Professionalisierung werden grundsätzlich das Anlegervertrauen stärken und die Nachfrage weiter erhöhen. Analogien zum Neuen Markt, der Anfang der 2000er Jahre unter den Druckwellen des Platzens der weltweiten Blase von Tech-Titeln plötzlich zusammenbrach, tragen daher nicht. Kritisch bleibt aber gleichwohl das Grundverständnis, dass private Marktakteure nicht verdrängt werden dürfen, da nur sie eine dezentrale Allokation von Mitteln und den freien Marktordnungen eigenen Entdeckungsprozess sicherstellen. Auch wenn viele Bereiche quer über alle drei ESG-

Dimensionen stark reguliert sind: Vereinzelte Marktüberhitzung und auch Blasen werden sich wohl nicht vollständig verhindern lassen. Das ist aber ein überschaubares Risiko im Vergleich zu dem, was auf dem Spiel steht.

Viertens verfolgen auch viele Zentralbanken mittlerweile eine dezidierte ESG-Agenda. Viele von ihnen, beispielsweise die Europäische Zentralbank oder die Bank von England, führen bereits heute Klimastresstests durch und bewerten somit die Widerstandsfähigkeit des Finanzsystems mit Blick auf Klimarisiken. Aufgrund umfangreicher Anleihekäufe sind sie aber auch selbst wichtige Akteure am Kapitalmarkt. Viele von ihnen planen, grüne Anleihen in ihrer Geldpolitik zu bevorzugen. Während die Federal Reserve Bank in Washington D.C. die Verantwortung für den Klimaschutz klar bei der Politik verortet, teilte die Europäische Zentralbank am 8. Juli 2021 mit, dass sie Nachhaltigkeit künftig systematisch in ihrer Geldpolitik berücksichtigen werde. Die Begründung: Der Klimawandel sei relevant für Inflation, gesamtwirtschaftliche Leistung, Zinsen und Produktivität – also für Themen, die Zentralbanken seit jeher im Blick haben müssen. Die geplanten Maßnahmen gehen weit über Klimamodelle, Transparenzanforderungen oder Berichtspflichten für Anleihen hinaus. Die EZB denkt auch offen über eine mögliche Neubewertung grüner Anleihen nach, die für geldpolitische Geschäfte als Sicherheit hinterlegt werden – und das wird sich dann auch sehr konkret auf die Wertentwicklung dieser Papiere auswirken. All dies ist zwar aus ordnungspolitischer Sicht umstritten; doch das ändert nichts an der Tatsache, dass insbesondere grüne Anleihen von diesen Entscheidungen profitieren werden.

Fünftens hat Covid-19 die Notwendigkeit und Attraktivität eines Ökosystems für ESG-konforme Anlagen und Finanzierungen noch einmal verstärkt: Die Sparquoten haben in allen Staaten während der Covidkrise kurzfristig zugenommen. Die starken kurzfristigen Schwankungen an den Finanzmärkten und die Erkenntnis, dass sicher geglaubte gesamtwirtschaftliche Abläufe über Nacht infrage gestellt werden können, haben das Interesse von Anlegern bestärkt, vor allem in Ziele mit hoher institutioneller Güte zu investieren. Diese Entwicklung geht mit starken Mittelzuflüssen im Zuge der allgemeinen Niedrigzinsphase einher – ebenso wie dem klaren Signal seitens staatlicher Akteure, künftig wieder regulatorisch wie durch aktive Marktinterventionen stärker am Kapitalmarkt mitzuspielen.

Mit Riesenschritten vollzieht sich daher aktuell die Veränderung von einzelnen ESG-Produkten zu einem umfassenden nachhaltigen Kapitalmarktökosystem. Worauf gilt es nun besonders zu achten, um Deutschland und Europa erfolgreich zu machen?

3.

Eine strategische Agenda für Europa mit globalem Anspruch

Aus allen im letzten Kapitel beschriebenen Entwicklungen ist klar erkennbar, dass die Transformation zu einem nachhaltigen Kapitalmarkt in vollem Gange ist und sich beschleunigt. Entscheidend wird nun sein, dass europäische Standards und Strukturen mit globaler Relevanz entstehen. Hier müssen wir uns aus deutscher Perspektive einbringen. Unsere Autorenschaft geht hier mit klaren Aussagen voran. In 30 Gastbeiträgen zeigen Repräsentanten von Gesellschaft und Politik, Regulatorik, den wichtigsten Anlegergruppen, Emittenten und Dienstleistern sowie Finanzintermediären ihre Perspektive zu Zielen sowie Potenzialen für funktionierende nachhaltige Kapitalmärkte quer durch alle Stufen ihrer Wertschöpfungskette auf. Sie schildern jeweils ihre Perspektive auf aktuelle Beispiele für nachahmenswerte Initiativen in der Praxis und leiten daraus Handlungsempfehlungen ab. Sie machen damit in aller Deutlichkeit klar, was kommt und kommen sollte.

Die breite Expertise der Autorenschaft aus Politik, Regulierung, Marktteilnehmern und -betreibern liefert eine tiefe Analyse. Selbstverständlich ergibt sich daraus kein homogenes Bild. Erfahrungen und Schwerpunkte für Ratschläge zu nächsten Schritten weichen voneinander ebenso ab wie der jeweilige Hintergrund innerhalb der Autorenschaft. Gemeinsame Themen und Grundaussagen lassen sich klar identifizieren. Vieles liegt nun daran, wie die Politik und die Gestalter des Kapitalmarktökosystems die Ziele, bisherigen Erfahrungen und Vorstellungen zu nächsten Schritten vorantreiben. In diesem Sinne seien den Einzelbeiträgen fünf Thesen zum weiteren Vorgehen vorangestellt. Aus ihnen spricht der feste Wille, die Transformation proaktiv als Chance für Europa im globalen Rahmen zu nutzen.

Erstens: Europa muss einen eigenen Kapitalmarkt von Relevanz entwickeln. Die Kapitalmarktunion muss oberste Priorität haben.

Historisch haben Deutschland und Europa einen unterentwickelten Kapitalmarkt im globalen Vergleich. In den nächsten Jahren gilt es, hier maßgebliche Fortschritte zu machen – die Kapitalmarktunion muss Wirklichkeit werden. Die relative Schwäche des europäischen Kapitalmarktes liegt vor allem auch in den historischen politischen Vorbehalten und dem Vorzug für staatlich oder bankfinanzierte Lösungen. Zahlreiche Statistiken können dies verdeutlichen, und es betrifft sowohl die Finanzierungsseite als auch den Investitionsschwerpunkt der Anleger: Nur rund 15 Prozent der Unternehmensfinanzierungen im Euroraum ermöglicht der Kapitalmarkt, 85 Prozent die Hausbank. In den Vereinigten Staaten ist es genau umgekehrt.[1] Und: Die Marktkapitalisierung der börsennotierten Unternehmen als Ausdruck der Eigenkapitalfinanzierung über den Kapitalmarkt liegt bei fast 160 Prozent des Bruttoinlandsprodukts in den USA und nur etwas über

---

1 Vgl. hierzu Bendel, D., Demary, M. und Voigtländer, M. (2016). *Entwicklung der Unternehmensfinanzierung in Deutschland.* IW-Trends 1/2016. IW Köln

50 Prozent in Europa.[2] Die Finanzanlagen der Haushalte haben traditionell ihren Schwerpunkt in Festgeld und Sparbuchanlagen, und nur in wenigen europäischen Ländern sind Kapitalmarktanlageformen integraler Bestandteil von privaten und staatlichen Altersvorsorgemodellen. Hier gilt es, konsequent anzusetzen und neue Instrumente einer kapitalmarktbasierten Altersvorsorge zu schaffen. Dies ist die einzige glaubwürdige Möglichkeit einer langfristig nachhaltigen Finanzierung des demografischen Wandels in Europa und wird gleichzeitig eine neue Tiefe und Breite für den europäischen Kapitalmarkt schaffen.

Neben der strukturell zu geringen Größe und Tiefe leidet der europäische Kapitalmarkt unverändert an einer historischen Fragmentierung. Diese Problematik ist oft erkannt worden, und durch das aktuelle Programm der Europäischen Kommission für die Schaffung einer Kapitalmarktunion werden zahlreiche Maßnahmen vorgeschlagen und vorangetrieben. Hier ist noch mehr Momentum möglich! Hier kann sich auch Deutschland noch aktiver einbringen und sollte dies auch zu einer klaren Priorität machen: Der Erfolg der Kapitalmarktunion ist notwendige Voraussetzung für die Nachhaltigkeitstransformation unserer Gesellschaft.

Zweitens: Europa muss kapitalmarktkonforme ESG-Standards mit globaler Relevanz entwickeln und darf nicht auf Sonderlösungen setzen.

Europa hat sich in den letzten Jahren aktiver als andere Regionen mit ESG-Standards und Rahmenparametern befasst. Aber es wird seine nachhaltige Transformation nur dann selbstbestimmt fortführen können und gewinnbringend in eine globale Führungsrolle ummünzen können, wenn europäische Bemühungen

---

2 Vgl. CEIC Datenbank (2021). www.ceicdata.com/en/indicator/european-union/market-capitalization--nominal-gdp (letzter Abruf am 28. Juli 2021)

global anschlussfähig werden. Gerade vor dem Hintergrund des noch unterentwickelten europäischen Kapitalmarktes kann es sich Europa nicht erlauben, sich in Standards und Vorgehensweisen von den nunmehr beschleunigenden Entwicklungen insbesondere in den USA, aber auch in Asien abzukoppeln. Wenn es darum geht, globale Standards zu prägen, zählt einerseits politische Gravitation – weshalb Europa vereint agieren sollte –, aber andererseits auch Pragmatismus und Marktnähe. Schnell entsteht dann Skalierbarkeit – also die Möglichkeit zur kostengünstigen Steigerung der Größe. Deutschland kann hier als wirtschaftlich stärkstes EU-Mitgliedsland viel beitragen. Und es hat von einer stärkeren Bedeutung von ESG am meisten zu verlieren, aber auch am meisten zu gewinnen, sofern es gelingt, globale Standards mitzugestalten – warum nicht im Verbund mit amerikanischen und asiatischen Regulatoren? Die Rolle als Gestalter der ESG-gemäßen Transformation könnte Deutschland also unabhängig von der genauen farblichen Zusammensetzung der neu gewählten Bundesregierung übernehmen.

In der nächsten Phase geht es stärker darum, sich früh und damit rechtzeitig in den Wettstreit um globale Standards einzubringen, als auf eine einseitige Vertiefung innereuropäischer Lösungen zu setzen. In zentralen Kapitalmarktthemen wie Bonitätsratings, aber auch Zahlungsverkehrsstandards ist es Europa historisch nicht gelungen, eigene Standards zu entwickeln. Vielmehr haben sich US-amerikanische, marktbasierte Standards durchgesetzt, nicht zuletzt aufgrund der Kraft und der Größe der Heimatmärkte. Für den ESG-Bereich gibt es neben den von US-Seite vorangetriebenen Standards bereits heute internationale Harmonisierungsbestrebungen, die nicht von nationalen Einzelinteressen dominiert sind, etwa bei den internationalen Rechnungslegungsstandards IFRS. Umgekehrt zeigen viele Gastbeiträge in diesem Buch in ihrer kritischen Auseinandersetzung mit der EU-Taxonomie, wie wichtig ein ausgewogenes Verhältnis zwischen detailgenauer Feinsteuerung im berechtigten Einzelfall und sinnvoller Rahmensetzung auf der anderen Seite ist. Erstere ist immer rückwärtsgewandt, denn sie basiert auf Erkenntnissen der Vergangenheit. Nachjustierung ist aufwendig und teuer – und schafft nur vorübergehend Abhilfe, denn die Welt dreht sich weiter. Um sich bei der globalen Standardentwicklung durchzusetzen, wird Europa aber den Schwerpunkt auf Prinzipien anstelle weiterer Detailregelungen legen müssen. Prinzipienbasierte Standards haben den Vorteil, dass sie ergebnisoffen und damit anpassungsfähig sind. Sie sind damit auch international anschlussfähig. Auf sie sollten wir bauen. Der Europäische Emissionshandel, auf den viele Gastbeiträge positiv Bezug nehmen, ist ein sehr gutes Beispiel für ein solches ergebnisoffenes System. Prinzipienbasiertes Handeln im Unterschied zum intuitiven deutschen und europäischen Vorgehen mit detaillierten Regelungen wird klaren politischen Führungswillen erfordern, aber auch Kompromissbereitschaft von Entscheidern aus Politik und Wirtschaft in der nächsten Etappe.

Nur der Anschluss an globale Standards wird die notwendige Skalierung erlauben und spätere, unüberwindbare Eintrittsbarrieren für europäische Spieler vermeiden. Der Markt für ESG-Daten als zentralem Rohstoff für eine Transformation zu einem nachhaltigen Kapitalmarkt ist durchaus der historischen Dynamik von Bonitätsratings vergleichbar: Ebenso wie Bonitätsratings sind auch ESG-Daten mit hohen Kosten für die Datenerfassung und deren analytischer Aufbereitung verbunden. Hat ein Ratingunternehmen dafür aber erst einmal die Grundlagen geschaffen, so ist die weitere Ausweitung der Größenordnung, in der es agiert, zu geringen Zusatzkosten möglich. Beides zusammen – hohe Markteintrittsschranken, niedrige Grenzkosten – führt zu einer oligopolistischen Marktstruktur: nicht viel anders als bei den großen Konzernen der digitalen Kommunikation. Wer sich rechtzeitig den Vorteil des Vorreiters sichert, verschafft sich einen Wettbewerbsvorteil und veranlasst die Nachzügler dazu, sich mit diesen Vorarbeiten zumindest auseinanderzusetzen, um nicht ins Abseits zu geraten. Sobald solche Vorarbeiten auf genügend Nachfrage stoßen und öffentliche Anerkennung erhalten haben, verwandelt die normative Kraft des Faktischen sie in Standards, an denen sich alle weltweit orientieren können. Europa und seine Unternehmen haben sich in den letzten Jahren mit ihrer Proaktivivät und Innovationskraft eine starke Basis erarbeitet. Wir müssen sie jetzt weiterentwickeln.

Drittens: Schnelle Fortschritte erfordern eine besondere Qualität in der Zusammenarbeit von Politik und Wirtschaft. In Stärkeclustern gelingt das besonders gut.

Weder die Politik noch gesellschaftliche Stakeholder noch die Wirtschaft werden allein in der Lage sein, das aktuelle Momentum zu nutzen, um Standortstärke zu schaffen und zu fördern. Globale Wettbewerbsfähigkeit entsteht allein nur dann, wenn sie in der kurzen Zeit, die uns noch bleibt, wirksam zusammenarbeiten sowie länder- und sektorübergreifende Clusterdynamiken aktivieren. Nationale Beispiele wie das Green and Sustainable Finance Cluster Germany machen Mut, dass dies auch auf europäischer Ebene gelingen kann. Ein Beispiel – wenn auch nicht rein europäisch – für gute staatenübergreifende Zusammenarbeit von öffentlichen und privaten Stellen in staatlich akkreditierten Institutionen mit Industriebeteiligung ist die eingangs erwähnte Task Force on Climate-related Financial Disclosures, die in diesen Tagen vorbildliche Arbeit leistet. Worauf es jetzt ankommt, ist ein proaktiv europäischer Ansatz, der wechselseitige Stärken nutzt und ein ausgewogenes Verhältnis von privaten und staatlichen Stellen schafft, bei dem die jeweiligen Stärken bestmöglich zum Einsatz kommen.

In diesem Sinne müssen wir Europäer mehr denn je lernen, ESG als Chance für marktbasierte Industriepolitik zu verstehen. Damit kann keine Industriepolitik gemeint sein, die an zentraler

Stelle vorgibt und in endlosen Abstimmungsschleifen korrigiert und aufwendig nachsteuert. Eine solche Politik wäre nur anfällig für handwerkliche Fehler, für lobbygetriebene Vorgaben und Sonderregelungen. Wir brauchen vielmehr ein virtuoses Zusammenspiel aller Anspruchsgruppen. Wer hier noch einen Gegensatz von ESG und wirtschaftlichem Erfolg konstruiert, argumentiert mit rhetorischen Versatzstücken von vorgestern. Es kommt vielmehr darauf an, gemeinsam die Kräfte mobilisieren, die für die Transformation unseres Stoffwechsels mit der Natur nötig sind: durch einen Schulterschluss von Kapitalmarkt und Unternehmen der Realwirtschaft innerhalb eines politischen und regulatorischen Rahmens, der durch klare Standards Planungssicherheit schafft. Ausgangspunkt hierfür ist das intensive Engagement von höchsten Entscheidungsträgern aus Politik und dem Kapitalmarktökosystem, wie es in dieser Publikation zum Ausdruck kommt.

Viertens: Klares Primat für privatwirtschaftliche Lösungen – Wettbewerb in Europa und globale Wettbewerbsfähigkeit europäischer Marktteilnehmer ist der überlegene Weg!

Quer über alle Bereiche unserer Gesellschaft hinweg müssen wir das Bewusstsein für eine nachhaltige »Stakeholder-Marktwirtschaft« schärfen. Aber gleichzeitig müssen privatwirtschaftliche und nichtstaatliche Lösungen der präferierte Weg bleiben. Wenn Europa in dem neuen globalen Markt, der sich hier auftut, souverän bleiben will, muss es eine Infrastruktur aufbauen, die über die nötige kritische Größe verfügt und in der Lage ist, ebenso effizient wie effektiv zu handeln. Diese Infrastrukturangebote werden nur kosteneffizient arbeiten können, wenn sie innovativ, marktnah und auch global operieren. Wie in anderen Wirtschaftsbereichen auch, gilt hier für die Umsetzung grundsätzlich ein Primat der Privatwirtschaft. Wie bereits betont: Je stärker sich der Staat direkt in die Umsetzung der ESG-Transformation des Kapitalmarktes einmischt, desto mehr drängt er im Wettbewerb agierende Privatunternehmen aus diesem Zukunftsmarkt heraus. Anhaltende Diskussionen über mögliche staatliche Investitionen und Überregulierung führen nur zur Verunsicherung und Investitionszurückhaltung auf privater Seite. Hier gilt es, über die Politik klar Stellung zu beziehen.

Beispiele, die genug Warnung sein sollten, gibt es viele: Versuche, neben privaten Datenanbietern staatliche Referenzstellen für Daten, Research und Ratings zu schaffen, mögen vielleicht den Zugang zu Daten auch Verbrauchern kostenlos ermöglichen; diese haben aber von Ausnahmen abgesehen kein Interesse an Rohdaten. Dafür verhindern derartige Angebote den Aufbau von Märkten für Daten. Sie hemmen den natürlichen Auswahlprozess der innovativsten Lösungen und unterbinden eine in Europa verankerte globale Lösungskompetenz, da sie bereits die Bildung eines tragfähigen Heimatmarktes im Ansatz ersticken. Ähnlich verhält es sich mit staatlichen Preisobergrenzen für Marktdaten.

Zudem setzt sich die Autorenschaft in diesem Buch stark dafür ein, die Rolle der Regulatoren von derjenigen der Umsetzer klar zu trennen. Mit Sorge betrachten einige der im Buch vertretenen Anspruchsgruppen die Risiken, die eine mögliche Vermischung von klassischer Geldpolitik, Bankenaufsicht und Rolle der Zentralbanken in der ESG-Transformation birgt. Hier wird es darum gehen, die Verantwortlichkeiten weiter klarer herauszuarbeiten und zu kommunizieren.

Fünftens: Stärken stärken – Erfolgsbeispiele fördern!

Gerade weil Europa ein stark föderales Gebilde ist, das in der Vergangenheit aus Versuch und Irrtum oft gelernt hat, dürften wir angesichts der nachhaltigen Transformation nicht in alte Glaubenssätze zurückfallen: Die Wucht des Wandels lässt keine Zeit für eine einseitige überkritische Suche und Beschreibung von

Schwächen und Problemen. Vielmehr müssen Best Practices schnell identifiziert und europaweit umgesetzt werden. Erst dann können sie sich auch über Europas Grenzen hinaus verbreiten.

Best Practices bietet dieses Buch viele: sei es die grüne Referenzzinskurve gerade bei deutschen Staatsanleihen, die man – konsequent weitergedacht – auch auf die Emissionen der Europäischen Institutionen anwenden könnte; sei es der Emissionshandel als marktbasiertes Steuerungsinstrument, den man über den geplanten CO_2-Grenzsteuerausgleich global verankern könnte, wobei sich Deutschland für die globale Anschlussfähigkeit des europäischen Emissionshandels einsetzen kann; oder sei es die gegenseitige Ergänzung der Rollen staatlicher Förderbanken und privater Institute. Gerade hier gilt es, die Spielräume der Förderbanken für den Venture-Bereich auszubauen, geförderte, aber bankvermittelte Finanzierungskosten zu erweitern und letztlich ESG-konforme Geschäftsmodelle auch am Kapitalmarkt sichtbar weiter zu unterstützen. Und damit haben wir nur einen Bruchteil der in diesem Buch dargestellten Best Practices genannt.

Abschließend: Im Dialog bleiben – und so die europäische und globale Agenda gestalten!

Die letzte These birgt zugleich die wichtigste Erkenntnis, die sich unter allen Mitwirkenden dieses Buchs in den letzten Monaten verfestigt hat: Überall sehen wir eine hohe Bereitschaft zur Veränderung, einen starken Willen zum Mitmachen und viele Ideen. Dies ist Ausdruck ebenso wie Triebkraft der Bewegung, in der sich der ESG-Bereich derzeit befindet. Das bürdet allen Beteiligten eine hohe Verantwortung auf: An den Stromschnellen regulatorischer und wirtschaftlicher Entwicklungen können aus einzelnen Fehlentscheidungen schnell kapitale Fehler werden. Minimieren lässt sich dieses Risiko nur über einen verstärkten Austausch. Gerade der Entstehungsprozess dieses Buchs hat uns gezeigt, wie wichtig bei einem so dynamischen Thema der Austausch über Fach- und Branchengrenzen hinaus ist. Gerade in einem Feld, in dem sich fast wöchentlich etwas ändert, ist es wichtig, seine eigenen Koordinaten nicht zu verlieren – und das gelingt am besten, indem man nicht unter sich bleibt, sondern auch der Gegenseite aufmerksam zuhört.

Dieser Dialog ist gerade bei Nachhaltigkeitsthemen noch ausbaufähig. Noch immer sprechen viele Fachleute zu stark untereinander und übereinander – aber nicht miteinander. Nichtregierungsorganisationen bleiben unter sich, die Wissenschaft nimmt sich nur untereinander ernst, und auch im Management privater Unternehmen ist das nicht viel anders. Wie in einer Echokammer verstärken sich dabei die jeweiligen Grundtendenzen – und werden dadurch immer weniger anschlussfähig. Für die nationalen Diskurse in Europa gilt das allemal. Erste Versuche sektorübergreifender Foren der Begegnung – wie beispielsweise des Sustainable-Finance-Beirates der Bundesregierung oder der Technischen Expertengruppe für Nachhaltige Finanzwirtschaft der Europäischen Kommission – sind vielversprechend. Sie reichen aber natürlich nicht aus. Das liegt auch daran, dass gerade Unternehmen in der Vergangenheit diese Runden in der Vergangenheit nicht immer so ernst genommen haben, wie es angebracht gewesen wäre, und auch die eigentlichen Fachleute und Entscheider sich oft vertreten ließen. Internationale Klimakonferenzen und die zahlreichen Veranstaltungen im unmittelbaren Umfeld böten eine Gelegenheit, das zu ändern. Noch besser wäre es, jenseits der bekannten Klimagipfellogik fach- und funktionsübergreifende Formate in Europa mit regelmäßigerer Taktung und einem dauerhaft und eng eingebundenen Topmanagement zu haben. Warum nicht als Nächstes unter deutscher Führung?

Ein erstes derartiges fach- und funktionsübergreifendes Format – wenngleich mit der Sprache geschuldetem Schwerpunkt auf deutsche Beiträge – ist dieses Buch. Es soll für Diskussionsstoff sorgen, indem es Welten zusammenbringt, die zuvor getrennt waren. Es soll zu denken geben, gerade weil es unterschiedliche Positionen in einem Buch vereint. Und es soll vor allem eines tun: Es soll zum Handeln bewegen. Jetzt. Für eine Welt im nachhaltigen Gleichgewicht.

4.

Gesellschaftliche ESG-Stakeholder:
Politik, Verbände, Zentralbanken

Sustainable Finance – von der Nische in den Mainstream

VON TAREK AL-WAZIR

Die Finanzbranche nimmt eine Schlüsselrolle beim Übergang in eine nachhaltige Wirtschaftsweise ein.

Green and Sustainable Finance ist eine Zukunftschance für den Finanzplatz Frankfurt.

Das Green and Sustainable Finance Cluster Germany ist prädestiniert, eine zentrale Rolle bei der Ausgestaltung und Umsetzung der Sustainable-Finance-Strategie der Bundesregierung einzunehmen

Als CDU und Bündnis 90/Die Grünen Ende 2013 in Hessen ihren ersten Koalitionsvertrag unterzeichneten, war darin bereits das Ziel formuliert, Frankfurt am Main zum führenden Standort für – wie es damals noch hieß – »Green Finance« zu entwickeln. Die Passage fand wenig Beachtung. Erst nach Monaten kamen vereinzelte Anfragen von Journalisten, die erfahren wollten, was damit eigentlich gemeint sei.

Heute steht das einstige Nischenthema unter dem erweiterten Titel »Sustainable Finance« bei allen Finanzinstituten ganz oben auf der Agenda, von der Sparkasse Borken bis hin zu BlackRock. Nicht nur, weil der Weg in eine klimafreundliche Wirtschaftsweise enorme Investitionen erfordert, sondern auch, weil sich immer mehr die Einsicht durchsetzt, dass die Finanzwirtschaft ein ureigenes Interesse hat, über die rein ökonomische Sichtweise hinaus auch soziale und ökologische Wirkungen stärker in den Blick zu nehmen – allein schon, um das Risiko zu begrenzen, dass etwa ein Kreditnehmer im

Zuge des Kohleausstiegs insolvent wird und ein anderer an der Börse abstürzt, weil er zu lange auf Verbrennungsmotoren gesetzt hat. Anders gesagt: Nachhaltigkeit führt auch zu ökonomischer Widerstandsfähigkeit und dauerhaftem wirtschaftlichen Erfolg.

Klar ist, dass die Finanzwirtschaft bei der Transformation unserer auf fossilen Energien basierenden Zivilisation eine Schlüsselrolle spielt. Wie genau ihr Beitrag aussieht, wird mit zunehmender Dynamik diskutiert. Dabei erleben wir gerade, wie sich internationale Weichenstellungen vollziehen: Nachhaltige Finanzen sind eins der fünf Kernthemen der UN-Klimakonferenz COP 26 im November 2021, und auf EU-Ebene werden derzeit die künftigen Kriterien für ökologisch nachhaltige Finanzierungen diskutiert.

Vom Ausgang dieser Debatte hängt viel ab. Wir brauchen ein starkes Label für nachhaltige Finanzierungen und kein Greenwashing. Wenn Strom aus Atomkraft und Erdgas als Sustainable Finance gelten darf, leidet nicht nur die Glaubwürdigkeit des Siegels Sustainable Finance, sondern auch die Umwelt. Nachhaltigkeit bemisst sich eben nicht allein an der CO_2-Bilanz, sondern ist umfassend zu verstehen.

Auch auf nationaler Ebene sind Entscheidungen zu treffen. Zwar hat die Bundesregierung endlich eine Sustainable-Finance-Strategie vorgelegt, doch bleibt sie an vielen Stellen zu vage und oberflächlich. Das Ziel, den Finanzplatz Deutschland zu einem führenden Standort für Sustainable Finance zu machen, lässt sich damit kaum so schnell erreichen, wie wir es uns alle wünschen.

Dennoch ist Sustainable Finance kein Selbstläufer, der ohne weiteres die gewünschte Richtung einschlägt. Dafür braucht es vor allem Brücken in die Praxis und die Einbindung von Marktexpertise. Aus diesem Grund hat die Hessische Landesregierung schon vor einigen Jahren in Frankfurt das Green and Sustainable Finance Cluster Germany initiiert. Seine Aufgabe ist es, Methoden für die praktische Anwendung zu entwickeln und dem Finanzplatz Frankfurt auf diesem Zukunftsgebiet eine international vernehmbare Stimme zu geben.

Unser Plan ist aufgegangen. Das Cluster ist heute Mitglied der maßgeblichen Gremien auf nationaler und europäischer Ebene; sein Geschäftsführer gehört dem Sustainable-Finance-Beirat der Bundesregierung und der EU-Platform on Sustainable Finance an, berät also Bundesregierung und EU-Kommission. Mit seinen Handreichungen zu TCFD (Task Force on Climate-related Financial Disclosures) und der Net Zero Banking Alliance Germany unterstützt es Finanzinstitute, Klimaaspekte in ihre Geschäftsabläufe zu integrieren. Wir sind damit auf dem Weg, Frankfurt zu einem führenden Finanzplatz für Sustainable Finance zu entwickeln.

Ich halte das Cluster deshalb für prädestiniert, bei der Ausgestaltung und Umsetzung der nationalen Strategie eine maßgebliche Rolle zu übernehmen, indem es als unabhängiger Akteur die dringend notwendige Marktexpertise einbindet. Zudem könnte es Aufgaben erfüllen, die der Sustainable-Finance-Beirat der Bundesregierung für notwendig hält, die aber noch nicht beheimatet sind. Beispielsweise empfiehlt er die Einrichtung einer Anlaufstelle zur Klärung von Widersprüchen zwischen Nachhaltigkeitszielen. Ebenso spricht er sich dafür aus, institutionelle Investoren dabei zu unterstützen, ihren Einfluss auf Unternehmen zugunsten der Nachhaltigkeit geltend zu machen – etwa über ihre Stimmrechte.

Als zweites wichtiges Vorhaben der Landesregierung für den Finanzplatz Frankfurt möchte ich den Aufbau eines Financial Big Data Clusters hervorheben, bei dem Hessen unter anderem mit der Deutschen Börse und dem TechQuartier zusammenarbeitet. Ziel ist es, bisher nicht verknüpfte Finanzdaten von Unternehmen, Behörden und Wissenschaft in rechtssicherer Weise zusammenzuführen und für die Nutzung zu standardisieren.

Daraus ergeben sich breite Anwendungsmöglichkeiten von der Geldwäscheprävention bis zur Verbesserung der Markintegrität. Aber auch Sustainable Finance kann davon profitieren. Denn derzeit sind Nachhaltigkeitsdaten nur schwer in Finanzkennzahlen zu übersetzen. Um Nachhaltigkeitsaspekte bei Finanzierungsentscheidungen stärker berücksichtigen zu können, bedarf es entsprechender Daten. Ein Projekt im Rahmen des Financial Big Data Clusters ist es, die Möglichkeiten des Aufbaus einer ESG-Dateninfrastruktur zu erforschen.

Sie sehen: Die Landesregierung verfolgt das Thema Green and Sustainable Finance seit Jahren beharrlich. Hessen ist als erstes Bundesland der Initiative Prinzipien für verantwortliches Investieren (UN PRI) beigetreten und hat vor kurzem – ebenfalls als erstes Bundesland – mit großem Erfolg eine grüne Benchmark-Anleihe am Markt platziert. Wir bleiben auch bei der Weiterentwicklung des Finanzplatzes Frankfurt am Ball.

Wir sind Zeitzeugen einer tiefgreifenden Veränderung der politischen und ökonomischen Machtstrukturen

VON FRIEDRICH MERZ

Kapitalmärkte bewerten die drohenden Klimaveränderungen und ihre Auswirkungen seit Jahren. Im Zusammenwirken mit demokratischen politischen Institutionen können diese großen Herausforderungen gelöst werden.

Die Transformation hin zu einer klimaneutralen Volkswirtschaft erfordert größte Kraftanstrengungen vom Staat, von den Unternehmen und von den Kapitalmärkten. Die Lenkungsfunktion von Kapitalmärkten kann über ESG-Kriterien technologische Prozesse sehr viel effizienter und vor allem sehr viel schneller steuern als staatliche Institutionen und öffentliche Mittel.

Die besondere Stärke von ESG ist die Vielfalt. Der Verzicht auf jede eindimensionale Festlegung auf umweltpolitische Ziele ermöglicht es Unternehmen, im konstruktiven Dialog mit ihren Stakeholdern den Pfad der Nachhaltigkeit einzuschlagen, der zu ihnen passt.

Deshalb sollte die EZB äußerst zurückhaltend sein in der Bewertung oder gar Bevorzugung von Finanzmarktinstrumenten, die sich in besonderer Weise dem Schutz der Umwelt und des Klimas zuwenden.

Wir werden erst in einigen Jahren in der Rückschau auf unsere heutige Zeit feststellen, wie tiefgreifend die Veränderungen sind, die wir gegenwärtig erleben, und zwar politisch wie ökonomisch.

Politisch verschieben sich die Gewichte weg von Europa hin nach Asien, ökonomisch bleibt Amerika ein Faktor, offen ist aber die Frage, ob die USA im 21. Jahrhundert auch die globale politische Ordnungsmacht bleiben, die sie nach dem Zweiten Weltkrieg für sieben Jahrzehnte waren. Auch diesen Rang macht China den USA streitig, das Ringen um die globale Vorherrschaft könnte sich im östlichen Pazifik entscheiden.

Im Mittelpunkt des Konflikts steht die Frage, ob das politische System des Teils der Welt, den wir bisher den »Westen« nennen, noch genügend Ausstrahlungs- und Anziehungskraft auf die eigene Bevölkerung und auch auf die Menschen ausübt, die heute in autoritär geführten Staaten wie China und Russland leben. Jedenfalls befinden sich die Demokratien dieses Westens in einer tiefreichenden Legitimationskrise, die nicht nur sehr viele der dort lebenden Menschen an der Zukunftsfähigkeit des eigenen Gesellschaftsmodells zweifeln lässt, sondern auch ein breites Einfallstor eröffnet für Propaganda und Falschinformationen der staatlich gelenkten Medien aus den Ländern der Systemkonkurrenz.

Vor diesem Hintergrund bekommt die Diskussion über nachhaltiges und verantwortungsvolles Handeln in Politik und Wirtschaft eine ganz grundsätzliche, systemrelevante Dimension, die über den eigentlichen Zweck, nämlich ressourcenschonendes und sozial verträgliches Handeln im eigenen Wirkungskreis, hinausgeht: Es geht um die Frage, ob die Art, wie wir politisch handeln, wie wir wirtschaften, wie wir in dieser westlichen Welt leben, nach so vielen Jahren des Erfolgs, des Wohlstands und vor allem des Friedens und der Freiheit auch für die nächsten Generationen noch eine Zukunft hat.

I. Die Jugend wird wieder politisch

Die politischen Auseinandersetzungen um das Ziel einer verantwortungsvollen Gestaltung unseres Lebens- und Arbeitsraumes werden – anders als etwa vor gut 50 Jahren – nicht mehr mit offener Gewalt auf den Straßen ausgetragen. In der Regel sind es junge Menschen aus gut situierten Familien, die sich offensiv in die politische Diskussion einbringen und die Politik geradezu ultimativ auffordern, den seit Jahren eingeschlagenen Kurs grundlegend zu ändern. Anlass sind die besorgniserregenden Auswirkungen einer Klimaveränderung, die niemand mehr ernsthaft infrage stellen kann. Gestritten wird dabei umso heftiger um den richtigen Weg, wie man das Problem lösen kann, nicht um die Existenz des Problems an sich, wenn man einmal von der Minderheit der Klimaleugner und Verschwörungstheoretiker absieht.

Die Coronapandemie hat diese Diskussion für etwa eininhalb Jahre in den Hintergrund treten lassen. Die Klimaaktivisten haben in dieser Zeit allerdings gelernt, dass eine Bevölkerung, die Angst hat vor einer unsichtbaren Bedrohung, bereit ist, sehr weitgehende Einschränkungen ihrer Grundrechte und ihrer Freiheitsrechte in Kauf zu nehmen, wenn denn damit nur die Aussicht verbunden ist, das eigene Leben und die Gesundheit zu retten. In der Annahme, dass der Klimawandel noch eine viel umfassendere Bedrohung für die ganze Menschheit darstellt, für die unsere Lebensweise, unsere marktwirtschaftliche Ordnung und damit die von ökonomischen (Lobby-)Interessen geprägte demokratische Ordnung die alleinige Verantwortung trägt, wird von relevanten Teilen der Umweltbewegung gleich das ganze »System« infrage gestellt, ohne dessen Überwindung die Lösung des Problems nicht möglich sei.

II. Die Kapitalmärkte nehmen Entwicklungen vorweg

Diese Diskussion wird vom Kapitalmarkt seit Jahren mit hoher Aufmerksamkeit beobachtet, vermutlich sogar intensiver als von großen Teilen der Politik. Anders als häufig angenommen ist »der Kapitalmarkt« ja auch nicht eine anonyme, von dunklen Mächten gesteuerte und gegen das eigene Volk gerichtete Institution, sondern das Ergebnis hunderttausendfacher, täglicher Entscheidungen von Menschen, die sich vor allem mit der Frage beschäftigen, welchen Risiken die Vermögenswerte ausgesetzt sind, die sie überwiegend treuhänderisch oder im eigenen Interesse verwalten. So werden laufend Analysen und Untersuchungen zu allen Themen verfasst, die die Welt bewegen oder morgen bewegen könnten. Während die Politik systembedingt in der Regel erst reagiert, wenn ein Problem entstanden ist, versuchen Kapitalmärkte, Entwicklungen einzuschätzen und vorwegzunehmen.

Die drohenden Klimaveränderungen und ihre Auswirkungen sind deshalb schon seit vielen Jahren Gegenstand dieser Einschätzungen und Einordnungen an den Kapitalmärkten. Dies gilt ebenso für die sozialen Herausforderungen in alternden Gesellschaften wie für die Qualität der Unternehmensführungen der börsennotierten und über den Kapitalmarkt finanzierten Unternehmen. Nicht altruistische Motive stehen dabei im Vordergrund, sondern die ökonomischen Erwartungen auf die Kapitalanlagen. Kapitalmärkte können daher in freiheitlichen Gesellschaften auch immer nur ein Teil des Ganzen sein, aber ein wesentlicher Teil sind sie schon, jedenfalls dann, wenn die Allokation von Ressourcen den Prozessen von Angebot und Nachfrage und nicht staatlichen Anordnungen überlassen werden soll. In diese Marktprozesse ist seit jeher eine Vielzahl von (zunächst) nichtmonetären Annahmen und Erwägungen einbezogen worden, die sich allenfalls später als ökonomisch vorteilhaft erweisen konnten.

Deshalb sind in den offenen Gesellschaften des Westens, um diese etwas unscharfe Abgrenzung noch einmal zu bemühen, die Pro-Kopf-Belastungen durch Umwelteinflüsse auch immer geringer gewesen als etwa in den Zentralverwaltungswirtschaften der früheren Länder des Ostens. Weder die Menschen noch die Kapitalmärkte hätten jemals die grauenhafte Verschmutzung der Luft und der Gewässer akzeptiert, die es insbesondere in den Braunkohlerevieren der früheren DDR gab. Die Menschen konnten sich dagegen nicht wehren, und Kapitalmärkte gab es dort nicht.

Es bleibt spannend zu beobachten, wie insbesondere das chinesische Experiment einer autoritären Staatsführung mit gelenkten Kapitalmärkten ausgeht, die zumindest die Gefahren der Umweltbelastungen erkannt hat und mit dem Einsatz rigider staatlicher Reglementierung und zugleich modernster Technologien versucht, das Problem auf ihre Weise in den Griff zu bekommen. Vielleicht gelingt es der Staatsführung, den unmittelbaren Schaden an der Umwelt unter Kontrolle zu halten, den Menschen werden jedoch weiterhin die Freiheitsrechte vorenthalten, die wir in unseren Gesellschaften als selbstverständlich ansehen und die für uns die Voraussetzung dafür sind, dass sich Güter- und Kapitalmärkte frei entfalten können.

Der Anspruch, den wir an ökologische und soziale Erfolge in einer freiheitlichen Gesellschaft stellen, geht jedenfalls sehr viel weiter und umfasst auch eine gute Unternehmensführung, die zum einen in ihren einzelnen wirtschaftlichen Entscheidungen weitgehend frei bleiben muss von staatlicher Einflussnahme, die aber zugleich gesellschaftlichen Erwartungen gerecht werden muss, die sich in demokratischen Prozessen herausbilden und ihren Niederschlag finden in gesetzlichen Bestimmungen, zumindest aber in allgemein akzeptierten Verhaltenskodizes wie dem Deutschen Corporate Governance Codex.

Wir können deshalb auch in Zukunft Vertrauen darauf haben, dass im Zusammenwirken zwischen demokratischen politischen Institutionen und Kapitalmärkten die großen Herausforderungen der Zukunft gelöst werden. Dafür müssen allerdings einige Voraussetzungen erfüllt werden.

III. ESG ist die mehrdimensionale Antwort

Unternehmen und ihre Führungen haben sich der gesellschaftlichen Anforderung einer stärkeren Verantwortlichkeit für umweltpolitische und soziale Belange über den reinen ökonomischen Unternehmenserfolg hinaus auch längst gestellt. Dies erwarten die

Kunden, die Mitarbeiter und die Eigentümer gleichermaßen. Und unternehmensübergreifend werden Maßstäbe entwickelt, an die sich Unternehmen halten müssen, wenn sie in Zukunft weiter Erfolg haben wollen. Environmental Social Governance beschreibt diesen Teil des unternehmerischen Handelns, der in Zukunft sehr genau unterscheidet, welche Produkte und welche Herstellverfahren diesem Anspruch noch genügen und welche nicht.

Richtigerweise verzichtet diese sich immer weiter entwickelnde Corporate Social Responsibility auf jede eindimensionale Festlegung, auch auf die einseitige Festlegung auf umweltpolitische Ziele wie den notwendigen Kampf gegen den Klimawandel. Staat und Gesellschaft ebenso wie Unternehmen und Kapitalmärkte müssen die sozialen Interessen der Belegschaften wie der Anteilseigner ebenfalls im Blick behalten, denn nur *mit* diesen Stakeholdern, nicht ohne oder gar gegen sie sind die Ursachen und die Folgen des Klimawandels zu bewältigen. Die Transformation hin zu einer klimaneutralen Volkswirtschaft erfordert größte Kraftanstrengungen von allen Beteiligten, vom Staat, von den Unternehmen und von den Kapitalmärkten. Die Kapitalmärkte haben längst verstanden, dass sie nur erfolgreich fortbestehen können, wenn ein Kollabieren des Weltklimas abgewendet wird; sie wissen aber auch, dass dafür modernste Technologien mit sehr hohem Kapitalbedarf benötigt werden. Dieses Kapital können staatliche Haushalte nicht aufbringen, sie wären damit hoffnungslos überfordert.

ESG-Kriterien in den Kapitalmärkten kommt deshalb eine umfassende und mehrdimensionale Funktion zu. Die Lenkungsfunktion von Kapitalmärkten kann unter der Geltung solcher Kriterien im Übrigen technologische Prozesse sehr viel effizienter und vor allem sehr viel schneller steuern als staatliche Institutionen und öffentliche Mittel.

IV. Finanzmarktstabilität und Währungspolitik

Dies gilt im Übrigen auch für das Verhältnis zwischen Zentralbank und Kapitalmärkten. Die Intervention der EZB in die Anlei-
hemärkte hatte ihre Berechtigung in der Finanzkrise und mag sie
auch noch eine gewisse Zeit haben. Die europäische Notenbank
hat allerdings einen fest definierten Auftrag, an den sie gebunden
ist und zu dessen Ausführung allein sie politische Unabhängigkeit
besitzt. Der Auftrag lautet Preisstabilität, mit der die EZB über ihre
Instrumente zur Finanzstabilität beiträgt. Finanzstabilität für sich
kann von der EZB nicht gewährleistet werden. Dazu tragen neben
der Zins- und Währungspolitik der Zentralbank die öffentlichen
Haushalte und die Tragfähigkeit ihrer Verschuldung ebenso bei
wie die von den demokratisch legitimierten Institutionen festge-
legten regulatorischen Rahmenbedingungen. Deshalb sollte die
EZB äußerst zurückhaltend sein in der Bewertung oder gar Bevorzugung von einzelnen Finanzmarktinstrumenten, etwa denen, die
sich in besonderer Weise dem Schutz der Umwelt und des Klimas
zuwenden. Währungspolitik, Kapitalmarktregulierung, Umwelt-
und Sozialgesetzgebung, unternehmerische Verantwortung, politische Ziele und gesellschaftliche Erwartungen greifen in unserem
demokratischen und freiheitlichen System so fein justiert inein-
ander, dass das Ziel, im 21. Jahrhundert in Frieden und Freiheit
zu leben und auch den nachfolgenden Generationen Chancen der
persönlichen Entfaltung in einer gesunden Umwelt zu gewähren,
nur erreicht werden kann, wenn alle Institutionen und Beteiligten
die ihnen zugewiesenen Aufgaben nach bestem Wissen und Gewissen erfüllen.

Die Aufgabe der Finanzmärkte: Neue nachhaltige Technologien finanzieren und damit gleichzeitig Wohlstand schaffen

VON BETTINA STARK-WATZINGER

Wir haben kluge Köpfe und Kapital und damit gute Chancen, die Führungsrolle auf dem Weg hin zu einer nachhaltigen Wirtschaft zu übernehmen. Damit uns andere Länder folgen, müssen die Zeichen auf mehr Wachstum stehen.

Die EU-Taxonomie ist dabei nicht zielführend. Der Versuch, das Anlageverhalten zu lenken, setzt auf das Prinzip Hoffnung. Das zielführendste Instrument, den CO_2-Ausstoß zu reduzieren, ist ein CO_2-Emissionshandel. Der Emissionshandel setzt Anreize, neue nachhaltige Ideen und Prozesse zu entwickeln. Und genau diese Innovationen müssen wir finanzieren.

Der Staat kann klimafreundliche Investitionen durch mehr Transparenz für nachhaltige Geldanlagen sowie durch einen besseren Zugang zum Kapitalmarkt und bessere Rahmenbedingungen für mehr Wagniskapital fördern.

Wir alle wollen in einer Welt leben, in der es noch Gletscher in den Alpen gibt und Wetterextreme die Ausnahme bleiben. Und keiner zweifelt daran: In den vergangenen Jahrzehnten haben wir Raubbau an unserer Erde betrieben und damit auf Kosten zukünftiger Generationen gelebt. Wir wissen, dass wir uns von unserer CO_2-intensiven Produktion verabschieden müssen.

Wir haben uns bereits auf den Weg gemacht, nachhaltiger zu werden. Trotz Wirtschaftswachstum ging zumindest in Deutschland der CO_2-Ausstoß zurück. Allerdings kommen wir nicht so schnell voran wie notwendig. Wollen wir die Erderwärmung auf unter 1,5 Grad Celsius beschränken, müssen wir ehrgeiziger werden.

Während die Ziele des Pariser Klimaabkommens unumstritten sind, bestehen erhebliche Differenzen bei der Frage der Instrumente. Machen wir uns nichts vor – nur durch Innovationen können wir den Klimawandel stoppen. Mit neuen Technologien können wir Nachhaltigkeit und Wohlstand in Einklang bringen. Sie ermöglichen neue und ressourcenschonende Produktionsverfahren, ohne unseren Lebensstandard aufgeben zu müssen.

Fest steht: Wir müssen uns entscheiden, ob wir einen planwirtschaftlichen Ansatz verfolgen oder die Innovationskraft der Märkte nutzen möchten. Wir müssen zum einen die Risiken des Klimawandels erkennen und zum anderen den Wandel unserer Wirtschaft finanzieren. Finanzmärkte spielen dabei eine wichtige Rolle. Sie stellen Fremd- und Eigenkapital bereit und machen durch die Finanzierung von Geschäftsmodellen erst unser modernes Wirtschaftssystem möglich.

Klimaschutz: eine Aufgabe für alle und jeden Einzelnen

Wir können das werden, was wir seit Jahren behaupten: internationales Vorbild und Taktgeber. Eins muss uns dabei aber bewusst sein. Den Klimawandel bekämpfen wir erfolgreich nur international abgestimmt. Deutschland hat ca. ein Prozent der Weltbevölkerung. Wir stoßen ca. zwei Prozent des gesamten CO_2 aus und tragen zu ca. drei Prozent des weltweiten Bruttoinlandsprodukts bei. Das ist kein Freibrief fürs Nichtstun. Aber es zeigt, dass der europäische Gedanke wichtiger denn je ist. Im Gegenteil, wir sind eine Union mit starker industrieller Basis. Wir sind ein Kontinent der Ingenieure. Und genau deshalb muss Europa eine Führungsrolle einnehmen.

Den europäischen Green Deal nutzen

Wohlstand schaffen wir niemals durch Verzicht! Die EU-Kommission setzt mit dem europäischen Green Deal an der richtigen Stelle an. Sie setzt auf eine moderne, ressourceneffiziente und wettbewerbsfähige Wirtschaft, also auf mehr Wachstum statt weniger.

Es macht daher keinen Sinn, kleinteilig über Tempolimits und Flugverbote zu diskutieren. Wir müssen in großen Fortschrittsprojekten denken! Investitionen in die Infrastruktur und Investitionen in neue Technologien sind dabei von entscheidender Bedeutung.

Taxonomie – Bürokratie ist nicht die Lösung

Die guten Absichten des Green Deals müssen aber auch gut umgesetzt werden. Die EU-Kommission hat sich die Mammutaufgabe gestellt, durch eine Taxonomie die Finanzmärkte transparenter zu machen. Vereinfacht gesagt, soll die EU-Taxonomie sämtliche Wirtschaftsaktivitäten beurteilen und sie in gute und schlechte Aktivitäten einteilen. Ziel ist es, Investitionen in nachhaltige Wirtschaftstätigkeiten zu lenken. Die Produktion einer Tonne Aluminium gilt bspw. als nachhaltig, wenn ein bestimmter Schwellenwert an CO_2-Ausstoß nicht überschritten wird.

Durch das Festlegen dieser technischen Schwellenwerte kommt es allerdings zu einer kleinteiligen industriepolitischen Steuerung. Denn in jedem Produktionsprozess werden eigene Schwellenwerte definiert. Ein solcher planwirtschaftlicher Ansatz ist einer marktwirtschaftlichen Ordnung wesensfremd. Das führt unweigerlich zu mehr Bürokratie und Ineffizienz. Der Entwurf zum delegierten Rechtsakt für die ersten beiden Umweltziele der EU-Taxonomie umfasst bereits mehr als 500 Seiten. Weitere Regulierungen zu Umweltzielen, sozialen Standards und nachhaltiger Unternehmensführung sollen folgen. Auch wenn die Taxonomie alle drei Jahre überarbeitet werden soll, Innovation findet immer statt. Es besteht die Gefahr, dass wir uns mit der Taxonomie selbst Fesseln anlegen.

Das große Problem der Taxonomie: Sie versucht eine allgemeingültige Definition von Nachhaltigkeit vorzugeben, die es nicht geben kann. »One size does not fit all« gilt auch für die Taxonomie. Wir sehen es an den politischen Diskussionen, ob Investitionen in Atomkraft oder Staudämme nachhaltig sind. Andererseits bezweifelt niemand, dass die Nutzung von Gas nicht nachhaltig ist. Aber der Bau eines modernen Gaskraftwerkes kann ein »schmutziges« Kohlekraftwerk ersetzen. Dadurch kann CO_2 eingespart werden, bis die Infrastruktur für erneuerbare Energien aufgebaut ist oder Wasserstofftechnologien marktreif sind. Aber wer wird in Gaskraftwerke investieren, wenn die Taxonomie sie als schlecht bezeichnet?

Die EU-Taxonomie zeigt, wie eine klimaneutrale Welt aussehen soll, nicht aber einen gangbaren Weg dorthin. Sie kann wie Medizin richtig angewendet hilfreich sein, nicht aber, wenn sie über alle Produkte in den Finanzmärkten angelegt wird. Es kann zu Engpässen in der Finanzierung unserer kleinen und mittleren Unternehmen kommen, selbst wenn sie in Nachhaltigkeit investieren. Anstelle kleinteiliger Regelungen durch die Taxonomie benötigen wir unter anderem einen umfassenden CO_2-Emissionshandel als Leitinstrument.

Mit dem CO_2-Emissionshandel den Klimawandel stoppen und den Innovationsprozess stärken

Dem Raubbau am Klima müssen wir mit einer klaren CO_2-Mengenbegrenzung einen Riegel vorschieben. Die Menge an CO_2, die ausgestoßen werden darf, muss jährlich sinken. Es ist das wirksamste Instrument. Es setzt das frei, was wir in unserem Land zum Glück genug haben – Erfindergeist.

Wir müssen den europäischen CO_2-Emissionshandel auf möglichst alle Sektoren ausweiten. Die Verursacher von CO_2 müssen für dessen Ausstoß Zertifikate kaufen. Wenn die Menge der Zertifikate jährlich sinkt, steigt ihr Preis – und CO_2 bekäme einen echten Marktpreis.

Unternehmen, die ihre Produkte mit weniger CO_2 herstellen können, können ihre Kosten senken, wodurch ihre Wettbewerbsfähigkeit steigt. Der Anreiz, in neue Technologien zu investieren, wäre gesetzt.

Und: Sobald Emissionen ein Preisticket haben, werden auch die Finanzmärkte reagieren. Sie können Risiken und Chancen endlich angemessen berücksichtigen. Investitionen in Anlagen mit hohem CO_2-Ausstoß rentieren sich nicht mehr. Das Marktdesign anzupassen ist eines der mächtigsten Instrumente, die wir haben. Das Wissen der vielen im Markt ist dem Wissen der wenigen in politischer Verantwortung immer überlegen.

Den Anleger mit verlässlichen Informationen stärken

Fast 90 Prozent aller notwendigen Investitionen müssen von privaten Akteuren stammen, damit der Veränderungsprozess hin zu einer nachhaltigen Wirtschaft stattfinden kann. Daher ist es erfreulich, dass der Markt für nachhaltige Geldanlagen jedes Jahr wächst. Das muss Politik unterstützen.

In einem perfekten Markt würden Anleger die Risiken steigender Produktionskosten und die Gefahr von Nachhaltigkeitsrisiken einpreisen. Schon heute ziehen sich namhafte große institutionelle Anleger aus der Finanzierung solcher Anlagen komplett zurück.

Märkte sind meistens nicht perfekt. Es fehlt den Anlegern vor allem an transparenten Informationen. Mit besseren Daten können die Anleger Risiken besser einschätzen. Entsprechend gehören Daten und Metriken ins Zentrum jeder Handlung. Um Datenlücken zu schließen, braucht es drei Elemente: erstens Standardisierung, um eine Vergleichbarkeit der Daten zu gewährleisten. Zweitens Transparenz, um einen offenen Zugang zu den Daten zu schaffen. Und drittens das Vorantreiben der Digitalisierung, um zeitnah die aktuelle Lage einschätzen zu können und die Kosten der Datenerhebung zu senken. Mit transparenten Kriterien kann Vertrauen geschaffen und Greenwashing verhindert werden.

Kapitalmarktunion für eine bessere Unternehmensfinanzierung vorantreiben

Um die hohen Investitionen in Digitalisierung und Nachhaltigkeit zu stemmen, benötigen wir privates Kapital. Die Coronapandemie hat Europa dabei erneut gezeigt, dass viele Unternehmen in der EU zwar gute Geschäftsmodelle, aber wenig Eigenkapital haben. Das müssen wir ändern.

Ein wichtiger Baustein zur Lösung ist die Schaffung eines echten europäischen Kapitalbinnenmarktes. Die starke Fragmentierung im Kapitalmarkt beschert uns bislang viele nationale Kapitalmärkte in Europa. Ein Finanzinstitut, das in ganz Europa tätig sein will, muss 27 verschiedene nationale Finanzmarktregulierungen und Steuersysteme beherrschen und sich mit 27 Finanzaufsichtsbehörden auseinandersetzen. Das führt dazu, dass die Finanzierungsmöglichkeiten für Unternehmen unterentwickelt sind. Die europaweite Finanzierung ist ein Flickenteppich, mit dem die besten Ideen niemals fliegen werden.

Wir müssen die Kapitalmarktunion energischer vorantreiben. Ziel der Kapitalmarktunion ist, insbesondere kleinen und mittelständischen Betrieben einen besseren Zugang zu Finanzierungs- und Kapitalquellen zu verschaffen. Dazu bedarf es neben einem integrierten Bankenmarkt auch eines besseren Zugangs zu Risikokapital- und Beteiligungsfinanzierung für kleine und mittlere Unternehmen (KMU) und Start-ups. Die Kapitalmarktunion kann der Katalysator für die europäische Wirtschaft sein. Mit ihr könnten wir deutlich einfacher neue Technologien und nachhaltige Geschäftsmodelle finanzieren.

Die Sustainable-Finance-Strategie als Weg zu mehr Wohlstand verstehen

Künstliche Intelligenz (KI) und Blockchain sind die transformativsten und disruptivsten Technologien unserer Zeit. Diese Technologien werden eine zentrale Rolle auf dem Weg zu einer nachhaltigen und widerstandsfähigen Erholung Europas spielen. Mit KI können wir z. B. den Verkehrsfluss optimieren, den Stromverbrauch reduzieren oder Regale voller Leitz-Ordner in Amtsstuben überflüssig machen.

Für neue Technologien z. B. im Bereich GreenTech bzw. CleanTech kommen in der Regel aber keine Bankkredite infrage. Dazu bedarf es der Bereitstellung von genügend Wagniskapital.

Wir sollten daher die Anlagemöglichkeiten für Kapitalsammelstellen in Wagniskapital und Infrastruktur öffnen. Über Lebensversicherungen, die betriebliche Altersvorsorge oder über Anlagefonds besitzen wir Deutschen ein hohes Sparvermögen. Das Vermögen wird aber zu wenig in große Zukunftsprojekte investiert. Das Anlageverhalten ist in der Niedrigzinsphase besonders ungeeignet. Angesichts des Klimawandels und der Notwendigkeit zur Finanzierung neuer Technologien stellt die heutige Risiko-Aversion das größte Risiko von morgen dar. Wir brauchen mehr Mut beim Anlegen. Ein positiver Nebeneffekt: Die Bürgerinnen und Bürger profitieren über ihre Altersvorsorge an den unternehmerischen Erfolgen.

Unsere Klimapolitik wird erfolgreich sein, wenn sie Wohlstand schafft und damit Nachahmer auf anderen Kontinenten findet. Dazu sollten wir die Kapitalmärkte viel stärker als bisher nutzen, um private Investitionen zu finanzieren und Wachstum zu entfesseln. Machen wir uns auf den Weg, klimafreundliche Innovationen »made in Germany« zu finanzieren.

Nachhaltige Kapitalmärkte: Europäische Standards sind notwendig!

VON MARKUS FERBER

Kluge Finanzmarktregulierung kann dabei helfen, unsere Klimaziele zu erfüllen und Investitionslücken zu schließen.

Nachhaltige Finanzierung braucht eine klare ordnungspolitische Einbettung und sollte dazu beitragen, Informationsasymmetrien zu überbrücken. Staatliche Investitionslenkung ist nicht der richtige Ansatz.

Der Rahmen für nachhaltige Finanzierung muss auf europäischer Ebene geschaffen werden, nationale Doppelstrukturen gilt es zu vermeiden.

Eine pragmatisch ausgestaltete Taxonomie kann dazu beitragen, dass sich europäische Standards im Bereich Sustainable Finance weltweit durchsetzen.

Nachhaltigkeit ist im Zentrum der politischen und gesellschaftlichen Debatte angekommen. Da der Finanzsektor eine besondere Lenkungswirkung im gesamtwirtschaftlichen Gefüge einnimmt, wird ihm im politischen Diskurs oftmals eine besonders wichtige Rolle bei der Erreichung unserer Nachhaltigkeitsziele zugeschrieben.

Dabei gibt es mitunter ganz unterschiedliche Vorstellungen davon, was der Finanzsektor leisten kann und soll. Die Vorstellungen reichen vom Überbrücken von Informationsasymmetrien bis hin zu einer klaren Lenkungswirkung hin zu »grünen« – und damit guten – und weg von »braunen« – und damit schlechten – Wirtschaftszweigen. Das letztgenannte Extrem grenzt dabei schon fast an staatliche Planwirtschaft.

Klar ist: Es gibt am Markt sowohl bei Privatinvestoren als auch bei institutionellen Anlegern eine steigende Nachfrage nach nachhaltigen Finanzprodukten und nach verlässlichen Informationen über ebensolche Finanzprodukte. Diese Nachfrage kann genutzt werden, um die bestehenden Investitionslücken bei der Umsetzung der Klima- und Energieziele zumindest teilweise zu schließen.

Regulierung im Bereich Sustainable Finance geht jedoch immer mit Markteingriffen einher. Aus ordnungspolitischer Sicht muss man sich also die Frage stellen, ob und inwiefern ein Markteingriff gerechtfertigt ist. Im Bereich der Umwelt- und Klimapolitik gibt es traditionell Faktoren – wie negative externe Effekte und die Orientierung am kurzfristigen Gewinndenken – die nachhaltigem Wirtschaften im Wege stehen. Die reinen Marktkräfte führen nicht zwangsläufig zum optimalen Ergebnis.

Daher gibt es in diesem Bereich durchaus eine Rolle für einen staatlich vorgegebenen Ordnungsrahmen. Das ist auch ein Konzept, das mit den Prinzipien der sozialen Marktwirtschaft gut zu vereinbaren ist. Ein Beispiel dafür ist die grundsätzliche Frage nach Standards für eine Definition dafür, was überhaupt als nachhaltig zu verstehen ist. Es kursieren derzeit viele unterschiedliche Standards, Ratings und Zertifizierungen, denen jeweils eine sehr spezifische Definition von Nachhaltigkeit zugrunde liegt, die sich in der Praxis aber oftmals nur schwer miteinander vergleichen lassen. Dieses Nebeneinander von konkurrierenden Standards macht Investoren das Leben schwer und öffnet Greenwashing Tür und Tor. Hier haben wir ein klassisches Beispiel für Informationsasymmetrien im Markt, die sich mittels kluger Regulierung zumindest eingrenzen lassen und damit womöglich zu gesamtgesellschaftlich wünschenswerteren Ergebnissen führen.

Damit nachhaltige Finanzierung funktionieren kann, braucht es ein verlässliches und pragmatisches Regelwerk, das nicht auf grüner Ideologie, sondern auf gesundem Menschenverstand basiert. Anstatt auf plumpe Verbote zu setzen, gilt es im Rahmen eines kohärenten ordnungspolitischen Ansatzes marktkonforme Mechanismen zu identifizieren, die die richtige Anreizwirkung entfalten und die marktseitigen Entwicklungen flankieren.

Damit dieser Rahmen tatsächlich seine Wirkung entfalten und zu einer effizienteren Ressourcenallokation beitragen kann, ist es entscheidend, dass dieses Rahmenwerk auf der europäischen Ebene geschaffen wird. Nur so lässt sich am Ende europaweit Klarheit und Vergleichbarkeit für Investoren schaffen, was auch den grundsätzlichen Zielen der Europäischen Union zur Stärkung der Kapitalmarktunion entspricht. Der Versuch, eine einheitliche und verbindliche Definition von ökologischer Nachhaltigkeit über die sogenannte Taxonomie-Verordnung zu schaffen, ist ein Schritt in genau diese Richtung.

Wenn es einheitliche europäische Standards gibt, die sich einerseits für Investoren als nützlich herausstellen und andererseits von einer kritischen Masse von Marktteilnehmern genutzt werden, gibt es auch gute Chancen, dass ebendiese europäischen Standards zur Blaupause für den internationalen Markt werden. Das gilt umso mehr, als das Thema nachhaltige Finanzierung auch im US-amerikanischen und in den asiatischen Märkten immer mehr an Bedeutung gewinnt. Es gibt also durchaus einen Business Case für Sustainable Finance. Dieser »Brüssel Effekt«, den wir schon in anderen Bereichen beobachten konnten, wird sich aber nur einstellen, wenn die gemeinsamen Standards aus Marktsicht sinnvoll sind, das richtige Ambitionsniveau treffen, sich als in der Praxis umsetzbar erweisen und deshalb auch von einer großen Zahl an Marktteilnehmern angenommen werden.

Die Grundvoraussetzung dafür ist jedoch, dass wir uns als Europäische Union auf ein gemeinsames Vorgehen einigen können. Denn wenn wir 27 nationale Standards für nachhaltige Finanzierung entwerfen, sorgen wir für Zersplitterung und verspielen die Vorteile eines gemeinsamen europäischen Marktes.

Viele Vorstöße der nationalen Gesetzgeber und Aufsichtsbehörden, die die Entwicklung nachhaltiger Kapitalmärkte mit großem Elan vorantreiben, sind deshalb leider am Ende eher kontraproduktiv. Sie sorgen im Ergebnis nämlich oft für Widersprüche und Dopplungen im Vergleich zu den Arbeiten auf europäischer Ebene. Dies macht es selbst Finanzmarktakteuren, die eigentlich willens sind, das Thema aktiv voranzutreiben, unnötig schwer.

Stattdessen sollten wir uns auf eine gemeinsame europäische Agenda zur nachhaltigen Finanzierung verständigen. Die Taxonomie als gemeinsamer Referenzpunkt und Fundament der Strategie zur nachhaltigen Finanzierung ist hierfür der richtige erste Schritt und kann als Grundlage für weitere Initiativen (etwa für einheitliche Standards für grüne Anleihen) dienen. Als Grundprinzipien für die europäischen Arbeiten sollten dabei Verhältnismäßigkeit, Freiwilligkeit und eine enge Abstimmung mit den betroffenen Marktteilnehmern gelten. Wenn wir uns diese Prinzipien zu Herzen nehmen, uns nicht in nationalen Grabenkämpfen verlieren, sondern stattdessen an gemeinsamen europäischen Standards arbeiten, hat der europäische Ansatz im Bereich Sustainable Finance durchaus das Zeug zum Exportschlager.

Nachhaltige Kapitalmarktfinanzierung für die deutsche Industrie – worauf es jetzt ankommt

VON SIEGFRIED RUSSWURM

Die Industrie wird eine Hauptrolle bei grünen Innovationen und der Digitalisierung des technischen Fortschritts spielen. Dafür benötigt sie eine wirtschafts- und klimapolitische Flankierung, eine kluge staatliche Förderung und einen breiten gesellschaftlichen Konsens.

Die Weiterentwicklung des Finanzsystems hin zu mehr Nachhaltigkeit muss im engen Dialog von Finanzierungsnehmern und Finanzierungsgebern durchgeführt werden. Die Lenkung der Kapitalflüsse in nachhaltige Anlagen ist ebenso wichtig wie die Klärung von Finanzierungsfragen aus der Sicht von sich im Wandel befindlichen Unternehmen.

Die Nachhaltigkeitsberichterstattung ist von großer Bedeutung und muss international angegangen werden. Proportionalitätsaspekte gilt es ebenso zu berücksichtigen.

Die deutsche Industrie als Wegbereiter

Das Paradigma der Nachhaltigkeit hat sich in den letzten 20 Jahren in der internationalen Politik durchgesetzt und erfährt wachsende Unterstützung in vielen demokratischen Gesellschaften. Sogar in autokratischen Staaten ist der Wunsch der Gesellschaft zunehmend spürbar, dass grundlegende Prinzipien der Nachhaltigkeit im Umweltschutz, im sozialen Zusammenhalt und in den Regierungsformen oder Governance-Regeln eingehalten werden. Der Gedanke der nachhaltigen Entwicklung wird das 21. Jahrhundert entscheidend prägen. In einer Zeit der globalisierten Vernetzung und rasch zunehmender digitaler Lösungen wird es vor allem darauf ankommen, einer noch immer kräftig steigenden Weltbevölkerung einen wachsenden Lebensstandard bei abnehmender Ungleichheit, umfassender Digitalisierung und der Einhaltung planetarer Belastungsgrenzen zu schaffen. Es ist offenkundig, dass sich Kapital und Arbeit, technischer Fortschritt, Ideen und Innovation auf neue Knappheiten einstellen müssen. Zum Glück ist Kapital weltweit nicht knapp, während der Faktor Arbeit alterungsbedingt auf der Nordhalbkugel knapp werden wird. Es wird somit vor allem auf die Innovationskraft ankommen, mit der Unternehmen und ganze Gesellschaften neue Lösungen in die Praxis bringen werden – Lösungen, die auch dann Wohlstand für alle schaffen, wenn die Ressourcennutzung ihren wahren Preis bekommt und kluges Wirtschaften weltweit rasch akzeptiert und umgesetzt werden wird. Gelingt uns dies nicht, gefährden wir nicht nur unseren Wohlstand, sondern riskieren die Zerstörung der Umwelt, unseren gesellschaftlichen Zusammenhalt, vielleicht sogar internationale Konflikte.

Die Rolle der Industrie wird weiterhin maßgeblich dadurch geprägt sein, den technischen Fortschritt voranzutreiben – mit grüner Innovation und Digitalisierung. Nur so werden wir das Wohlstandsversprechen weiter einlösen können. Deutsche und europäische Unternehmen gehören bereits in vielen wirtschaftlichen Bereichen zu den treibenden Kräften in diesem Umbruch, in anderen Bereichen wird dies nun in Angriff genommen werden müssen. Dabei wird es darauf ankommen, die Wettbewerbsfähigkeit der Unternehmen zu stärken und die Transformation auch zu einem Erfolg auf dem Arbeitsmarkt zu machen. Dies gilt vor allem für das Ziel der Klimaneutralität in Deutschland und Europa bis zur Mitte des Jahrhunderts. Das Ziel ist in zeitlicher Hinsicht äußerst anspruchsvoll, aber technologisch wohl erreichbar. Es erfordert eine große Kraftanstrengung aller: industrielle Investitionen und Innovationen in neue Technologien, die wirtschafts- und klimapolitische Flankierung durch eine konsequente CO_2-Bepreisung, eine kluge staatliche Förderung sowie einen breiten gesellschaftlichen Konsens. Nicht zuletzt die angestrebte Kreislaufwirtschaft als wesentlicher Baustein des Europäischen Green Deals wird auch ein Umdenken in der Bevölkerung erfordern.

Die Politik ist in Deutschland und Europa nun in der Pflicht, ihre ambitionierten Zielsetzungen mit einem breiten und wirkungsvollen Instrumentenkasten zu unterlegen, um Anreize zu schaffen, damit Unternehmen in diese neuen Produktionsprozesse und Produkte investieren können und die neuen Produkte im Markt nachgefragt werden. Denn in vielen Fällen rechnen sich diese noch nicht, da vielfach deutlich höhere Kosten nicht einfach im Markt an die Kunden weitergegeben werden können. Das Problem ist aber auf vielen Wegen lösbar.

Die Unternehmen fangen glücklicherweise nicht bei null an. Die immer effizientere Ausgestaltung von Produktionsprozessen bei gleichzeitiger Reduktion des Einsatzes natürlicher Ressourcen ist Teil der DNA der deutschen Wirtschaft. Nur so konnte erreicht werden, dass bereits heute viele der Weltmarktführer im Bereich der grünen Technologien deutsche Unternehmen sind. Gleiches gilt für die Berichterstattung. Die zahlreichen internationalen Rahmenwerke wurden insbesondere von deutschen Unternehmen unterstützt und weiterentwickelt. Durch die immer prominentere Platzierung im öffentlichen Diskurs hat sich die Entwicklung neuer Vorhaben jedoch intensiviert. Damit diese schnell in die Umsetzung kommen, bedarf es aber eines angemessenen Regulierungsrahmens, der relevante Politikfelder miteinander verknüpft.

Im Vordergrund der Bemühungen im Bereich Umwelt, Soziales und Unternehmensführung (ESG) stehen aktuell noch Maßnahmen zur Reduktion des CO_2-Ausstoßes. Jedoch werden diese bereits von weiteren umweltrelevanten und sozialen Zielen begleitet. So ist für die allermeisten deutschen Industrieunternehmen die Achtung von Menschenrechten in globalen Lieferketten bereits eine Selbstverständlichkeit. Egal ob börsennotierter Konzern oder mittelständisches Familienunternehmen, alle tragen sie mit ihrem Einsatz in Entwicklungs- und Schwellenländern zu höheren Sozial- und Umweltstandards, besserer Bildung und damit zu einer nachhaltigen Entwicklung bei. Sie sind deshalb als Arbeitgeber, Auftraggeber, Kunden und Investoren weltweit geschätzt. Damit wird deutlich, dass das Thema Nachhaltigkeit in den Geschäftsstrategien verankert ist. Ein Rahmenwerk zur Einbeziehung von Nachhaltigkeitsrisiken ist bereits vorhanden und effektiv. Der Gesetzgeber sollte darauf achten, Unternehmen das Wirtschaften nicht mit neuen unverhältnismäßigen Regelungen zu erschweren.

Nachhaltigkeit bei der Kapitalbeschaffung

Die Finanzierung der Transformation hin zu mehr Nachhaltigkeit und des digitalen Wandels sind wichtige Erfolgsbausteine für das Gelingen dieser doppelten Jahrhundertaufgabe. Das Umlenken weltweiter Kapitalströme ist dabei ebenso wichtig wie das Finden von Finanzierungsantworten aus der Sicht eines sich im Wandel befindlichen Unternehmens. Nicht alle Transformationsherausforderungen können über das Bankensystem und den Kapitalmarkt gelöst werden. Wir benötigen klare Vorschläge, wie Geschäftsmodelle, die aufgrund der Anpassungen vorübergehend an Profitabilität einbüßen und ein erhöhtes Risiko tragen, in der Transformation finanziell unterstützt werden können. Ein Universalkonzept wird uns dabei nicht helfen. Vielmehr werden individuelle Lösungen für individuelle Herausforderungen der verschiedenen Sektoren nötig sein.

Die Integration von ESG-Kriterien in die verschiedensten Fremd- und Eigenkapitalinstrumente ist kein leichtes Unterfangen. Hierbei braucht es die richtige Balance aus Regelsetzung und ausreichendem Raum für eine freie Marktentwicklung. Mit dem passenden Regelwerk schaffen wir ein einheitliches Verständnis bei der Frage »Was ist grün?«. Sogenanntes Greenwashing hilft weder Finanzunternehmen noch Unternehmen der Realwirtschaft noch der Umwelt und muss daher tunlichst vermieden werden. Der freie gestalterische Raum des Marktes wiederum liefert die Grundlage für einen fließenden Übergang. Für Marktteilnehmer besteht somit die Möglichkeit, individuelle Finanzierungsabsprachen zu treffen. Abrupte und zu schnell und unkoordiniert herbeigeführte Anpassungen erhöhen das Risiko von verfrüht entstehenden »stranded assets«, was zu zusätzlichen volkswirtschaftlichen Kosten führt.

In einer Transformation wie dieser sollten alle Akteure gemeinsam an der Weiterentwicklung des bestehenden Finanzsystems inklusive der Finanzinstrumente arbeiten. Dies schließt auch den Umgang mit neuen Risikoarten ein. Das setzt jedoch relevantes ESG-Wissen voraus, das im Laufe der Zeit bei Investoren, Banken und Ratingagenturen erst aufgebaut werden muss. Momentan zeigt sich für die Beurteilung von Nachhaltigkeitskriterien die Fundamentalanalyse der börsennotierten Unternehmen als Mittel der Wahl. Rein quantitative Analyseformen werden der Sache noch nicht gerecht. Dies liegt zum einen an der notwendigen Beurteilung der Anpassungsfähigkeit eines Unternehmens, die ein genaueres Beleuchten des Geschäftsmodells verlangt. Zum anderen gibt es von Unternehmen zu Unternehmen große Unterschiede in der Materialität von ESG-Faktoren, die es anfangs zu identifizieren und zu bewerten gilt. Für eine sachgerechte ESG-Beurteilung eines Industrieunternehmens ist somit eine umfassende Analyse vonnöten, die von einem engen Austausch von Finanzierungsgeber und Finanzierungsnehmer begleitet werden sollte. Nur so lässt sich der Übergang graduell und mit möglichst geringen Reibungsverlusten gestalten.

Berichtsstandards schlank halten, vor allem aber global denken

Um eine nachhaltige Kapitalallokation in Hinblick auf die Klimaziele zu erreichen, wird für europäische Kapitalgesellschaften die Ergänzung der Finanzberichterstattung durch eine umfassende Nachhaltigkeitsberichterstattung gefordert. Die seit 2017 geltenden europäischen Berichtspflichten für bestimmte große kapitalmarktorientierte Unternehmen für nichtfinanzielle Informationen sind vielen dafür nicht ausreichend, da zu wenig standardisiert und unverbindlich in der Umsetzung der Pflichtinhalte. Auf der anderen Seite sehen sich die kapitalmarktorientierten Unternehmen mit immer neuen Berichtserfordernissen seitens der Kapitalgeber konfrontiert, was zu Mehrfachberichterstattung nach unterschiedlichen internationalen Rahmenwerken führt und damit zu mehr Belastung ohne entsprechenden Gegenwert.

Die aktuellen internationalen Entwicklungen zeigen, dass der globale Kapitalmarkt die Notwendigkeit einer einheitlichen Berichterstattung erkannt hat und die Entwicklung eines internationalen Berichtsstandards über die Stiftung der internationalen Rechnungslegungsstandards (IFRS-Foundation) beschleunigt. Bereits für November 2021 wurde die Gründung eines International Sustainability Standard Board angekündigt. Der europäische Weg über die Erarbeitung eines europäischen Standards läuft Gefahr, die Dynamik der internationalen Nachhaltigkeitsstandardsetzung zu unterschätzen. Global agierende europäische Unternehmen sind auf globale Kapitalmärkte angewiesen und müssen dafür eine global anerkannte Unternehmensberichterstattung sicherstellen. Nach den internationalen Ansätzen ist eine enge Anbindung der Nachhaltigkeits- an die Finanzberichterstattung mit der Fokussierung auf Kapitalgeber und Investoren als primäre Adressaten der Nachhaltigkeitsberichterstattung zu erwarten.

Das Konzept der europäischen Nachhaltigkeitsberichterstattung sieht dies nicht vor. Die Festlegung des Entwurfs der EU-

Richtlinie zur Nachhaltigkeitsberichtserstattung (CSRD) auf einen breiten Adressatenkreis ohne Kapitalmarktfokussierung, auf umfangreiche Berichtspflichten ohne Wesentlichkeitsbetrachtung und auf verpflichtende Inhalte nach der europäischen Sustainable Finance Regulierung wird sich in dieser Weise nicht in einem internationalen Standard wiederfinden. Der europäische Standard droht somit zu einer Compliance-Übung für die europäischen kapitalmarktorientierten Unternehmen zu werden. Die Unternehmen werden zusätzlich zum europäischen Standard Berichtspflichten nach einem internationalen Standard zu erfüllen haben. Die CSRD stellt darüber hinaus eine große Belastung für eine Vielzahl von Unternehmen dar, die zukünftig unabhängig von der Finanzierungsform unter den Anwendungsbereich der CSRD fallen. In Deutschland sind bis zu 15 000 große Kapitalgesellschaften und haftungsbeschränkte Personenhandelsgesellschaften von der neuen Berichtspflicht betroffen. Diese Unternehmen haben bislang weder Berichtsstrukturen noch -prozesse für eine derart umfangreiche Nachhaltigkeitsberichterstattung aufgebaut. Die enge Zeitvorgabe der Europäischen Kommission mit einer Umsetzungsfrist von zwei Monaten nach Verabschiedung des europäischen Standards ist eine große Herausforderung. Zur Bewältigung der Berichtspflichten müssen machbare Vorgaben gelten, sonst werden Zweifel an der Aussagekraft und Zuverlässigkeit der Nachhaltigkeitsberichterstattung aufkommen. Die europäischen Pläne müssen kritisch hinterfragt werden. Es wird unumgänglich sein, die europäischen Berichtspflichten proportional zu Regelungszweck und Unternehmensgröße festzulegen. Dies gilt insbesondere auch für die geplante Ausweitung der Berichtspflicht auf kleine und mittlere Unternehmen (KMU) durch die Erarbeitung eines KMU-Standards. Gerade für sie wird die Berichtspflicht eine große Belastung darstellen.

Grüne Kapitalflüsse als Transformationsverstärker

Nachhaltige Kapitalmärkte können der deutschen Industrie ein wertvoller Begleiter bei der Gestaltung des wirtschaftlichen Umbruchs sein. Im Optimalfall verhelfen Sie innovativen Ideen zu ihrer benötigten Größe. Doch hierfür braucht es ein adäquates Rahmenwerk, das Leitplanken bei der Definition von Nachhaltigkeit setzt, zugleich aber den Marktteilnehmern eine konsequente, aber schrittweise und sozial gerechte Transformation ermöglicht. Dies gelingt nur in enger Zusammenarbeit aller Beteiligten und einem ehrlich geführten Diskurs basierend auf realistischen Annahmen. Gelingt uns dies, gelingt uns auch der wirtschaftliche und gesellschaftliche Wandel. Die deutsche Industrie steht bereit, ihre tragende Rolle verantwortungsvoll zu übernehmen.

Anforderungen an Kapitalmärkte als Treiber der Transformation in Richtung Nachhaltigkeit aus gewerkschaftlicher Perspektive

VON MICHAEL VASSILIADIS

In der Transformation von Wirtschaft und Gesellschaft Richtung Nachhaltigkeit können die Kapitalmärkte eine entscheidende Rolle als treibende Kraft spielen.

Der Schlüssel dazu liegt in einer Verknüpfung von Finanz- und Realwirtschaft, die dafür sorgt, dass der Umbau von Wirtschaft und Gesellschaft effizient und nachhaltig erfolgt.

Die notwendige Ausrichtung an längerfristigen Investments, die Rendite ganzheitlich versteht, nämlich als Summe ökonomischer, ökologischer und sozialer Wohlfahrt, bestimmt zunehmend über das Transformationstempo. Verantwortung für diesen Prozess zu übernehmen, ist die eine Voraussetzung für eine gute Zukunftsperspektive.

Die andere Voraussetzung lautet, in Europa Standards für ein nachhaltiges Wirtschafts- und Gesellschaftsmodell zu entwickeln, die auch für Kapitalmärkte »made in Europe« neue Chancen eröffnen – und zwar im Wettbewerb mit Weltregionen, die heute noch monokausal Wachstum und ökonomische Erfolge in der traditionellen Verwertungslogik von Mensch und Natur suchen.

In den Betrieben, in der Politik und als gesellschaftlicher Akteur setzt sich die IG BCE dafür ein, die Prioritäten in der Unternehmensführung wie in der staatlichen Regulierung an den Anforderungen der Jahrhundertaufgabe einer gelingenden Transformation auszurichten.

Zurück in die Zukunft: Vom Shareholder zum Stakeholder Value

Kapitalmärkte sind Spiegel des gesellschaftlichen Wandels, gleichzeitig prägen sie diesen Wandel auch selbst. Die Zeit ist noch nicht lange vorbei, dass die Kapitalmärkte der über Jahrzehnte dominierenden, auch ideologisch begründeten aggressiven Maximierung des Shareholder Values als ausschließlichem Daseinszweck von Unternehmen folgten. Bis heute spielen Umweltaspekte, soziale Belange und die Art der Unternehmensführung in der Bewertung und Entscheidung über Investments eine untergeordnete Rolle. Mit dem Ergebnis, dass die Börsen nach wie vor Entlassungen mit steigenden Kursen honorieren, Journalisten skandalöse Steuersparmodelle aufdecken und Klimaaktivisten auf Hauptversammlungen zweifelhafte Unternehmenspraktiken anprangern.

Die Mitbestimmung von Gewerkschaften und Betriebsräten verkörpert seit ihrer institutionellen Verankerung in der deutschen Unternehmenskultur den programmatischen Gegenentwurf zu einer ausschließlichen und einseitigen Orientierung am vermeintlichen Shareholder Value. Mit der gesetzlichen Erweiterung der Unternehmensverfassung um die Mitbestimmung sind Unternehmen hierzulande auch sozialen und gesellschaftlichen Interessen verpflichtet – eine konsequente Schlussfolgerung aus dem verfassungsrechtlichen Grundsatz, dass eine Wettbewerbswirtschaft des sozialen Ausgleichs bedarf und dass Eigentum verpflichtet.

Trotzdem setzte erst mit der Finanzkrise 2008/09 und mit den immer deutlicheren Folgen von Umweltzerstörung, Klimawandel und zuletzt der Coronapandemie eine neue Nachdenklichkeit ein, nicht zuletzt unter den handelnden Akteuren auf den Kapitalmärkten. Es war und ist nicht mehr zu übersehen und zu negieren, dass Wirtschaft, Umwelt und soziale Verhältnisse so eng miteinander verwoben sind, dass die rücksichtslose Durchsetzung von Einzelinteressen immer ökonomische, soziale und ökologische Folgewirkungen hat – und am Ende einer guten ganzheitlichen Entwicklung schadet.

Die gerade begonnenen 2020er Jahre werden von einer Entwicklung bestimmt sein, die mit dem gängigen Begriff der Transformation nur unzureichend, weil abstrakt und distanziert beschrieben ist. Tatsächlich geht es um nichts weniger als einen grundlegenden Umbau von Wirtschaft und Gesellschaft in einer kaum jemals zuvor erlebten Intensität. Gleichzeitig Klimaneutralität erreichen zu wollen, die digitale Revolution voranzutreiben und umzusetzen und den demografischen Wandel zu bewältigen, wird individuelle Lebensentwürfe dramatisch verändern, genauso wie Produktions- und Geschäftsmodelle der Unternehmen und die politische Agenda.

Dieser fundamentale, am Ende weltweite Strukturwandel birgt das Risiko, weit über 2030 hinaus zerstörerische Konflikte und tiefgreifende Verwerfungen bezogen auf die Arbeits- und Lebenschancen hervorzurufen, national wie international. Es sei denn, es gelingt, die immer noch auseinanderstrebenden Kräfte gegenläufiger ökonomischer, ökologischer und sozialer Interessen neu – und vor allem fair – auszutarieren. Stakeholder Value ist also nicht nur aktuell, sondern buchstäblich notwendig.

Auf den Kapitalmärkten wird nicht nur Geld gehandelt, sondern im Transformationsprozess mit wachsender Bedeutung auch Information und Vertrauen. Beides sind Schlüsselbegriffe für eine neue bzw. stärkere Orientierung an den Erfordernissen einer künftig nachhaltigen Entwicklung. Welche Chancen darin liegen, soll im Folgenden gezeigt werden.

Der Auftrag von Kapitalmärkten im Zeitalter der Transformation

Ohne eine strategische ordnungspolitische Aufladung sind Kapitalmärkte schlicht Orte, an denen Wirtschaftsakteure zusammentreffen und ihre jeweiligen individuellen Ziele verfolgen. Diese in unserem Wirtschaftssystem grundsätzlich wichtige Funktion eines Marktplatzes steht jedoch infrage, wenn Ergebnisse des

Handels aus einzelwirtschaftlicher Sicht optimal sein mögen, aus gesamtgesellschaftlicher Perspektive aber zu schädlichen Entwicklungen führen. Um Kapitalmärkte darauf auszurichten, dass sie in der Summe ihrer Einzelentscheidungen auch Umweltstandards und soziale Komponenten guter Unternehmensführung angemessen berücksichtigen, braucht es daher einen klaren Auftrag, einen Ordnungsrahmen und Anreizsysteme.

Wie lautet dieser Auftrag, was erwarten wir von Kapitalmärkten zur Unterstützung der Transformation?

Es sind drei Rollen, die den Kapitalmärkten entweder aufgrund ihrer Erfahrung und Kompetenz natürlich zufallen oder auf die sie als zentrale Akteure der Marktwirtschaft neu verpflichtet werden müssen:

1. Transmissionsriemen zwischen Finanz- und Realwirtschaft
2. Begleiter und Treiber der Transformation
3. Motor sozialer Verantwortung.

Dabei hängen alle drei Funktionen eng miteinander zusammen.

Kapitalmärkte müssen Transmissionsriemen zwischen Finanz- und Realwirtschaft sein

Der Wandel hin zu einer nachhaltigen Wirtschaft erfordert enorme Investitionen. Nach Schätzungen der EU-Kommission sind allein rund 260 Milliarden Euro nötig, um die Klima- und Energieziele für 2030 zu erreichen. Deutschland hat außerdem noch einen gewaltigen Rückstand aus den vergangenen 20 Jahren aufzuholen, in denen der Staat und die Unternehmen viel zu wenig investiert haben, nicht nur in die materielle Infrastruktur, sondern vor allem in Wissenskapital.

Gleichzeitig ist viel Geld in der Welt unterwegs, das nach Anlagemöglichkeiten sucht. Kapitalmärkte müssen die Brücke schlagen und wieder stärker dafür sorgen, dass das Geld »Bodenhaftung bekommt«, anstatt sich in immer absurderen Finanzspekulationen um sich selbst zu drehen. Das nach Anlagechancen suchende Kapital muss zu denen gelangen, die tatsächlich Zukunft bauen wollen, z.B. zu innovativen Biotec-Start-ups, aber auch zu Unternehmen, die ihre Belegschaften qualifizieren und in die Ausbildung digitaler Kompetenzen investieren wollen.

In dieser Rolle sind Kapitalmärkte auch als Vermittler von Informationen gefordert: Sie sind in der Lage, in unglaublicher Geschwindigkeit Informationen aus allen Sektoren und allen Teilen der Welt zu verknüpfen, und schaffen so neue, wertvollere Informationen, nochmals veredelt durch Big-Data-Analysen und künstliche Intelligenz. Dieses Wissen brauchen wir dringend für eine erfolgreiche Transformation.

Kapitalmärkte müssen Begleiter und Treiber der Transformation sein

Um echte Nachhaltigkeitsperformance von Greenwashing zu unterscheiden, müssen Kapitalmärkte Social-, Environmental- und Governance-Indikatoren entwickeln, mit denen sie Sozial- und Umweltleistungen sowie eine nachhaltigkeitsorientierte Unternehmenssteuerung verlässlich messen. Zu solchen Key Performance Indikators kann die Reduktion von CO_2-Ausstoß genauso gehören wie die Quote weiblicher Führungskräfte oder die Versorgungsquote von Entwicklungsländern mit Medikamenten.

Da Geld und Gewinn das Verhalten auf Kapitalmärkten steuern, ist der Preis ein zentraler Hebel, um die richtigen Anreize zu setzen. Das bedeutet, dass die mit der Geschäftstätigkeit verbundenen sozialen und Umweltkosten so (teuer) in die Finanzierungsbedingungen eingepreist werden müssen, dass deren Externalisierung unwirtschaftlich wird und »Nachhaltigkeitssünder« aus dem Wettbewerb gedrängt werden.

Ein Beispiel sind Steuerstrategien, die für Nachhaltigkeit deshalb so besonders relevant sind, weil sie wesentliche Treiber ökonomischer Entscheidungen sind. So müssen z. B. steuerlich motivierte Betriebsverlagerungen und auf Steuervermeidung basierende Geschäftsmodelle mit Zinsaufschlägen für nicht ESG-konformes Verhalten beantwortet werden.

Allein dieses Beispiel zeigt bereits, dass die bislang eingesetzten Nachhaltigkeitsindizes, insbesondere zur Klimaverträglichkeit von Investments, nicht ausreichen, weil sie in aller Regel auf lediglich eine Dimension nachhaltiger Entwicklung orientieren, höchst selten aber das gesamte Themenspektrum sozialer, ökonomischer und ökologischer Nachhaltigkeit abbilden.

Kapitalmärkte müssen soziale Verantwortung übernehmen

Schließlich, und das hat die Debatte um Sustainable Finance bisher noch nicht aufgegriffen, müssen sich Kapitalmärkte selbst in Richtung Nachhaltigkeit transformieren. Auch Kapitalmärkte sollten »gute Bürger« sein. Sie können andere glaubwürdig nur zu nachhaltigem Handeln motivieren, wenn sie es selbst praktizieren.

Auch Kapitalmärkte müssen ihre nicht nachhaltigen Geschäftsmodelle hinter sich lassen: die Finanzierung von Geldwäsche, die Unterstützung von Steuerhinterziehung, die Manipulation von Zinssätzen – das sind keine nachhaltigen Geschäftspraktiken, weil die damit erwirtschafteten Profite für einige Wenige zulasten der Gemeinschaft gehen. Nachhaltige Kapitalmärkte sind compliante Kapitalmärkte.

Nachhaltige Kapitalmärkte »made in Europe« als weltweiter Standard?

In den EU-Mitgliedstaaten gibt es noch kein gemeinsames, ausreichend entwickeltes Verständnis von Nachhaltigkeit, so dass die finalen technischen Evaluierungskriterien zur Umsetzung der Taxonomie in jedem Falle umstritten sein werden. Eine solche Verständigung wäre aber eine Mindestvoraussetzung, um in

Europa Standards setzen zu können, die auf andere Kapitalmärkte ausstrahlen. Umso dringlicher ist eine Festlegung auf einheitliche Standards für die Messung und Bewertung: Wann ist eine Unternehmenstätigkeit nachhaltig, erzeugt also Social und Environmental Return on Investment und insgesamt Long Term Value to Business and Society?

Es wird Zeit, die Hausaufgaben anzugeben, um die globalen Märkte beeinflussen zu können. Es geht dabei um nichts weniger als den praktischen Beweis, dass ein nachhaltiges Wirtschaftssystem nicht eine Option unter vielen Alternativen ist, um Wachstum, Wohlstand und Beschäftigung zu sichern, sondern dass erst durch die gleichwertige Berücksichtigung von wirtschaftlichen, ökologischen und gesellschaftlichen Anforderungen eine nachhaltige Transformation möglich wird, weil alle drei Bereiche gleichzeitig vom Wandel betroffen sind. Die Auseinandersetzung darum wird vor allem im Wettbewerb mit China zu führen sein, das fundamental andere gesellschaftliche Standards als Entwicklungsmodell anbietet als Westeuropa mit seinen individuellen und ökonomischen Freiheitsgraden.

Die richtigen Prioritäten setzen in Regulierung und Politik

Es besteht die Gefahr, dass Kapitalmärkte zu bloßen Exekutoren politischer Entscheidungen auf dem Transformationspfad werden. Die EU-Taxonomie als Kern des Green Deals ist ein erster, aber sehr konkreter und nach meiner Einschätzung auch direkt und stark wirksamer Hebel. Kapitalmärkte, vor allem Banken, werden gar nicht umhinkönnen, »braune« Sektoren, die ihr Geschäftsmodell nicht schnell und konsequent genug transformieren können, entweder teurer zu bepreisen oder direkt aus ihren Portfolien auszusteuern. Wir brauchen aber »geduldiges Kapital«, das transformierbare Unternehmen auch längerfristig begleitet. Hier muss der Regulator reagieren und vor allem den finanzierenden Banken Spielraum geben. Bis hin zu Entlastungen bei der

Eigenmittelunterlegung, um aktiv Anreize für Banken zu setzen, den Unternehmen dauerhaft verlässlich zur Seite zu stehen.

Ich habe schon beschrieben, dass integren und hochwertigen Informationen in der Transformation eine zentrale Rolle zukommt. In den vergangenen Jahren ist der Umfang der Unternehmensberichterstattung aber ausgeufert, ohne dass damit ein wesentlicher Erkenntnisgewinn verbunden gewesen wäre. Insbesondere werden in solchen Berichten oft Aussagen aneinandergereiht, ohne dass die Adressaten die zentrale Frage beurteilen könnten: Ist das Geschäftsmodell wirtschaftlich tragfähig, sozial gerecht und umweltverträglich? Gibt es einen glaubwürdigen Transformationspfad? Und wenn nein, was ist die Alternative? Hier ist der Gesetzgeber gefordert, den Zuschnitt solcher Berichte stärker zu fokussieren und Verstöße auch zu sanktionieren, damit Unternehmen ihre Berichtspflicht ernst nehmen.

Außerdem sind Lösungen gefragt, wie wir auch dauerhaft nicht transformierbare Unternehmen, ihre Belegschaften und deren Know-how sozialverträglich in die neue Zeit überführen. Die IG BCE hat deshalb zusammen mit der IG Metall einen Fonds entwickelt, die Best Owner Group Capital, als erste ESG-kompatible Auffanglösung für die am Verbrennungsmotor hängende Industrie der Automobilzulieferer. Wir erwarten, dass sich vor allem OEM, Politik und Investoren nicht einfach wegdrehen und das Problem den Beschäftigten und ihren Interessenvertretungen überlassen, wenn Geschäftsmodelle an ihr Ende gelangt sind, sondern dass sie vernünftige Lösungen wie die Best Owner Group Capital politisch unterstützen und mitfinanzieren. Wir brauchen einen breiten Schulterschluss zwischen allen Stakeholdern auch für diesen Teil des Wandels. Unser Anspruch an einen gerechten Transformationsprozess ist es, dass niemand chancenlos zurückgelassen wird.

Der Beitrag der IG BCE als Industriegewerkschaft zur Verwirklichung von Nachhaltigkeit

Als Gewerkschaft ist die IG BCE auf allen Ebenen der Transformation vertreten und gefordert – in den Betrieben, in der Politik und als gesellschaftlicher Akteur. In den Betrieben haben wir den Anspruch, den Strukturwandel der Industriebranchen sozialverträglich zu gestalten – worum es hier geht, habe ich am Beispiel der Automobilzulieferer skizziert. Mit gleicher Kraft wollen wir unsere Unternehmen aber auch in Richtung Innovation treiben. Denn bloßes Abschalten ist keine Antwort darauf, wie es besser geht. In der Politik sind wir dort besonders herausgefordert, wo sich Nachhaltigkeit im Primat des Ökologischen erschöpft und die soziale Dimension reduziert.

Das Kerngeschäft der Gewerkschaften im 21. Jahrhundert wird es aber sein, über alle drei Ebenen hinweg für Zusammenhalt in der Transformation zu sorgen, indem wir die theoretischen Chancen des Strukturwandels zu praktisch erfahrbaren Möglichkeiten für die Beschäftigten machen, am wirksamsten in Kooperation mit allen, die an einer guten und echten nachhaltigen Entwicklung interessiert sind.

Innovation finanzieren, Wohlstand sichern: Wachstum durch nachhaltige Finanzsysteme

VON SABINE MAUDERER[1]

Für die nachhaltige, digitale und gerechte Transformation muss die Politik klare Preissignale senden und Anreize setzen für ein innovationsförderliches Finanzierungsökosystem.

Öffentliches und privates Kapital müssen für die notwendigen Investitionen mobilisiert werden. Hierfür braucht Europa eine neue Investmentkultur mit mehr Offenheit für Risikokapital.

Beim nachhaltigen Wandel des Finanzsystems können Zentralbanken als Katalysator wirken.

Mit Maßnahmen wie verpflichtender Offenlegung klimabezogener Informationen tragen Zentralbanken zu mehr Transparenz und Etablierung von Marktstandards bei.

Mit ihren Analysekompetenzen können Zentralbanken das Bewusstsein für die Dringlichkeit der Bekämpfung des Klimawandels schärfen, auch bei den politischen Entscheidungsträgern.

---

1 Ich danke Dirk Bleich, Mei Ling Chan, Rudolf Christoph, Johannes Lenschow, Marco Leppin, Alexander Paeck und Yvonne Winkler für ihre wertvollen Beiträge.

Künftiges Wachstum durch nachhaltige Transformation sichern

Unsere Gesellschaft steht vor großen Herausforderungen und tiefgreifenden Veränderungen. An einer nachhaltigen und digitalen Transformation der Wirtschaft – auf nationaler und europäischer Ebene – wird dabei kein Weg vorbeiführen.

Jede Veränderung ist auch eine Chance: Der Klimawandel und die Digitalisierung sind Gelegenheiten für die Wirtschaft und die Gesellschaft, zukunftsfähige Arbeitsplätze zu schaffen. Das wird entscheidend sein, um Wachstum und Wohlstand auch für zukünftige Generationen zu sichern. Es geht dabei um einen ganzheitlichen Wandel, der neben ökologischen Aspekten (z. B. Erderwärmung und Verlust von Biodiversität) auch soziale Komponenten berücksichtigt. Die Lasten der Transformation müssen gerecht verteilt werden.

Dafür müssen alle an einem Strang ziehen: Politik, Realwirtschaft, Finanzwirtschaft, Zivilgesellschaft und Wissenschaft haben gemeinsam dafür Sorge zu tragen, dass die nachhaltige, digitale und gerechte Transformation gelingt. Die Politik nimmt dabei eine zentrale Rolle ein. Sie setzt den Ordnungsrahmen und legt die Spielregeln fest. Vor allem gilt es, klare Preissignale an die Märkte zu senden. Eine adäquate CO_2-Bepreisung ist ein sehr effizientes Instrument, das Anreize schafft, in zukunftsfähige Technologien zu investieren. Gleichzeitig erhöht es in einem komplexen Umfeld die Planungssicherheit. Entsprechend sollten CO_2-Preise ein bestimmendes Thema des Weltklimagipfels COP 26 sein.

In den Unternehmen und an den Universitäten in Deutschland und Europa entstehen viele wegweisende Innovationen, beispielsweise im Bereich der Grundlagentechnologien. Diese Innovationen müssen aber auch umgesetzt werden. Um das enorme Innovationspotenzial zu nutzen, bedarf es daher einer engeren Vernetzung zwischen Forschungsinstituten, Unternehmen und Kapitalgebern.

Ein Faktor für den Erfolg von Innovationen ist das Finanzierungsökosystem. Dabei stellt sich die Frage, ob die traditionelle bankbasierte Kreditfinanzierung genügend Treibstoff für Innovationen liefern kann. Denn die Entwicklung neuer Technologien ist mit Risiken verbunden. Dem Risikoappetit der Banken sind aber regulatorisch zu Recht Grenzen gesetzt. Um daher Innovationen zur Marktreife zu skalieren, braucht es mehr Finanzierungen über den Kapitalmarkt. Dies gilt nicht nur für junge Unternehmen, sondern auch für die Finanzierung des Wandels etablierter Konzerne.

Gerade hierzulande bedarf es eines Kulturwandels und mehr Offenheit im Umgang mit dem Kapitalmarkt, insbesondere mit Risikokapital. Auch wenn sich die hiesige Risikokapitalfinanzierung im Aufwind befindet, gibt es nach wie vor nur wenige Investoren mit ausreichenden Kapazitäten und der nötigen Risikobereitschaft – gerade in späteren Entwicklungsphasen von jungen Unternehmen. Die Aussicht auf einen erfolgreichen Börsengang motiviert Investoren, sich an Finanzierungsrunden vor der Börsenreife zu beteiligen. Es gilt daher ein besseres Umfeld für Börsengänge zu schaffen. Deutschland und Europa liegen diesbezüglich weit hinter den USA und China. Um den Anschluss nicht zu verlieren, braucht es zum einen Investoren mit einem langen Atem, die bereit sind, in Wachstumsperspektiven zu investieren. Zum anderen kann die öffentliche Hand bessere Rahmenbedingungen setzen.

Um eine innovative Idee zur Marktreife zu bringen, muss vermehrt privates Kapital mobilisiert werden. Öffentliche Mittel allein können diese notwendigen Investitionen nicht stemmen. Eine Zusammenarbeit zwischen dem öffentlichen und dem privaten Sektor, wie sie »Public-Private Partnerships« darstellen, ist hierbei enorm wichtig. Transformationsfonds sind ein guter Hebel, um Finanzflüsse in zukunftsträchtige Bahnen zu lenken.

Nachhaltige Kapitalmärkte aus Sicht der Bundesbank

Nachhaltige Investments erfreuen sich weltweit einer zunehmenden Beliebtheit. Dies zeigen sehr deutlich die Entwicklungen an den Aktien- und Anleihemärkten.

Im Aktiensegment sind deutliche Zuflüsse in nachhaltig orientierte Aktienfonds zu verzeichnen. Dabei ist ein positiver Zusammenhang zwischen ESG-Rating und den Mittelzuflüssen zu beobachten (Abb. 1). Insbesondere Aktienfonds mit dem höchsten oder zweithöchsten Nachhaltigkeitsrating[2] (»Über dem Durchschnitts-Rating«) verzeichneten seit 2019 die stärksten Mittelzuflüsse, gemessen an den ausstehenden Vorjahresaktiva. Eine eindeutig bessere Entwicklung bei nachhaltigen Aktienindizes gegenüber ihren konventionellen Pendants ist über einen längeren Zeitraum bisher allerdings nicht eindeutig nachweisbar.

Anleihen, deren Emissionserlöse in die Finanzierung von Umwelt- und Sozialprojekten fließen (auch ESG-Anleihen genannt), zeigen seit mehreren Jahren ein sehr dynamisches Wachstum. Die Nachfrage der Investoren überschreitet das vorhandene Angebot deutlich, auch wenn dieses beständig steigt. Während im Jahr 2013 nur zwölf Milliarden Euro an ESG-Anleihen weltweit begeben wurden, konnten 2020 457 Milliarden Euro emittiert werden (Abb. 2). Bis einschließlich 2019 ging das starke Wachstum überwiegend auf grüne Anleihen zurück. In den vergangenen beiden Jahren gab es auch ein deutliches Wachstum bei Anleihen, deren Emittenten die Mittel für soziale oder allgemeine Nachhaltigkeitszwecke verwenden. Im Jahr 2021 wird es einen neuen Emissionsrekord bei ESG-Anleihen geben.

---

2   Als Datengrundlage wird das Sustainability Rating des Datenanbieters Morningstar verwendet, der die Investmentfonds in fünf Kategorien einteilt. Vgl. Hale, J. (2016). *Introducing the Morningstar Sustainability Rating for Funds.* Chicago

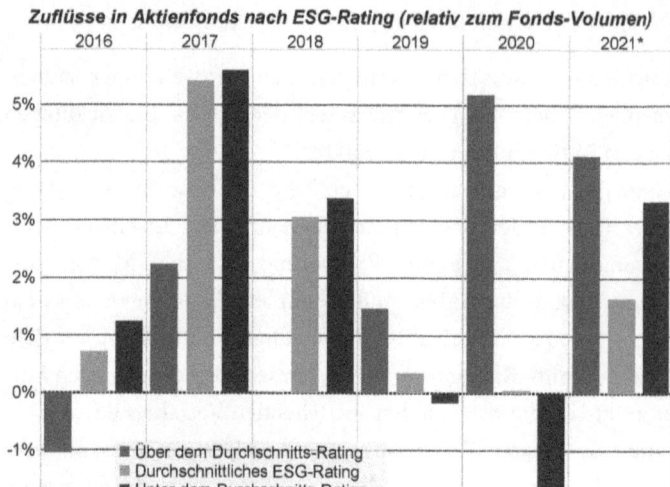

*Bis einschl. Juni 2021. Stand: Juni 2021, Quelle: Morningstar.
Deutsche Bundesbank

Abb. 1: Mittelzuflüsse in nachhaltig orientierte Aktienfonds

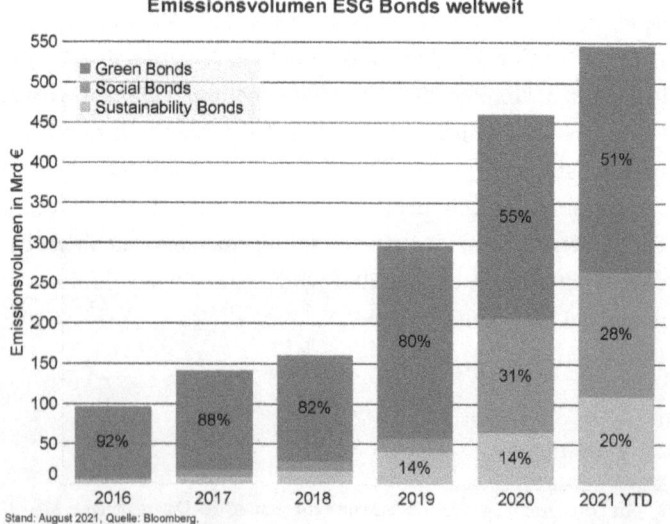

Stand: August 2021, Quelle: Bloomberg.
Deutsche Bundesbank

Abb. 2: Weltweites Emissionsvolumen von ESG-Anleihen

Bei der Bewertung nachhaltiger Anleihen ist mitunter ein gering-
fügig höherer Preis beobachtbar. Die Grüne Prämie (»Greenium«)
ist insofern bemerkenswert, als die nachhaltigen Anleihen im Vergleich zu konventionellen meist weniger liquide sind. Die geringere Liquidität resultiert aus dem noch geringen Marktanteil der
jungen Vermögenswertklasse und dem hohen Nachfrageüberhang
bei vielen langfristigen Investoren nach grünen Vermögenswerten. Die differenzierte Bepreisung nachhaltiger Vermögenswerte
unterstreicht, dass viele Investoren mittlerweile Klimarisiken in
ihrer Investitionsentscheidung berücksichtigen.

Die Dynamik bei nachhaltigen Finanzprodukten spiegelt zudem die Impulse und Anreize der verantwortlichen Politik auf
internationaler Ebene wider. Nachdem die Agenda 2030 der Vereinten Nationen und das Pariser Klimaschutzabkommen wichtige Weichen gestellt haben, hat die Europäische Union für die
Umsetzung Maßstäbe bei der Regulierung nachhaltiger Finanzierungen gesetzt. Mit der EU-Taxonomie wird eine Definition
und Kategorisierung nachhaltiger Aktivitäten geschaffen, die die
derzeitige Definitionsvielfalt vereinheitlicht. Ungeachtet der Vorreiterrolle Europas ist eine globale Koordinierung notwendig: Mit
einem einheitlichen beziehungsweise kompatiblen Regelwerk für
Taxonomien und nichtfinanzielle Berichtskriterien können op-
portunistisches Verhalten und Regulierungsarbitrage verhindert
werden. Fortschritte in Sachen Transparenz und Offenlegung
sollten dabei auch mit einer angemessenen Datengranularität ein-
hergehen. Im Rahmen der Kapitalmarktunion soll hierzu gegen
Jahresende 2021 eine einheitliche europäische Datenbank zu fi-
nanz- und nachhaltigkeitsbezogenen Unternehmensinformationen (European Single Access Point, ESAP) auf den Weg gebracht
werden, auf der sich gut aufsetzen lässt.

Dennoch sind weitere konkrete Fortschritte mit Blick auf den
European Green Deal sowie die Sustainable Finance Strategy der
Europäischen Kommission wünschenswert. Die Zeit drängt, und
alle Marktakteure benötigen einen klaren Fahrplan. Die Kommis-

sion schätzt, dass für die Erreichung des EU-Klimaziels für 2030 in den nächsten zehn Jahren in der EU neue Investitionen von bis zu 350 Milliarden Euro pro Jahr erforderlich sein werden. Ob Investitionsprogramme dieser Größenordnung umgesetzt werden können, wird von der Reformbereitschaft der Regierungen und von der Risikobereitschaft hiesiger Investoren abhängen. Bei kluger Ausgestaltung aller wichtigen Wirkungskanäle werden die öffentliche Hand und die Privatwirtschaft ihren Beitrag leisten.

Zentralbanken als Katalysator für ein nachhaltiges Finanzsystem

Auch Zentralbanken können und wollen ihren Beitrag leisten. Der Wandel zu einem nachhaltigen Wirtschaftssystem – genauso wie der Klimawandel selbst – bringt neben Chancen auch finanzielle Risiken für den Finanzsektor mit sich. Die physischen und klimabedingten Transitionsrisiken haben das Potenzial, Geschäftsmodelle einzelner Unternehmen oder ganzer Industrien zu bedrohen. Nicht nur Geschäftsbanken, sondern auch Zentralbanken sind gut beraten, klimabezogene finanzielle Risiken in ihr Risikomanagement einzubeziehen. Darüber hinaus müssen Zentralbanken die Auswirkungen von Klimawandel und Klimapolitik auf die Wirtschaft und das Finanzsystem umfassend verstehen.

Zentralbanken und Aufsichtsbehörden weltweit sind sich einig, dass alle Institutionen im Rahmen ihres jeweiligen Mandats mehr für den Klimaschutz tun müssen als bisher. Im Jahr 2017 haben sich daher acht Zentralbanken und Aufseher, darunter auch die Deutsche Bundesbank, zusammengeschlossen und das globale Netzwerk Central Banks and Supervisors Network for Greening the Financial System (NGFS) gegründet. Inzwischen hat das NGFS 95 Mitglieder und 15 Beobachter aus allen fünf Kontinenten, die insgesamt etwa 90 Prozent des global systemrelevanten Finanzsektors abdecken (Stand: Ende Juni 2021). Das NGFS sieht sich als Plattform für die Entwicklung von Best Practices sowie für den Meinungs- und Erfahrungsaustausch zwischen Zentralbanken und Aufsehern. In mehreren Arbeitsgruppen befasst sich das NGFS damit, die Folgen des Klimawandels und der Klimapolitik für das Finanzsystem zu analysieren. Im Kern geht es darum, das Klimarisiko als finanzielles Risiko zu erfassen und zu mitigieren.

Damit sich die Marktdynamik für ein nachhaltiges Finanzsystem voll entfalten kann, benötigen die Anleger stabile Rahmenbedingungen. Durch die Erfüllung ihrer Kernaufgaben, die Preis- und Finanzstabilität zu wahren, tragen die Zentralbanken zu solch einem stabilen Umfeld bereits bei. Zentralbanken müssen aber auch ihre eigene Glaubwürdigkeit wahren und mit gutem Beispiel vorangehen. Vor diesem Hintergrund eruiert das Eurosystem Möglichkeiten, wie die europäischen Zentralbanken Klimarisiken ihrer Bilanzen adressieren und mitigieren können.

Darüber hinaus können Zentralbanken über ihr Mandat zur Finanzstabilität mit ihren Analysekompetenzen das Bewusstsein für Klimarisiken schärfen. Diese Analysen können politischen Entscheidungsträgern als Basis dienen, ob, wie und wann politische Maßnahmen erforderlich sind.

Gesucht: nachhaltige europäische Kapitalmärkte

VON SYLVIE GOULARD

Der Klimawandel ist bereits Realität. Andere Erwartungen sind ebenfalls zu spüren, etwa das Streben nach Geschlechter- oder sozialer Gleichheit.

Die Finanzwirtschaft kann diese Bewegung begleiten und beschleunigen. Das Potenzial des Binnenmarkts für Finanzleistungen bleibt aber noch ungenutzt, vor allem nach dem Brexit. Mit einem nachhaltigen europäischen Kapitalmarkt könnte die Transition schneller verlaufen.

Die Banque de France bemüht sich, im Network for Greening the Financial System (NGFS) z. B. mit einer Pilotübung der Stresstests für französische Banken und Versicherungsgesellschaften über einen Zeithorizont von 30 Jahren ihren Beitrag zu leisten. Darüber hinaus hat sie bereits 2018 eine verantwortungsvolle Anlagepolitik eingeführt und beteiligt sich an den Überlegungen des Eurosystems im Hinblick auf eine mögliche Ökologisierung der Geldpolitik.

Ob Klima oder Umwelt, Diversität, soziale Normen oder Corporate Governance, die Gesellschaft fordert Veränderungen. Da immer mehr Kunden nachhaltige und faire Produkte verlangen, heben einige Unternehmen – innerhalb oder außerhalb der Finanzwirtschaft – ihre Standards an. Abstimmungen in Aktionärsversammlungen sind keine Formalität mehr, wie beispielsweise die von Total und Exxon im Mai 2021 gezeigt haben. Und schließlich verurteilte ein niederländisches Gericht erstmals einen Ölkonzern (Shell) wegen Nichteinhaltung des Pariser Abkommens, kurz nachdem das deutsche Bundesverfassungsgericht die Bundesregierung zu entschlossenerem Handeln für das Klima aufgefordert hatte.

In der Europäischen Union hat die Kommission unter Ursula von der Leyen im Dezember 2019 den Green New Deal verabschiedet; ein Drittel der Fördermittel aus dem Fonds NextGenerationEU ist für klimafreundliche Ausgaben vorgesehen. Joe Biden hat beschlossen, die Vereinigten Staaten wieder in das Pariser Abkommen zu führen, und sein Plan für öffentliche Investitionen enthält eine bedeutende ökologische Komponente. Die Ernennungen von Vizepräsidentin Kamala Harris und Finanzministerin Janet Yellen zeigen das Bestreben, Kompetenz mit einem höheren weiblichen Anteil und der Vertretung ethnischer Minderheiten zu verbinden. Bei der UN-Klimakonferenz COP 26 im November 2021 in Glasgow machen Großbritannien und Italien, wie schon bei ihren ambitionierten G7- und G20-Präsidentschaften, die Themen Klima, Biodiversität und menschliche Gesundheit auch im Finanzsektor zu Schwerpunktthemen.[1] Diese lange Zeit getrennt behandelten Themen sind miteinander verbunden, wie Mario Draghi[2] zum Abschluss des Weltgesundheitsgipfels am 21. Mai betonte.

Dennoch bleibt die Wirtschaft weitgehend kohlenstoffbasiert, insbesondere in Ermangelung eines globalen CO_2-Preises. Viele öffentliche Subventionen, die schädlich für den Planeten sind, werden weiterhin verteilt. Die ethnische Vielfalt unserer Gesellschaft ist in der U-Bahn immer noch sichtbarer als in den Aufsichtsräten der öffentlichen oder privaten Wirtschaft. Auch die Geschlechterparität ist noch lange nicht erreicht, insbesondere im Finanzbereich (beispielsweise sitzen im 25-köpfigen EZB-Rat immer noch 23 Männer). Mit einem Wort: Es gibt noch viel zu tun, um die von einem Teil der Gesellschaft angestrebten Veränderungen umzusetzen.

---

1   Vgl. G7 (2021), Kommuniqué der G20-Finanzminister und -Gouverneure der Zentralbanken. London

2   Vgl. Europäische Kommission (2021). *Weltgesundheitsgipfel 2021.* Rom

Wie können Finanz- und Kapitalmärkte diesen Zielen besser dienen? Es sind sehr unterschiedliche Anstrengungen erforderlich, sowohl politische (um nicht zu sagen kulturelle) als auch technische.

In Europa geht es vor allem darum, im richtigen Maßstab zu denken, nämlich dem des Binnenmarktes, der von Kleinstaaterei befreit werden muss.

Die Banque de France engagiert sich ihrerseits für eine verantwortungsvolle Anlagepolitik, hat ein Umwelt- und Klimaschutznetzwerk ins Leben gerufen und setzt sich für eine stärker ökologisch orientierte Geldpolitik ein.

Umfassende politische und technische Anstrengungen sind dringend erforderlich

In einer Demokratie liegen die grundlegenden Entscheidungen beim Volk. Kapitalmärkte, Finanzinstitute und Infrastrukturen agieren innerhalb des von der Politik gesetzten Rahmens. Die Finanzwirtschaft soll diese nicht ersetzen, aber sie kann Risikoanalysen und vor allem besser gezielte Investitionen ermöglichen.

Gewählte Volksvertreter stehen vor zwei Problemen: Einerseits stoßen Forderungen nach Erneuerung auf Widerstand, manchmal sogar von genau den Menschen, von denen sie erhoben werden (»Not in my backyard«-Phänomen). Andererseits schafft der Wandel Gewinner und Verlierer. In Frankreich ist das Phänomen der »Gelbwesten« im Herbst 2018 aus der Einführung einer Art CO_2-Steuer entstanden, deren zusätzliche Kosten von den Menschen im Land abgelehnt wurden. Kulturelle und politische Bemühungen, sich in Richtung »Netto-Null« oder Geschlechterparität zu bewegen, erfordern Mut, Fingerspitzengefühl und Gerechtigkeit. Aus diesem Grund hat die Europäische Kommission die Idee des »*gerechten* Übergangs« für das Klima ins Leben gerufen.

Durch ihr Fachwissen über Risiken kann die Finanzwirtschaft dazu beitragen, die Gefahren von »realistischen« Argumenten aufzuzeigen, die manchmal vorgebracht werden, um Entscheidungen zu verzögern. Wie groß auch immer die Schwierigkeiten sein mögen, ob beim Klima oder bei der Artenvielfalt, ein Zögern erhöht immer die Kosten. Das ist die »Tragödie des Horizonts«, die Mark Carney, Gouverneur der Bank of England, bereits 2015 anprangerte: Die Auswirkungen des Klimawandels werden erst in ferner Zukunft spürbar sein, der Handlungszwang aber ist unmittelbar. Es ist *realistisch,* zu antizipieren, zu investieren, um irreversible Phänomene zu verhindern. Leugnen macht alles nur noch schlimmer.

Die beiden aktuellen Wandlungsprozesse, Klima und Technologie, erfordern kolossale Investitionen. Nach Angaben der Europäischen Kommission sind 260 Milliarden Euro an zusätzlichen Investitionen jedes Jahr erforderlich, um die Klimaziele bis 2030 zu erreichen (d. h. etwa 1,5 Prozent des BIP der EU).

Parallel dazu befeuern neue Bewegungen (z. B. MeToo für Frauen) stärkere gesellschaftliche Forderungen. Der dritte Diversity-Bericht von McKinsey[3] weist darauf hin, dass »der Zusammenhang zwischen der Diversität des Führungsteams und der Wahrscheinlichkeit einer finanziellen Outperformance im Laufe der Zeit stärker geworden ist«. In Zukunft könnten Kunden, Märkte und Ratingagenturen Untätigkeit noch härter sanktionieren. Reputationsrisiken oder sogar finanzielle Verluste und gerichtliche Verurteilungen könnten sich für Unternehmen vervielfachen.

Deshalb sind technische Innovationen notwendig, um die Finanzmärkte in den Dienst der nachhaltigen Investitionen (ESG) zu stellen.

Das Kernthema dieser Umgestaltung sind *Daten.* Während ein bahnbrechendes französisches Gesetz im Jahr 2015 einen »Comply-or-Explain«-Offenlegungsmechanismus für Investoren im Bezug auf Klimawandel einführte (gefolgt in jüngerer Zeit von Anforderungen für die biologische Vielfalt), handelt es sich auf

---

3   Vgl. Dixon-Fyle, S. et al. (2020). *Diversity wins.* McKinsey. London

globaler Ebene im Wesentlichen nur um freiwillige Verpflichtungen von Unternehmen, mit sehr unterschiedlichem Umfang.

Im Jahr 2017 hat die Task Force on Climate-related Disclosures (TCFD) einen sehr nützlichen ersten Rahmen festgelegt, der aus vier Säulen besteht (Governance, Strategie, Risikomanagement und Daten/Metriken). Dieser Ansatz beschränkt sich auf »simple materiality« (Auswirkungen des Klimawandels auf das Unternehmen). Mit einem neuen Richtlinienentwurf zur extrafinanziellen Berichterstattung geht die EU noch weiter und strebt eine »double materiality« an (Veröffentlichung von Informationen über die Auswirkungen des Unternehmens und dessen Wandlungsprozess).

Die Ko-Vorsitzenden der COP 26, das Vereinigte Königreich und Italien, haben vor, diese Offenlegung verpflichtend zu machen. Das Kommuniqué des G7-Gipfels von Carbis Bay hat sich auch für die Verpflichtung zu dieser Offenlegung eingesetzt. Dies wäre ein entscheidender Schritt, und Christine Lagarde hat die derzeitige Situation, in der die Veröffentlichung dem guten Willen der Unternehmen überlassen wird, mit der laxen Selbstregulierung in der Zeit vor der großen Finanzkrise verglichen.[4] Sobald die Regeln in Kraft sind, muss die Produktion von Daten transparent, zuverlässig und vergleichbar sein, was eine Herausforderung für die Märkte darstellt.

Darüber hinaus ist es notwendig, eine Klassifizierung umweltbezogener Aktivitäten zu erstellen, um Greenwashing zu verhindern. Dies ist der Zweck der von der EU verabschiedeten Taxonomie. Einige Länder arbeiten an ähnlichen Instrumenten, darunter auch China. Der Gouverneur der chinesischen Zentralbank hat erklärt, dass 80 Prozent ihrer eigenen Kriterien mit der europäischen Klassifizierung übereinstimmen.[5]

---

4 Vgl. Bank für Internationalen Zahlungsausgleich (2021), *Green Swan Konferenz*, Basel

5 Vgl. ebd.

In Europa, auf Binnenmarktniveau

Die Europäer nutzen einen ihrer größten Trümpfe, den Binnenmarkt, nur unzureichend aus. Die Vorteile dieses kontinentalen
Raumes, der »Skaleneffekt«, werden leider vernachlässigt. Ein ein-
heitlicherer Markt für Finanzdienstleistungen würde jedoch eine
bessere Ressourcenallokation ermöglichen, dank eines reichhalti-
geren und diversifizierten Spar- und Produktangebots.

Selbst innerhalb des Eurosystems und der *Bankenunion*, die
19 Länder mit der gleichen Währung umfassen soll, bleiben Barrieren bestehen. Die nationalen Aufsichtsbehörden legen Kapitalanforderungen oder Bedingungen fest, die in der Praxis zu einer
erneuten Spaltung führen. Trotz der Erklärungen zugunsten eines
einheitlichen europäischen Kapitalmarktes sind seit 2014 nur be-
scheidene Fortschritte zu verzeichnen. Gibt es über handelspoli-
tische Rivalitäten hinaus eine globale Sicht zwischen Amsterdam,
Dublin, Frankfurt, Luxemburg und Paris?

Seit dem Brexit springt eines der Paradoxa der Eurozone ins
Auge: Ausgerechnet das Land, das strategisch auf die Finanzwirt-
schaft gesetzt hatte und bis Ende 2020 den Hauptfinanzplatz des
Euro verwaltete, hatte die Einheitswährung nie eingeführt und
hat jetzt die Union verlassen. Die Gründer des Euro hatten ihrer
Währung nicht nur keinen politischen und haushaltspolitischen
Rahmen für eine gemeinsame Wirtschaftspolitik gegeben, auch
die Frage der privaten Finanzierung und der Märkte wurde vom
Delors-Ausschuss, der 1988 damit beauftragt wurde, »konkrete
Schritte in Richtung Wirtschafts- und Währungsunion zu unter-
suchen und vorzuschlagen«, weitgehend umgangen. Erst 2009
schuf die EU als Reaktion auf die Krise einen Überwachungsaus-
schuss (ESRB) und eine Aufsichtsbehörde (mit begrenzten Befug-
nissen, EBA, ESMA, EIOPA) und 2014 eine echte Bankenaufsicht.

Wie sehen wir die Zukunft des europäischen Finanzwesens
und die internationale Rolle des Euro? Die Bewegung von Menschen und Kapital zeigt, dass ein Teil der in London angesiedelten
Aktivitäten vor allem auf die oben erwähnten Zentren auf dem

Kontinent verstreut ist. Diese Dezentralisierung ist positiv für die finanzielle Stabilität und die Verteilung der Aktivitäten. Sie verhindert jedoch die Entstehung eines europäischen Schmelztiegels, in dem wie in London oder New York Behörden und Finanzinstitute, aber auch große Anwaltskanzleien, Wirtschaftsprüfer, Ratingagenturen und spezialisierte Medien koexistieren und einen globalen Einfluss haben.

Ein weiteres europäisches Paradoxon: Institutionen und Regeln sind stärker integriert als »die Wirtschaft«. Die Bankenunion hat noch nicht zum Entstehen großer europäischer Konzerne geführt, auch wenn einige Banken (BNPP, Unicredit, Nordea etc.) bereits außerhalb ihres Heimatlandes etabliert sind.

Mit ihrer Entscheidung für eine vorsichtige Neutralität[6] haben die Regierungen wie auch die EZB die Konsolidierung der gemeinsamen Währung zugelassen, ohne sie zu fördern. Bei mehreren Gelegenheiten forderte Jean-Claude Juncker, als er an der Spitze der Eurogruppe und dann der Europäischen Kommission stand, einen strategischeren Ansatz.[7] Ursula von der Leyen übernahm die Botschaft, die auch das Europäische Parlament teilt.[8] Die Emission von supranationalen Schuldtiteln in Euro (NextGenerationEU) stellt möglicherweise eine große Veränderung dar. Die europäische »sichere Anlage« gibt es jetzt, zumindest in dieser Phase einer außerordentlichen gemeinsamen Verschuldung.

Trotz der Notwendigkeit, Europas Innovationslücke zu schließen, tragen die nationalen Zinsbesteuerungssysteme wenig zur Risikoförderung bei. Sie bleiben zersplittert und bieten wenig Anreiz für grenzüberschreitende Investitionen in der EU. In Frankreich zum Beispiel machen das Sparbuch Livret A und Lebensversicherungen, die sichere und regulierte Anlagen sind, einen erheb-

---

6 Vgl. Duisenberg, W. (1998). *The International Role of the Euro and the ESCB's Monetary Policy*. Frankfurt a. M.

7 Vgl. Juncker, J.-C. (2018). *Speech on the state of the Union 2018*. Brüssel

8 Vgl. Hübner, D. (2020). *Report on strengthening the international role of the euro*. Brüssel

lichen Teil der Ersparnisse der Haushalte aus. Pensionsfonds, die in angelsächsischen Ländern ebenfalls wichtige Marktteilnehmer sind, fehlen in mehreren Ländern auf dem Kontinent.

Schließlich sind die Konkursregeln nicht harmonisiert, was sich auf die notleidenden Kredite der Banken auswirkt und wiederum grenzüberschreitende Investitionen behindert. Dies ist umso bedauerlicher, als eine Zeit des raschen Wandels, wie wir sie gerade erleben, es dringend notwendig macht, die Liquidation oder Restrukturierung veralteter Unternehmen zu erleichtern, um die nachhaltigen Champions – und Arbeitsplätze – von morgen hervorzubringen.

Die Bemühungen der Banque de France

Seit der oben erwähnten Rede von Mark Carney haben sich die Zentralbanken mit einer Klimarisikobewertung beschäftigt. 2017 gehörte die Banque de France zu den Gründern des Network for Greening the Financial System (NGFS), für das sie das Sekretariat stellt und das bis heute von 8 auf 91 Mitglieder gewachsen ist.

Neben der Arbeit an den Risiken hat die Aufsichtsbehörde der Banque de France (ACPR) auch eine *Stresstest-Pilotübung für französische Banken und Versicherungsgesellschaften* gestartet. Diese freiwillige Übung, basierend auf den NGFS-Szenarien, deckte einen außergewöhnlichen Zeithorizont ab: 30 Jahre (2050). Natürlich beinhalten diese Szenarien eine Reihe von Unsicherheiten (technologisch, regulatorisch etc.), aber das Thema wurde mit erheblicher Detailgenauigkeit (55 Sektoren und Details nach Regionen) behandelt. Die ACPR zog keine Konsequenzen im Sinne einer Kapitalerhöhung, da die Teilnahme freiwillig und eher experimentell war. Die Bank of England unternahm kurz darauf eine ähnliche Übung.

Darüber hinaus hat die Banque de France ab 2018 *eine verantwortungsvolle Anlagepolitik* eingeführt, die darin besteht, ESG-Kriterien auf ihre nichtmonetären Portfolios (einschließlich

Reserve- und Pensionsfonds) anzuwenden.[9] Der Ansatz geht über das Klima hinaus, schließt die *Biodiversität* mit ein und besteht darin, anhand anspruchsvoller Benchmarks zu investieren (z. B. mit einem vollständigen Ausschluss von Kohle ab 2024) und an Abstimmungen auf Aktionärsversammlungen teilzunehmen. Auf Betreiben der EZB und der fortschrittlichsten Banken, darunter die Banque de France, beschloss das Eurosystem im Februar 2021, seine nichtmonetären Portfolios ab 2022 ökologisch zu gestalten.

Der aktuelle »strategic review« der EZB befasst sich mit der *möglichen Ökologisierung der Geldpolitik*. Er ist noch nicht abgeschlossen, aber bei der Banque de France wird daran gearbeitet, zum Beispiel an der Frage der Sicherheiten. Eine ausführliche Studie des NGFS, die unter der Verantwortung von Sabine Mauderer (Bundesbank) verfasst wurde, zeigt den technischen Umfang der möglichen geldpolitischen Maßnahmen auf.[10]

Natürlich ist das ESG-Feld riesig. Das Bewusstsein in der Welt der Zentralbanken ist für das Thema Klima weiter fortgeschritten als für andere Themen, aber die Arbeit an der Biodiversität beginnt beim NGFS.[11] Und Zentralbanken haben ESG-Richtlinien. Der private Sektor und NGOs haben mit Unterstützung einiger Regierungen Initiativen ergriffen, wie z. B. die Gründung der Task Force on Nature-related Financial Disclosures (TNFD).[12] Soziale und Governance-Anforderungen sind zwar ebenso grundlegend, aber komplexer zu quantifizieren. Jeder hat intuitiv das Gefühl, dass Vielfalt wie z. B. Geschlechterparität oder transparentere Formen der Unternehmensführung von Vorteil sind, aber die Herausforderung besteht darin, vergleichbare Zahlen zu eher quali-

---

9 Der neueste, sehr umfassende Bericht – Banque de France (2020). *Rapport d'investissement responsable.* Paris

10 Vgl. Network for Greening the Financial System [NGFS] (2021). *Adapting central bank operations to a hotter world: Reviewing some options.* Paris

11 Vgl. NGFS (2021). *The joint Study Group on ›Biodiversity and Financial Stability‹ launched by NGFS and INSPIRE publishes a Vision Paper.* Paris

12 Vgl. TNFD (2021) – Verfügbar unter: https://tnfd.info/

tativen oder sogar subjektiven Fragen zu ermitteln. Nachhaltige Kapitalmärkte werden in der EU entstehen, wenn wir hart und grenzüberschreitend daran arbeiten.

Nachhaltige Kapitalmärkte und nachhaltige Wirtschaftsaktivitäten: Transparenz, Wesentlichkeit und Governance bestimmen über den Erfolg

VON CHRISTINA BANNIER

Um weiterhin erfolgreich wachsen zu können, muss der Markt für nachhaltige Geldanlagen transparenter werden.

Dazu ist ein klares Konzept nötig, nicht nur hinsichtlich der Klassifizierung von Nachhaltigkeitsaktivitäten (Taxonomie), sondern auch in Bezug auf die Identifikation von wesentlichen Aktivitäten.

Damit Investoren ihren konstruktiven Dialog mit den Emittenten weiterentwickeln können, muss die Nachhaltigkeitsberichterstattung der Unternehmen zudem stärker als bisher auf die zukünftige Entwicklung ausgerichtet werden. Hierzu gehören klare Zielsetzungen und das Nachhalten erreichter Meilensteine.

Der entscheidende Erfolgsfaktor für die langfristige Nachhaltigkeitstransformation sind gut funktionierende Anreiz- und Kontrollstrukturen in den Unternehmen, aufbauend auf einer fundierten Nachhaltigkeitsexpertise in den Aufsichtsgremien.

Nachhaltige Wirtschaftsentwicklung – der erste Schritt bestimmt die Richtung

Nachhaltig ist eine Entwicklung, die die Bedürfnisse der Gegenwart erfüllt, ohne die Fähigkeit zukünftiger Generationen, dasselbe für sich zu tun, zu gefährden. Diese Definition der Brundtland-Kommission ist bereits mehr als 30 Jahre alt. Aber erst jetzt ist die Forderung nach einer Transformation unseres Lebens hin zu mehr Nachhaltigkeit tatsächlich in den Mittelpunkt des gesellschaftlichen Bewusstseins gerückt. Dazu haben nicht nur die mittlerweile spürbaren Auswirkungen des Klimawandels beigetragen. Auch die Flüchtlingskrise aus den Jahren 2015 und 2016 sowie die Coronapandemie haben deutlich gemacht, wie schnell und schonungslos soziale Verwerfungen unser Leben beeinträchtigen können.

Viele Akteure in Real- und Finanzwirtschaft nehmen ihre Verantwortung, zur nachhaltigen Transformation unseres Wirtschaftssystems beizutragen, bereits aktiv wahr. Nicht zuletzt der Aktionsplan Finanzierung nachhaltigen Wachstums der Europäischen Kommission aus dem Jahr 2018 setzt direkt an der Umlenkung von Kapitalströmen in nachhaltige Investitionsmöglichkeiten an. Auf Basis der daraus hervorgegangenen Regulierungsaktivitäten, insbesondere der sogenannten Offenlegungs- und Taxonomie-Verordnung, werden aktuell Anlageprodukte mit unterschiedlichsten Nachhaltigkeitsprofilen entwickelt und einem breiten Publikum angeboten. Aber ist mit dieser nachhaltigkeitsbezogenen Neuausrichtung von Finanzierungsentscheidungen der Erfolg der gesamten Transformation bereits gesichert?

Die bisherige Entwicklung stellt sicherlich einen ersten, enorm wichtigen Schritt dar, der in seiner Bedeutung nicht unterschätzt werden darf: Es wurde ein Markt geschaffen, auf dem sich Emittenten das für nachhaltige Wirtschaftsaktivitäten nötige Kapital besorgen und Investoren ihre Gelder an Nachhaltigkeitskriterien orientiert anlegen können. Damit die Nachhaltigkeitsreise jedoch auch wirklich zum Ziel führt, sind noch weitere Schritte nötig. Zum einen ist weit mehr Transparenz in diesem Markt erforderlich, damit er sich erfolgreich etablieren kann und für noch mehr Investoren und Emittenten als bisher attraktiv wird und bleibt: Für eine erfolgreiche Nachhaltigkeitstransformation ist schlicht eine kritische Masse an nachhaltigen Wirtschaftsaktivitäten nötig, um einen »neuen Normalzustand« zu bestimmen, an dem sich anschließend alle weiteren Wirtschaftsentscheidungen messen müssen. Zum anderen sollten die Erfahrungen dieses Marktes idealerweise als Best Practice dienen für alle weiteren Investitions- und Finanzierungsentscheidungen, die nicht nur auf (geregelten) Märkten, sondern vielmehr auch über private Transaktionen, z. B. in Form von Kreditvergaben für mittelständische Unternehmen, erfolgen. Drittens ist zu klären, welche Rahmenbedingungen den Erfolg der Nachhaltigkeitstransformation als gemeinsame Entwicklung von Finanz- und Realwirtschaft fördern oder im Idealfall sogar sicherstellen können. Was verbirgt sich konkret hinter diesen Schritten, und wie können sie erfolgreich unternommen werden?

Nachhaltigkeitstransparenz: Was ist wesentlich?

Nicht nur das Angebot an nachhaltigen Anlageprodukten ist in den vergangenen Jahren rasant gestiegen, die Nachfrage wächst ebenfalls. Waren zunächst vor allem spezielle Investorengruppen wie Stiftungen oder auch Family-Offices an nachhaltigen Geldanlagen interessiert, so regt sich in jüngster Zeit auch großes Interesse unter den Privatanlegern, ihr Geld nicht nur rentabel, sondern auch sinnstiftend zu investieren. Diese extrem hohe Marktdynamik übt dabei ganz besondere Kräfte auf die beteiligten Parteien aus, von denen drei besondere Beachtung verdienen, da sie die zukünftige Entwicklung des Marktes maßgeblich beeinflussen können.

Zum einen steht derzeit der ökologische Bereich der Nachhaltigkeit vielfach im Vordergrund der gesellschaftlichen Diskussion und dominiert damit auch die Diskussion an den Kapitalmärkten. Besonders deutlich wird dies anhand von Bezeichnungen wie

»grüne« und »braune« Anlagemöglichkeiten. Nachhaltigkeit erstreckt sich aber über wesentlich mehr Dimensionen als nur die
ökologische Komponente. Im Dreiklang aus E, S und G kommen
neben der Umwelt (Environment) auch die soziale Komponente sowie die Bedeutung guter Kontrollstrukturen (Governance)
zum Ausdruck. Dabei haben sich die sozialen und kontrollbezo-
genen Nachhaltigkeitselemente tatsächlich als besonders wichtig
für wirtschaftliche Entscheidungen erwiesen. In einem Vergleich
europäischer und amerikanischer Unternehmen zeigen sich vor
allem Aktivitäten wie Gesundheitsvorsorge für Mitarbeiter, Einhaltung von Menschenrechten oder Vermeidung von Korruption
und Steuerhinterziehung für europäische Unternehmen als über-
aus bedeutsam: Sie helfen nachweislich, unternehmerische Risiken zu reduzieren und damit Kapitalkosten zu senken.[1]

Hinzu kommt, dass die einzelnen Facetten der Nachhaltigkeit
nicht für alle Unternehmen gleichermaßen relevant oder »wesentlich« sind. Was für die umweltbezogenen Aktivitäten unmittelbar
einsichtig ist – schließlich ist im Dienstleistungsgewerbe beispielsweise der CO_2-Ausstoß ein nachrangiges Problem im Vergleich
zum produzierenden Gewerbe –, gilt auch für die soziale und
kontrollbezogene Dimension der Nachhaltigkeit. Insbesondere
die heterogene Struktur und Tiefe von Lieferketten stellt voll-
kommen unterschiedliche Anforderungen an Unternehmen, um
einen hohen Grad an Nachhaltigkeit für sich behaupten zu können. Überraschenderweise scheint das Konzept der Wesentlichkeit (auch als »Materialität« bezeichnet) für viele Unternehmen
jedoch noch Neuland zu sein und findet auch in der Konstruktion
von nachhaltigen Anlageprodukten bisher nur wenig Beachtung.
Dies spricht dafür, dass der Markt für nachhaltige Kapitalanlagen

---

1 Unterschiedliche Studien belegen diesen Effekt. Siehe auch Bannier, C., Bofinger, Y. und Rock, B. (2021a). *Corporate Social Responsibility and Credit
Risk*. Finance Research Letters. Gießen; Bannier, C., Bofinger, Y. und Rock, B.
(2021b). *Doing safe by doing good: Non-financial reporting and the risk effects
of corporate social responsibility*. Gießen

noch nicht sein effizientes Informationsniveau erreicht hat. Zudem wird die Diskussion über Wesentlichkeit derzeit stark von US-amerikanischen Vereinigungen wie dem Sustainability Accounting Standards Board (SASB) getrieben, die eine branchenabhängige »Materality-Map« entwickelt haben. Da insbesondere im sozialen und im Kontrollbereich der Nachhaltigkeit aber eben nicht alle Konzepte von US-Unternehmen auf deutsche Firmen übertragen werden können, ergibt sich hier gerade für den deutschen (und auch europäischen) Kapitalmarkt noch eine offene Flanke, die geschlossen werden sollte.

Schließlich darf bei aller gesellschaftlichen Begeisterung für nachhaltige Investitionsmöglichkeiten nicht vergessen werden, dass die Nachhaltigkeitstransformation von Wirtschaftsaktivitäten gerade zu Beginn des Prozesses häufig beträchtliche Anpassungskosten nach sich zieht. Dementsprechend ist nicht grundsätzlich davon auszugehen, dass besonders nachhaltige Geldanlagen auch immer eine besonders hohe Rendite abwerfen. Wenngleich viele Marktstudien einen solchen Zusammenhang häufig proklamieren, zeigt ein kritischer Blick auf die dahinter liegenden Analysen, dass diese sehr häufig nicht hinreichend robust sind und keine Kausalität zeigen können.[2] Um den Markt für nachhaltige Geldanlagen weiterzuentwickeln ist es somit unabdingbar, in Zukunft nüchterner auf die eigentlich zugrunde liegenden ökonomischen Zusammenhänge zu schauen. Nur die aus validen Analysen gewonnenen Erkenntnisse sollten in die Produktgestaltung einfließen, um das Vertrauen in den Markt der nachhaltigen

---

2 Auch eine sogenannte Rückwärtskausalität könnte einen positiven Zusammenhang zwischen Performance und Nachhaltigkeit erklären: Erst die hohen Profite erlauben es dem Unternehmen, nachhaltige Aktivitäten zu ergreifen. Siehe hierzu auch Khan, M., Serafeim, G. und Yoon, A. (2016). *Corporate Sustainability: First Evidence on Materiality,* The Accounting Review 91(6). 1697-1724. Zudem ist die korrekte Berücksichtigung von Risikofaktoren unabdingbar, um valide Aussagen über die Rendite nachhaltiger Anlagen machen zu können. Dass dies enormen Einfluss auf die Interpretation empirischer Analysen haben kann, zeigt beispielsweise Scientific Beta (2021). *Honey, I Shrunk the ESG Alpha: Risk-Adjusting ESG Portfolio Returns.* Boston

Geldanlagen dauerhaft zu sichern. Dabei ist es ebenso wichtig, gerade unter Privatanlegern ein gewisses Maß an »Sustainability-Literacy« zu generieren, so dass Anlageentscheidungen unter realistischen Erwartungen gefällt werden. Treffen dagegen unerfüllbare Erwartungen auf einen intransparenten Markt, ist dies ein Nährboden für eine Preisblase, die notwendigerweise platzen muss und vermutlich die größten Schäden für die am wenigsten informierten Anleger mit sich bringen wird.

Daten nachhalten und zukunftsorientiert nutzen – auch im Mittelstand

Um ein hohes Maß an Informationsqualität und damit Vertrauen im Markt für nachhaltige Geldanlagen zu schaffen ist es daher wichtig, dass die Unternehmen den Nachhaltigkeitsgrad ihrer wirtschaftlichen Entscheidungen messen und diese Daten nutzen – zur Prozesssteuerung, für ihr Risikomanagement, aber auch als notwendige Information für den Kapitalmarkt oder weitere Finanziers. Derzeit wird eine entsprechende Berichtspflicht nach der CSR-Richtlinie lediglich von großen, börsennotierten Unternehmen verlangt. Für eine erfolgreiche Nachhaltigkeitstransformation sind jedoch solche Daten von wesentlich mehr Unternehmen nötig.

Um gerade die kleineren und mittelständischen Unternehmen nicht mit bürokratischem Aufwand zu überfordern, ist es dabei wichtig, die Best-Practice-Erfahrungen aus dem bereits bestehenden Markt für nachhaltige Geldanlagen zu übertragen. Konkret bedeutet dies, insbesondere der Frage der Wesentlichkeit von Nachhaltigkeitsaktivitäten stärker nachzugehen. Eine sinnvolle Nachhaltigkeitsstrategie ist für jedes Unternehmen eine maßgeschneiderte Lösung. Kann diese im Dialog mit bereits erfahrenen Finanzierungspartnern erarbeitet werden, ist dies ein Effizienzgewinn für alle Beteiligten. Hier kommt somit der Finanzbranche als Ganzes die wichtige Aufgabe zu, gerade die mittelständischen

Unternehmen in der Nachhaltigkeitstransformation auf Basis der vorhandenen Expertise zu begleiten. Ein Austausch über die relevanten Nachhaltigkeitsdaten und -maßzahlen kann dabei eine solide Basis für einen dauerhaften Dialog bilden.

Für die geplante Weiterentwicklung von unternehmerischen Berichtspflichten ist zudem maßgeblich, auf eine stärkere Zukunftsorientierung zu achten. Nachdem einige der »niedrig hängenden Früchte« der Nachhaltigkeitstransformation bereits geerntet wurden, wird für die erfolgreiche Wandlung der Gesamtwirtschaft das Einleiten von Veränderungsprozessen bei den »Nachzüglern« immer entscheidender. Um dies über den Kapitalmarkt erfolgreich begleiten und gegebenenfalls auch von Investoren einfordern zu können, müssen insbesondere klare Nachhaltigkeitsziele projiziert und erreichte Meilensteine nachgehalten werden.[3] Konkrete Angaben dazu in der Berichterstattung der Unternehmen sind somit unabdingbar.

Nachhaltige Governance als entscheidender Erfolgsfaktor

Wurden im Zusammenwirken von Finanz- und Realwirtschaft nachhaltige Unternehmensstrategien, ihre operative Umsetzung und Begleitung durch Risikomanagement und Berichterstattung implementiert, stellt sich die Frage, welche Faktoren den langfristigen Erfolg der Nachhaltigkeitstransformation bestimmen. Hier kommt der letzten Komponente des ESG-Dreiklangs die größte Bedeutung zu: Neben einer inhaltlichen Ausrichtung auf umweltbezogene und soziale Themen ist es entscheidend, diese Inhalte

---

3 Verschiedene Studien zeigen, dass Engagementprozesse durch aktive Investoren deutlich zum Erfolg unternehmerischer Nachhaltigkeitsbemühungen beitragen können. Dazu ist sowohl eine klare Berichterstattung als auch die Definition von Meilensteinen hilfreich. Siehe auch Flammer, C. (2015). *Does Corporate Social Responsibility Lead to Superior Financial Performance? A Regression Discontinuity Approach.* 2549–2568; Höpner, A., Oikonomou, I., Sautner, Z., Starks, L. und Zhou, X. Management Science 61 (11) (2020). *ESG Shareholder Engagement and Downside Risk.* Brüssel

durch entsprechende Anreiz- und Kontrollstrukturen langfristig im Unternehmen zu verankern. Hierzu sind nicht nur klare Verantwortlichkeiten für das Thema Nachhaltigkeit zu etablieren und auf oberster Führungsebene zu verorten. Wichtig ist vielmehr auch, eine entsprechende Expertise im höchsten Kontrollgremium, d. h. Aufsichts- oder Verwaltungsrat, aufzubauen und weiterzuentwickeln.[4]

Idealerweise sollte diese Nachhaltigkeitsexpertise bereits den Aufbau der Strategie begleiten. Zum kritischen Erfolgsfaktor wird sie jedoch vor allem in der langfristigen Umsetzung. Dies gilt vor allem, da Nachhaltigkeit ein äußerst dynamisches Konzept ist. Es wird nicht nur von gesellschaftlichen Strömungen und umweltbezogenen oder sozialen Ereignissen und Krisen geprägt, die erkannt und in ihren Folgen für das Unternehmen aufgenommen werden müssen. Vielmehr spielen auch gesetzgeberische Initiativen eine beeinflussende Rolle. Gerade die Kontrollgremien müssen die bevorstehenden regulatorischen Vorgaben in ihrer Bedeutung für das jeweilige Unternehmen rechtzeitig wahrnehmen und die sie implementierenden Prozesse anschließend begleiten.

Das Wirtschaftssystem Deutschlands verfügt traditionell über eine klare soziale Verankerung. Deutsche Unternehmen und der hiesige Kapitalmarkt sind daher gut aufgestellt, um die weitere Nachhaltigkeitstransformation nicht nur erfolgreich, sondern auch wegweisend für andere zu gestalten. Die für diese Transformation erforderlichen Zutaten – Erkenntnis, politischer und gesellschaftlicher Wille sowie die notwendige wirtschaftliche Leistungsfähigkeit – sind gegeben. Nun gilt es, die entsprechenden Maßnahmen umsichtig, aber konsequent umzusetzen.

---

4   Erste Studien untermauern dies, indem sie zeigen, dass Unternehmen mit einem Nachhaltigkeitsausschuss im Kontrollgremium höhere Nachhaltigkeitsaktivitäten aufweisen als diejenigen ohne ein solches Komitee. Siehe auch Baraibar-Diez, E. und Odriozola, M. (2019), *CSR-Committees and Their Effect on ESG Performance in UK, France, Germany and Spain*. Sustanlility 11 (18), 5077. Cantabria

5.

Angebotseite: Die Sicht von Emittenten

Grüne Bundeswertpapiere – Benchmark für nachhaltige Kapitalmärkte

VON TAMMO DIEMER

Die Auswirkungen des Klimawandels zu minimieren, ist eine wesentliche Aufgabe der internationalen Gemeinschaft. Staaten machen dazu verbindliche Vorgaben und Zusagen. Zusätzlich bedarf es der Einbindung privater Geldgeber. Das heißt auch: Finanzströme müssen grüner werden.

Deutschland sieht sich als Benchmark-Emittent des Euro-Kapitalmarkts in der Verantwortung, den grünen Markt weiterzuentwickeln und wie bei konventionellen Anleihen eine grüne Leitgröße zu offerieren. Dadurch werden andere Marktteilnehmer unterstützt und Angebot und Nachfrage belebt. Grüne Bundeswertpapiere zeigen, dass die Begebung nachhaltiger Anleihen für Emittenten ökonomisch sinnvoll ist. Investoren bestätigen den Mehrwert des grünen Elements der Papiere und realisieren die Chance einer nachhaltigen und zugleich rentablen Geldanlage.

Mit dem Aufbau und der permanenten Belebung einer grünen Renditekurve setzen der Bund und die Finanzagentur einen Maßstab für einen funktionierenden und standardisierten Sustainable-Finance-Markt.

Der Auftrag eines öffentlichen Schuldenmanagers ist die Mittelbeschaffung. In Deutschland finanziert die Finanzagentur – unter Kosten- und Risikoaspekten optimiert – den Bundeshaushalt. Zu welchen Zwecken die Finanzierungserlöse im Detail dienen, entscheiden wiederum Bundesregierung und Bundestag. Abgesehen von der Höhe des Finanzierungsbedarfs hatten Schuldenmanagement und Mittelverwendung lange Jahre keinerlei Berührungspunkte. Die Emission grüner Wertpapiere ändert das.

Es ist die große Aufgabe unserer Zeit, Treibhausgasneutralität anzustreben und so das Klima nicht weiter zu beeinflussen. Dazu sind enorme gemeinsame Anstrengungen nötig. Auf den begonnenen gesellschaftlichen Prozess, dies zu verinnerlichen, folgt nun die Phase des Umsetzens – beschleunigt durch die strukturellen Veränderungen infolge der Covid-19-Pandemie. Weltweit haben Privatpersonen, Unternehmen, auch Debt Management Offices (DMOs) wie die Finanzagentur erkannt, dass alle zu nachhaltigem Umwelt- und Klimaschutz beitragen müssen, um nachfolgenden Generationen eine lebenswerte Erde zu hinterlassen.

Öffentliches Engagement erhalten und ausbauen

Es braucht dafür einen politischen Rahmen: Staaten, Regierungen und internationale Gemeinschaften schreiten mit verbindlichen Vorgaben (z. B. durch Gesetze und Vorschriften), aber auch mit verbindlichen Zusagen (z. B. steuerpolitischen Förderungen und Anreizen, Subventionen oder Investitionen in Forschung und Technologien) voran. Um Länder, Kontinente oder gar den ganzen Planeten in naher Zukunft klimaneutral zu gestalten, müssen möglichst viele Bereiche des öffentlichen Lebens, Produkte, Dienstleistungen und Märkte klimaneutral werden.

Für die Bundesrepublik Deutschland hat Klimaschutz Priorität. Die jährlichen Haushaltsausgaben zum Schutz von Umwelt, Klima und Natur sind beträchtlich. Es bleibt erforderlich, dass dieses grüne Engagement dauerhaft Bestand hat.

Andere einbinden und unterstützen

Den entsprechenden Mittelbedarf kann die Finanzagentur mit ihrem etablierten Kapitalmarktzugang jederzeit decken, z. B. über konventionelle Bundesanleihen. Diese gelten nach wie vor als Zinsreferenz für alle Euro-Kapitalanlagen. Der Bund ist Benchmark-Emittent, er genießt höchstes Investorenvertrauen und trifft auf äußerst günstige Finanzierungsbedingungen. Vor diesem Hintergrund erscheint eine Mittelaufnahme über Green Bonds nicht zwingend. Warum also emittiert der Bund mit Unterstützung der Finanzagentur seit 2020 Grüne Bundeswertpapiere? Die Antwort ist einfach: Wir leisten unseren Beitrag, um dringend notwendige Investitionen für den Klimaschutz zu mobilisieren. Wir leisten unseren Beitrag, um den Markt für nachhaltige Geldanlagen zu stärken und Finanzströme am Kapitalmarkt insgesamt grüner zu machen. Wir leisten unseren Beitrag, um andere zu motivieren.

Neue Emittenten

Unsere Funktion als Benchmark am konventionellen Kapitalmarkt erfüllen wir sorgfältig und bedacht. Wir sehen es als unsere Verantwortung, auch den grünen Finanzmarkt zu stärken, eine grüne Richtschnur aufzuzeigen und dauerhaft anzubieten.

Die konkrete Umsetzung erfolgt anhand eines innovativen Ansatzes: Das von der Finanzagentur entwickelte Konzept der Zwillingsanleihen ermöglicht es, den Spread zwischen konventioneller und grüner Bundrendite unmittelbar und transparent ablesen zu können. Jede grüne Emission des Bundes wird dazu mit Merkmalen ausgestattet, die der Markt bereits von einem umlaufenden, konventionellen Bundeswertpapier kennt. So erhielt z. B. die im September 2021 neu begebene 10-jährige Grüne Bundesanleihe den gleichen Kupon (null Prozent) und dasselbe Fälligkeitsdatum (15. August 2031) wie ihr Zwilling, die bereits im Juni 2021 emittierte »normale« Bundesanleihe.

Der jüngste grüne Zwilling ist der vierte seiner Art. Wie all seine Vorgänger wurde er mit einem Renditeabschlag (Greenium) zur Zwillingsanleihe emittiert, d. h. die Marktteilnehmer teilen unsere Überzeugung, dass das grüne Element einen Marktwert hat. Denn die beiden Zwillinge unterscheiden sich neben dem Volumen der einzelnen Anleihe allein dadurch, dass in Höhe der Emissionserlöse des grünen Wertpapiers nachweislich grüne Ausgaben, Investitionen und Aufwände getätigt worden sind und diese eine nachhaltige Wirkung erzielen. Dieses zusätzliche Element stellt einen preisbestimmenden Faktor dar. Je höher Investoren diesen Wert bei der Emission einschätzen, desto geringer sind die Refinanzierungskosten für den Bund. Gleiches gilt für andere Emittenten von Green Bonds.

Letzteren hat Deutschland gezeigt, dass eine grüne Finanzierung auch ökonomisch sinnvoll ist. Grüne Bundeswertpapiere sorgen somit auch mittelbar für ein höheres Angebot am nachhaltigen Kapitalmarkt. Sie ermutigen andere private und staatliche Emittenten, den Markt zu betreten, und schaffen idealerweise sogar den Anreiz zu neuen grünen Investitionen in anderen Ländern. Beschleunigte Investitionen in den Klimaschutz werden zunehmend und gerade unter dem Eindruck der Covid-19-Pandemie nicht mehr als Belastung gesehen, sondern als Motor für wirtschaftliche Erholung, Innovation und neue Arbeitsmöglichkeiten. Immer mehr Emittenten werden nachhaltige Anleihen begeben – aus Überzeugung, aus Reputations- oder aus ökonomischen Gründen.

Zum volumenreichsten Green-Bond-Emittenten der Welt wird sich rasch die Europäische Union (EU) entwickeln. Wir begrüßen dies sehr. Denn es unterstützt unsere Aktivitäten und jene unserer DMO-Kolleginnen und -Kollegen u. a. in Frankreich, Irland, Belgien, Italien oder den Niederlanden. Begebungen in Euro dominieren schon heute den grünen Markt. Dieser wächst schnell, und es lohnt sich, am Ball zu bleiben – aus Solidarität im gemeinsamen Wettlauf gegen den Klimawandel, aber auch, um die internationale Rolle des Euro zu stärken. Die Gemeinschaftswährung startet im weltweiten Rennen um die Bedeutung am zukunftsträchtigen Markt für nachhaltige Kapitalanlagen aus der ersten Reihe.

Neue Investoren

Das höhere Angebot trifft auf eine zunehmend wachsende Nachfrage. Auch das hat unterschiedliche Gründe: Insgesamt wird sich der Nachhaltigkeitsgedanke bei den Entscheidungsprozessen des Finanzsektors weiter verankern, künftig möglicherweise dominieren. Sogar Zentralbanken richten weltweit Teile ihrer Anleiheportfolien nach ESG-Kriterien aus. Vermögensverwalter und Fonds berücksichtigen Klimawandel und Umweltaspekte als wesentliche Faktoren in ihren Anlageentscheidungen. Auch Investoren, die bisher ausschließlich konventionell agierten, interessieren sich heute für grüne Anleihen, erkennen die Vorteile und Chancen grüner Investitionen, sehen die erwiesene Funktionsfähigkeit des nachhaltigen Kapitalmarkts und betreten verstärkt das grüne Marktsegment.

Der Beitrag der Grünen Bundeswertpapiere ist hier wesentlich. Der Bund hat sich dazu entschlossen, den nachhaltigen Kapitalmarkt aktiv weiterzuentwickeln. Die Innovation »Green Bund« baut einerseits auf einem standardisierten, dem Markt vertrauten Plain-Vanilla-Instrument mit allen Vorzügen und Kennzeichen des etablierten und erfolgreichen Benchmark-Konzepts im konventionellen Anleihesegment des Bundes auf:

- Grüne und konventionelle Bundeswertpapiere können in allen Aspekten gleichberechtigt verwendet werden. Dazu zählen z. B. die Lieferbarkeit in die entsprechenden Futures-Kontrakte, die Repo- und Notenbankfähigkeit, die Möglichkeit des Leerverkaufs und – in Verbindung mit der Bonität des Bundes und der Anerkennung als sichere Anlageform – die Nutzung als Collateral.
- Besonders hervorzuheben ist das bedeutende Merkmal der hohen Liquidierbarkeit: Die Finanzagentur stellt mit den ihr zur Verfügung stehenden Bausteinen (z. B. Sekundärmarktaktivitäten, eigene Bestände) sicher, dass sich jedes Grüne Bundeswertpapier genauso gut liquidieren lässt wie sein kon-

ventioneller Zwilling. Wir sind bei Bedarf jederzeit und ohne begrenzende Faktoren bereit und in der Lage, den grünen Zwilling zurückzukaufen und im Gegenzug den konventionellen zu veräußern. Dies gibt Investoren zusätzliches Vertrauen.

- Bereits heute werden durch das Angebot großvolumiger Grüner Bundeswertpapiere in den wichtigsten Laufzeitklassen (fünf, zehn und 30 Jahre) nahezu alle Investorentypen angesprochen. Perspektivisch wird der Bund eine grüne Benchmark-Kurve über das gesamte Laufzeitspektrum zur Verfügung stellen, mit höchster Preistransparenz, regelmäßiger Belebung und verlässlicher Qualität.

Und andererseits eröffnen Grüne Bundeswertpapiere Investoren, insbesondere im Sekundärmarkt, neue Handlungsmöglichkeiten innerhalb des grünen Anleihesegments. Dazu zählen das Durations-Management des Asset-Portfolios innerhalb des grünen Segments, das temporäre Parken von Anlagebeträgen in sicheren Green Bonds kurzer Laufzeit, der temporäre Aufbau von Duration mittels Green Bonds langer Laufzeit und das Eingehen von Handelspositionen, die auf eine bestimmte Wertentwicklung des grünen Elements setzen (Out-/Underperformance unter Relativ-Value-Aspekten – auch mithilfe des Bund-Future-Marktes).

Die Erfahrungen aus den ersten Begebungen, zweimal per Auktion und zweimal im Syndikat, bestätigen diesen Ansatz in beeindruckender Weise. Die unterschiedlichen Laufzeiten werden von der sehr diversifizierten Investorenschar wie erwartet angenommen. Real-Money-Investoren wie Pensionskassen, Versicherungen und Zentralbanken zeigen starkes Interesse, aber auch eher handelsorientierte und kurzfristige Investoren wie Fonds und Banken.

Ökonomisch haben die Investoren der Grünen Bundeswertpapiere, die im Primärmarkt gezeichnet haben oder früh im Sekundärmarkt gekauft haben, gegenüber (hypothetischen) Investoren, die zeitlich parallel in die jeweiligen konventionellen

Zwillingsanleihen investiert haben, einen Vorteil erlangt: Am Sekundärmarkt – auch hier quotieren die Zwillinge trotz identischen Zahlungsstroms mit unterschiedlichen Preisen – bestätigte sich bei allen Grünen Bundeswertpapieren nicht nur der (positive) Wert des grünen Elements, das Greenium weitete sich sogar aus. Diese »Outperformance« ist aus unserer Sicht sehr erfreulich. Diese Voraussetzungen, Refinanzierungsvorteil für Emittenten im Primärmarkt und Outperformance im Sekundärmarkt für Investoren, sind optimal, um zusätzliches Angebot und zusätzliche Nachfrage zu generieren.

Impulse und Normen

Das Hauptziel, das Deutschland mit Grünen Bundeswertpapieren verfolgt, ist die Stärkung des nachhaltigen Kapitalmarkts. Neben weiteren grünen Emittenten und (neuen) privaten Geldgebern, die in Nachhaltigkeit investieren, braucht es einen funktionierenden Markt. Dazu nötig – die Wechselwirkungen sind offenbar – sind Angebot und Nachfrage, Standards und Regulierung sowie Handelsvolumen und Richtgrößen.

Wir haben erkannt, dass der Markt für nachhaltige Finanzprodukte ein bedeutender Schlüssel ist zu einer grüneren Weltwirtschaft, um den enormen anstehenden Investitionsbedarf aller involvierten Akteure effizient und verlässlich am Kapitalmarkt aufnehmen zu können. Mit regelmäßigen grünen Begebungen werden wir dauerhaft einen bedeutenden Beitrag zur Weiterentwicklung dieses Marktes leisten:

- Wir nutzen unseren Benchmark-Status und die damit einhergehende Verantwortung, um dem Kapitalmarkt mit einem besonderen Konzept auch im grünen Segment eine Richtschnur zu geben. An einer solchen »Spread-Benchmark« können z. B. Vermögensverwalter die grünen Mandate ihrer Kunden ausrichten.

- Wir stehen in intensivem Austausch mit anderen aktuellen und zukünftigen Emittenten. Gerade im jetzigen Stadium ist eine enge Abstimmung auf nationaler und internationaler Ebene von großer Bedeutung. Es gilt, in Europa, mindestens aber in Deutschland, eine Fragmentierung des grünen Marktsegments und einen Wettbewerb verschiedenartiger Instrumentausgestaltungen zu vermeiden.
- Wir stellen vor und nach einer grünen Emission sicher, den marktgängigen Anforderungen an die mit solchen Emissionen verbundene Berichterstattung zu entsprechen. Einheitliche Regelungen und Vorgaben könnten z. B. bei der Identifizierung grüner Haushaltsausgaben, den regelmäßigen Berichterstattungen, Wirkungsanalysen und externen Prüfungen zukünftig Effizienzsteigerungen ermöglichen.

Seit den frühen Jahren des Marktes für grüne Anleihen haben die Green Bond Principles, koordiniert von der International Capital Markets Association (ICMA), als freiwillige, prozessorientierte Leitlinien eine tragfähige Grundlage für grüne Begebungsformate geliefert. Die Leitlinien zu Rahmenwerk, Transparenz hinsichtlich der Mittelverwendung und externer Verifizierung wurden weltweit vom Markt – sowohl emittenten- als auch investorenseitig – getragen und nachgefragt.

Trotz gemeinsamer Prozess-Standards gibt es jedoch weder global noch lokal ein gemeinsames Verständnis und Verbindlichkeit darüber, was als ökologisch oder sozial nachhaltig qualifiziert. Dies kann zu Greenwashing führen und sowohl Emittenten als auch Investoren verunsichern. Gerade Investoren zeigen Bedarf, die steigende Zahl grüner Finanzinstrumente mit überschaubarem Aufwand miteinander vergleichen zu können. Wenn es nicht gelingt, einheitlich und verbindlich zu definieren, unter welchen Bedingungen Tätigkeiten, Projekte und Investitionen als nachhaltig oder grün gelten, könnten sich einige private und institutionelle Geldgeber aus den Segmenten zurückziehen.

Das erklärt die weltweiten und berechtigten Arbeiten an regulatorischen und marktbasierten Taxonomien – oder Klassifizierungssystemen – zur Bestimmung ökologisch nachhaltiger Aktivitäten, z. B. in der EU, in China oder bei der Internationalen Organisation für Normung (ISO). Taxonomien sollen Transparenz schaffen, Vergleichbarkeit ermöglichen und das Wachstum grüner Märkte weiter stärken. Der Bund unterstützt daher die Entwicklung von Standards und Definitionen und wird immer bestrebt sein, den besten Marktstandard zu erfüllen.

Offene Türen für grüne Staaten bitte!

Aufgrund der Leitfunktion und Zugkraft staatlicher Emittenten für den nachhaltigen Kapitalmarkt ist es wichtig, dass Taxonomien auch die Besonderheiten staatlicher Ausgaben einbeziehen. Dies ist nicht immer der Fall – die EU-Taxonomie etwa hat einen klaren Fokus auf ökologisch nachhaltige Wirtschaftstätigkeiten für Unternehmen. Deutschlands grüne Investitionen sind stark diversifiziert und verfolgen vielfältige Ziele im In- und Ausland. Dazu zählen z. B. die öffentliche Sensibilisierung für grüne Aufgaben, die Grundlagenforschung an neuen Technologien, die Energiegewinnung und -versorgung, der Schutz natürlicher Lebensräume, der Ausbau und die Weiterentwicklung von Infrastruktur und digitaler Struktur sowie die Förderung von grünen Projekten in Schwellen- und Entwicklungsländern. Die Ausgaben, die beispielsweise den im Jahr 2020 begebenen Grünen Bundeswertpapieren zugrunde liegen, erstrecken sich auf Tausende Projekte, gebündelt in 65 Haushaltstiteln.

Zweckgebundene Anleihen von Unternehmen oder Spezialbanken fokussieren hingegen meist auf ein spezifisches Thema, dessen »Grünheit« sich vergleichsweise leicht festlegen und messen lässt. Es ist gut, dass Taxonomien grüne Tätigkeiten in der Wirtschaft definieren. Zusätzlich müssen sie derart gestaltet sein, dass sie für öffentliche Emittenten handhabbar sind, insbesondere wenn sie als Referenzpunkt für nachhaltige Finanzprodukte auch staatlicher Akteure herangezogen werden sollen.

Mit Blick auf die Globalität der Aufgabe und aus Gründen der Vergleichbarkeit ist es für Investoren natürlich wünschenswert, dass am nachhaltigen Kapitalmarkt nur ein weltweiter Standard inkl. Taxonomie gilt. Ebenso wichtig ist, dass die zweifelsfrei existenten Unterschiede bei Corporates und Sovereigns, also in den erforderlichen und zu finanzierenden Anstrengungen von Unternehmen und Staaten, adäquat berücksichtigt werden. Staatliches Engagement ist für den Klimawandel unerlässlich. Daher braucht es eine Taxonomie mit allen relevanten grünen Feldern, die gleichermaßen private und öffentliche Ausgaben mit den jeweiligen Besonderheiten zulässt und eine sachgerechte Berichterstattung ermöglicht.

Im Fall unserer Green Bonds identifiziert das Kernteam Grüne Bundeswertpapiere (Kernteam) mithilfe einer acht Ressorts umfassenden Interministeriellen Arbeitsgruppe (IMAG) unter sehr restriktiven Kriterien die grünen Ausgaben im Bundeshaushalt. Salopp formuliert ist der Haushalt viel grüner, als wir es ausweisen. Mit der Selektion der als grün anzuerkennenden Ausgaben stellen das Kernteam und die IMAG u. a. sicher, dass Grünen Bundeswertpapieren keine Ausgaben zugeordnet werden, die aktuell oder künftig in Allokationen anderer Green-Bond-Emissionen (KfW, EU, Bundesländer) enthalten sind. Auch mittelbare Mitfinanzierungen von Tabak, Alkohol, Rüstung oder Kernenergie werden strikt vermieden. Dennoch bleiben ausreichend grüne Mittel im unteren zweistelligen Milliarden-Euro-Bereich, um unsere jährlichen Vorhaben durchzuführen. Taxonomien können wesentlich dazu beitragen, dass dies in Deutschland so bleibt und auch in anderen Staaten ausreichend grünes Emissionsvolumen generiert werden kann.

Positiver Respons: Wird der Bundeshaushalt durch Green Bonds noch grüner?

Die Zusammenarbeit von Kernteam und IMAG führt Schulden-management und Politik zusammen. Davon profitieren beide Seiten. Die unabdingbare enge Abstimmung innerhalb Regierung und Ministerien schafft weitere Wahrnehmung, Wissensbildung und Wertschätzung für die Themen Umwelt und Nachhaltig-keit. Die Finanzagentur profitiert vom Wissenstransfer aus den Fachressorts hinsichtlich der politischen grünen Agenda und der konkreten Mittelverwendung in den ausgewählten Projekten. Andererseits tragen wir die Beweggründe und Anliegen der In-vestoren vom Kapitalmarkt an die beteiligten Bundesministerien: Welche ökologischen Leistungsindikatoren werden verfolgt? Wel-che konkreten Fragen kursieren im Markt? Welche neuen Ideen entstehen?

Dieser Austausch schafft Anreize, von denen auch die poli-tische Agenda profitieren kann. Er ist der Schlüssel zu weiteren grünen Projekten und trägt damit unmittelbar zum Umwelt- und Klimaschutz bei.

Nachhaltige Kapitalmärkte: Wie der Wunsch Wirklichkeit wird

VON WERNER HOYER

Nur mit klaren einheitlichen Regeln werden nachhaltige Finanzprodukte auch nachhaltig Erfolg haben.

Die EU-Taxonomie-Verordnung ist ein Meilenstein auf dem Weg zu nachhaltigen Kapitalmärkten und bietet eine Messlatte zum Vergleich von Investitionsalternativen weltweit.

Umweltschutz und Wirtschaftswachstum sind kein Widerspruch. Im Gegenteil: Investitionen, die nicht nachhaltig sind, werden wertlos als »stranded assets« enden.

Als Konfuzius gefragt wurde, was er als Erstes tun würde, wenn er an der Regierung wäre, sagte er: »die Namen korrigieren«. Er meinte damit: Worte sollen die Realität eindeutig benennen, und sie sollten von jedem gleichermaßen verstanden werden.

Green Bonds als Testfall für die Entwicklung nachhaltiger Kapitalmärkte

Bei Green Bonds stimmt jedenfalls der Name: Investoren, die in grüne Anleihen investieren, erwarten, dass ihr Geld in umweltgerechte und klimafreundliche Projekte fließt. Jedoch: Völlig überzeugt davon, dass dies tatsächlich geschieht, sind sie allzu oft noch nicht. Denn es fehlt an allgemein anerkannten Auswahlkriterien für die zu finanzierenden Wirtschaftstätigkeiten. Es liegt daher noch harte Arbeit vor uns, bis der Name Green Bond eindeutig halten kann, was er verspricht.

Ein entscheidender Schritt hin zu diesem Ziel ist der Aktionsplan zur Finanzierung nachhaltigen Wachstums der EU-Kommission. Das Projekt einer Nachhaltigkeitstaxonomie, als EU-Verordnung im Juli 2020 in Kraft getreten, zielt darauf ab, zu definieren, was einen Bond bis ins Innerste tiefgrün einfärbt und nicht nur oberflächlich anmalt.

Die Europäische Investitionsbank (EIB) zählt von Anfang an zu den Institutionen, die sich dieser Herausforderung ernsthaft gestellt haben. Auf die Idee grüner Anleihen kamen wir, als 2007 die EU einen ehrgeizigen Plan für eine nachhaltige Klima- und Energiepolitik ankündigte und die EU-Prospektverordnung die Ausgabe grenzüberschreitender Anleihen enorm erleichterte. Unsere Mittelaufnahme-Experten erwarteten als Folge dieser Beschlüsse, dass der Finanzierungsbedarf für erneuerbare Energien und Energieeffizienz wesentlich steigen würde. Sie sahen voraus, dass Kapitalmärkte zum Teil der Lösung werden können, und entwickelten mit Blick auf dieses Ziel den ersten Climate Awareness Bond. Die EIB hat damit Green Bonds erfunden und den Markt für sie eröffnet. Die erste grüne Anleihe wollte laut Genehmigungsantrag »Rechenschaftspflicht bei künftigen Auszahlungen in den Bereichen erneuerbare Energien und Energieeffizienz sowie die genaue Definition der Arten von Projekten, die in diese Kategorie aufgenommen werden sollen«, erzielen.

Die Reichweite dieser Initiative wurde damals unterschätzt, und die Finanzmarktkrise ab 2008 versetzte den frühen grünen Bonds, wie vielen Investitionsideen, erst einmal einen Dämpfer – bis sich an den Finanzmärkten in den Folgejahren die Erkenntnis durchsetzte, dass derartige Investitionen nicht nur finanzielle Rendite, sondern auch ökologischen und gesellschaftlichen Mehrwert schaffen können.

Eine andere wichtige Erkenntnis war, dass Umweltschutz weltweit eine Herausforderung ist. Die Vergleichbarkeit internationaler Investitionsalternativen sollte daher gefördert werden, um Kapital effizient global einzusetzen.

Die Europäische Kommission hat inzwischen eine Internationale Plattform für ein nachhaltiges Finanzwesen (IPSF) mit der Hilfe von bisher 17 Partnerländern etabliert. Das erneute Klimaengagement der USA unter der Biden-Administration hat kürzlich ermöglicht, die G20 Sustainable Finance Working Group (G20 SFWG) wiederzubeleben. All dies bietet die Chance einer globalen Kooperation, die durch mehr Klarheit und Vergleichbarkeit grenzüberschreitende nachhaltige Kapitalflüsse fördern kann.

Positiv zu erwähnen ist, dass China als weltweit größter CO_2-Produzent aktiv in diese Diskussion eingebunden ist: China leitet sowohl die Taxonomie-Arbeitsgruppe der IPSF mit der EU als auch die G20 SFWG mit den USA mit. Auch hier war das Vorgehen der EIB vorausschauend. Bereits 2017 engagierten sich unsere Kapitalmarkt- und Projektexperten, in Partnerschaft mit dem China Green Finance Committee (CGFC), für die Entwicklung eines standardneutralen Ansatzes zur Klassifizierung von Green Finance. Die Grundprinzipien wurden in zwei EIB-CFGC White Papers on the need for a common language in green finance[1] veröffentlicht, die wir in den technischen Arbeitsgruppen der EU präsentierten.

Seit gut fünf Jahren boomen Green Bonds. Weltweit ist der einst unscheinbare Green-Bond-Markt, der mittlerweile um Social- und Sustainability-Bonds ergänzt worden ist, inzwischen auf über eine Billion Euro angewachsen. 2020 konnte die EIB im Segment ihrer Climate Awareness Bonds (CAB, Fokus auf Klimaschutz) und Sustainability Awareness Bonds (SAB, Fokus auf weitere Umwelt- und soziale Ziele) mit 10,5 Milliarden Euro mehr als doppelt so viel emittieren wie im Vorjahr.

---

1 Vgl. Europäische Investitionsbank (2021). *Weißbuch über Taxonomien für die Verwendung von Anleiheerlösen für die Umwelt*. Luxemburg

Der Klimawandel stellt die Welt vor eine historische Aufgabe, auch mit sozialen Aspekten

Jedoch: Vor dem Hintergrund der Covid-19-Pandemie ist der grüne Umbau der Wirtschaft kein Selbstläufer. Die Entscheidung der EU, das Pandemie-Konjunkturpaket mit dem Green Deal, dem umweltschonenden Umbau der Wirtschaft, zu verknüpfen, stößt bei etlichen Wirtschaftsakteuren auf Kritik: Erst wenn die ökonomischen Krisenfolgen überwunden seien, könne sich Europa die umweltgerechte Transformation leisten, lautet das Argument der Skeptiker. Dem möchte ich entschieden widersprechen: Umweltschutz und Wirtschaftswachstum sind kein Widerspruch. Im Gegenteil: Investitionen, die nicht nachhaltig sind, werden wertlos als »stranded assets« enden. Die EIB hat deshalb entschieden, ab Ende 2021 keine neuen Projekte mit unverminderter Treibhausgasemission im Bereich fossiler Energieträger zu unterstützen.

Dieses Jahrzehnt wird entscheidend dafür sein, ob es der Menschheit noch gelingt, die Erderwärmung bis Ende des Jahrhunderts auf 1,5 Grad Celsius zu begrenzen. Laut den Vereinten Nationen müssen die CO_2-Emissionen dafür bis 2030 um die Hälfte sinken. Die EU wiederum kann ihr Ziel, bis 2050 klimaneutral zu werden, nur erreichen, wenn sie ihre Emissionen bis 2030 um mindestens 55 Prozent senkt.

Die dafür notwendigen enormen Investitionen von 350 Milliarden Euro in jedem Jahr der nächsten Dekade können die EU-Staaten nicht allein aus ihren begrenzten öffentlichen Mitteln stemmen. Private Investoren, und damit vor allem die Kapitalmärkte, sind dringend gefragt.

Zudem ist klar, dass grüne Technologien wichtige Zukunftsmärkte sind: Bereits heute haben sich Länder, die zusammen für die Hälfte aller CO_2-Emissionen stehen, zur Klimaneutralität verpflichtet. Andere werden folgen. Sie alle brauchen Investitionen und Technologien, um dieses Ziel erreichen zu können. Im Ergebnis können grüner Wasserstoff, Offshore-Windenergie- und

Energiespeicher-Technologien zu Exportschlagern der europäischen Industrie werden.

Der Klimawandel stellt die Welt vor eine historische Aufgabe nie dagewesener Größe. Sie erfordert einen tiefgreifenden ökonomischen Strukturwandel, der nur gelingen kann, wenn die Gesellschaft als Ganzes involviert und mitgenommen wird. Denn es wird zu Brüchen in Biografien kommen, und es werden vermeintlich lebenslange Jobs wegfallen.

Die Erfahrungen, die wir gemacht haben, als in Europa vor 30 Jahren der Eiserne Vorhang fiel, erlauben uns nun, die jetzige, noch größere Herausforderung besser in Perspektive zu setzen. Damals begab sich Osteuropa auf den Weg aus dem Kommunismus zu Demokratie und Marktwirtschaft. Ein Weg, der sich für die Länder, die seither der EU beigetreten sind, klar gelohnt hat, trotz aller Mühen, die der Transformationsprozess ihnen auferlegte.

Die sozialen Folgen heutiger Umweltschäden sind ebenfalls riesig und sollten nicht ignoriert werden. Man muss sich klarmachen, dass die klimabedingte Zunahme von Umweltschäden auch Zoonosen wie das Coronavirus eindeutig begünstigt. Auch muss man sich die Konsequenzen der Covid-19-Pandemie außerhalb des Gesundheitswesens anschauen: zum Beispiel die Benachteiligungen vieler Kinder im Bildungswesen sowie die Vertiefung ohnehin vorhandener Ungleichheiten, die seit längerem durch den Mangel an erschwinglichem Wohnraum in den Städten verschärft werden.

Vor diesem Hintergrund ist das Marktpotenzial von Social- und Sustainability-Finanzprodukten enorm. Wie für Green Bonds müssen deshalb auch für diese neue Klasse der »Use-of-proceeds«-Instrumente klare Investitionskriterien definiert werden, die für den Kapitalmarkt verständlich sind.

Auf dem Weg zu klaren Regeln

Das Inkrafttreten der EU-Taxonomie-Verordnung im Juli 2020 jedenfalls war ein Meilenstein. In den Jahren zuvor hatte sich gezeigt, dass die Regeln, die sich von selbst unter den Marktakteuren bilden[2], nur bedingt klare Definitionen für die Mittelverwendung etablieren können. Gerade in den frühen Jahren grüner Anleihen erlagen einige Akteure der Versuchung, Wertpapiere zu konstruieren, die grün aussahen, es aber nicht waren.

Um eine kohärente Klassifizierung zu schaffen, brauchte man ein Zusammenkommen aller Interessensträger des Marktes, der Politik, der Wissenschaft und der Zivilgesellschaft. Allein die Europäische Kommission konnte all diese Akteure demokratisch, transparent und bindend zusammenführen. Vor diesem Hintergrund erschließt sich die Bedeutung der EU-Taxonomie-Verordnung, die eine gemeinsame Basis für höhere Klarheit und Vergleichbarkeit im Markt geschaffen hat.

Als nächster Schritt werden jetzt die Kriterien für den Klimaschutz festgelegt, die ab Anfang 2022 gelten sollen. Die Kriterien für Nutzung und Schutz von Wasser- und Meeresressourcen, Kreislaufwirtschaft, Verminderung der Umweltverschmutzung und Schutz- und Wiederherstellung von Biodiversität werden noch entwickelt und sollen ab Anfang 2023 gelten. Ebenso soll die Erweiterung der EU-Taxonomie um die soziale Dimension bis Ende dieses Jahres geprüft werden. Zudem hat die EU-Kommission angekündigt, noch 2021 einen Verordnungsvorschlag über einen Green-Bond-Standard der EU vorzulegen.

Dieser Zeitplan erlaubt Emittenten, bereits heute die Initiative zu ergreifen, um sich strategisch im neuen regulatorischen Rahmen zu positionieren. Bei der EIB haben wir schon jetzt unsere Green Bonds eng mit der Taxonomie-Verordnung verknüpft und

---

2   Z. B. die Green Bond Principles, die unter der Ägide der International Capital Market Association herausgegeben werden. Von 2015 bis 2018 war die Kapitalmarktabteilung der EIB Vorsitzender des für diese Leitlinien zuständigen Komitees.

sind dabei, unsere Finanzierungen basierend auf der Logik der EU-Gesetzgebung sowie dem technischen Verständnis unserer Projektexperten zu klassifizieren. Damit demonstrieren wir aktiv die frühe Anwendbarkeit der Taxonomie-Verordnung sowie deren potenzielle Bedeutung für andere Marktteilnehmer.

Gleichzeitig beteiligen wir uns als EU-Klimabank natürlich aktiv an den Debatten der EU-Kommission im Rahmen der EU-Plattform für ein nachhaltiges Finanzwesen und bringen dort unsere konkreten Erfahrungen in Markt und Wirtschaft ein. In dieser Funktion versuchen wir darauf aufmerksam zu machen, dass die Regeln für die EU-Taxonomie nicht bürokratisch aufgebläht werden dürfen. Klarheit und Verständlichkeit dürfen in den in diesem Herbst laufenden Debatten über die Weiterentwicklung der Taxonomie nicht verloren gehen. Dies ist eine Voraussetzung für die wirkungsvolle Teilnahme der Kapitalmärkte im Bereich nachhaltiger Investitionen.

Die nächsten Schritte erfordern Verantwortungs-übernahme aller Beteiligten

Wenn wir nun die Größe des Marktes für grüne Bonds mit der des gesamten Bond-Marktes vergleichen – sie machen nur ungefähr ein Prozent aller Bonds aus –, wird klar, dass wir noch ganz am Anfang der oben beschriebenen Entwicklung stehen. Um für diese und andere Formen des nachhaltigen Investments bedeutungsvolles Wachstum zu erzielen, braucht der Markt gute Projekte, also Vorhaben, die den Erfordernissen der EU-Taxonomie-Verordnung entsprechen.

Diese Projekte zu identifizieren, ist zum einen Aufgabe von Unternehmen, die Innovationen für die grüne Transformation entwickeln. Noch wichtiger wird es aber gerade in den nächsten zwei bis drei Jahren sein, dass die Regierungen der EU-Staaten – und hoffentlich allen voran die 2021 neu gewählte Bundesregierung – den Weg klar aufzeigen. Und diesen Weg dann auch selbst beschreiten. Denn wenn der Privatsektor und die Kapitalmärkte ihre Rolle in der Transformation finden sollen, muss die Politik den Rahmen definieren und klare Signale senden.

Damit der gesetzliche Rahmen der EU greift und er den nachhaltigen Kapitalmärkten weiteren Schwung verleihen kann, bedarf es selbstverständlich einer einheitlichen Anwendung der EU-Taxonomie. Dies gilt horizontal zwischen den EU-Mitgliedstaaten, um einen fairen Wettbewerb im Binnenmarkt zu sichern, aber auch vertikal, entlang der Investitionskette, um die Effizienz nachhaltiger Investitionen zu steigern.

Zu diesem Thema traf kürzlich der Abschlussbericht des Sustainable-Finance-Beirats an die Bundesregierung[3] klare Aussagen. Eine wichtige Schlussfolgerung darin ist, dass Offenlegungspflichten im Rahmen der Taxonomie die Verwendung der EU-Taxonomie fördern und daher alle Investitionen, die im Einklang mit der EU-Taxonomie-Verordnung stehen, umfassen sollten. Dies schließt sowohl Investitionen in Staaten und Gebietskörperschaften als auch in kleinen und mittelständischen Unternehmen, in Firmen, die nicht der NFRD/CSRD-Offenlegungspflicht unterliegen, und in Unternehmen aus Drittstaaten ein. All diese Aktiva sollten bei der Berechnung der »Green Asset Ratio« berücksichtigt werden.

Wie die EIB ihrer Verantwortung entspricht und dabei strategische Marktpartnerschaften entwickelt

Die EU-Emittenten müssen in diesem Bereich Vorreiter sein. Wie wichtig die EU-Taxonomie und der EU Green Bond Standard für die EU-Kommission selbst sind, zeigt zum Beispiel die Tatsache, dass sie 30 Prozent der Mittel für das Herzstück des EU-Wiederaufbaufonds, das Instrument NextGenerationEU, durch Green Bonds aufnehmen will.

---

3 Sustainable-Finance-Beirat (2021). *Shifting the Trillions. Ein nachhaltiges Finanzsystem für die Große Transformation*. Berlin

In der EIB entwickeln wir unsere Rolle als EU-Klimabank systematisch weiter. Unter anderem wollen wir bis 2025 den Anteil der Investitionen in Klimaschutz und ökologische Nachhaltigkeit auf mindestens 50 Prozent der jährlichen Neufinanzierungen erhöhen. Des Weiteren zielen wir darauf ab, bis 2030 grüne Investitionen von einer Billion Euro anzustoßen. Dabei hat die Bank bereits offiziell angekündigt, dass sie ihre Methodik für die Nachverfolgung grüner Finanzierungen an den durch die EU-Taxonomie-Verordnung definierten Rahmen angleichen wird.

Die Bank wird auf den Kapitalmärkten bei dieser Angleichung durch eine schrittweise Ausweitung der CAB-/SAB-Auswahlkriterien vorangehen: Die Dokumentation dieser Bonds ist bereits im Einklang mit dem EU-Regelwerk ausgestaltet. Diese Dokumentation sieht vor, dass Erlöse in Übereinstimmung mit der Taxonomie-Verordnung verwendet werden sollten. Damit plant die EIB auch eine schrittweise Angleichung der CAB/SAB an den zu erwartenden EU Green Bond Standard.

Erfreulich ist, dass die Kooperation zwischen nachhaltigen Emittenten und Investoren durch die höhere Klarheit des EU-Regelwerkes besser wird. Bereits vor zwei Jahren konnten wir zum ersten Mal eine strategische Partnerschaft mit dem japanischen GPIF, dem größten Pensionsfonds der Welt, etablieren. Die Beziehung hat sich durch die regulatorischen Entwicklungen in der EU vertieft. Die Qualität und Reichweite des Dialoges mit internationalen nachhaltigen Investoren, sowohl innerhalb als auch außerhalb der EU, hat sich im letzten Jahr insgesamt enorm verbessert.

Dies kommt mittlerweile auch in der Beziehung mit lokalen Investoren zur Sprache. Ein aktuelles Beispiel bieten die deutschen Sparkassen und ihre Verbundpartner, die im Dezember 2020 eine »Selbstverpflichtung für klimafreundliches und nachhaltiges Wirtschaften« veröffentlicht haben. Dieses Dokument schreibt den Sparkassen vor, die eigenen Anlageportfolios nach anerkannten Nachhaltigkeitskriterien zu managen sowie das Bewusstsein der Kundschaft für nachhaltige Wertpapierinvestments zu fördern. Vor diesem Hintergrund hat die EIB im März die Deka Bank, Helaba und LBBW beauftragt, eine Klimaschutzanleihe exklusiv für die Sparkassen zu platzieren. Die Anleihe stieß auf reges Interesse und erlaubte einen fokussierten Austausch über die relevanten ESG-Themen im neuen gesetzlichen Umfeld.

Wie Konfuzius bereits wusste: Regierungen müssen eindeutige Begriffe finden. Unsere Erfahrung zeigt, dass mehr Klarheit es den Kapitalmärkten ermöglicht, Nachhaltigkeit im Dienste der Gesellschaft effizient zu unterstützen.

Nachhaltigkeit, Transformation, Einbindung der Kapitalmarktakteure

VON HANS-ULRICH ENGEL

Der in der Europäischen Union spätestens mit dem Green Deal im Dezember 2019 ausgerufene Übergang zu einer ressourcenschonenden und klimaneutralen Wirtschaft erfordert eine umfassende Transformation.

Diese wird auf Ebene der EU-Mitgliedstaaten zum Teil durch eigene Gesetzgebung begleitet. So hat z. B. Deutschland nach entsprechender Aufforderung durch das Bundesverfassungsgericht im Mai 2021 binnen Monatsfrist das Klimaschutzgesetz aus dem Jahr 2019 dahingehend verschärft, dass der Zeitpunkt für das Erreichen der Klimaneutralität Deutschlands um fünf Jahre auf 2045 vorgezogen wird. Dafür werden die Zwischenziele jeweils im Vergleich zu 1990 für 2030 auf 65 Prozent (vorher 55 Prozent) und für 2040 auf 88 Prozent (neu) Reduktion gesetzt.

Vor diesem Hintergrund stellen Unternehmen in der EU ihre Produktpalette, Produktionsprozesse, Logistik und Geschäftsmodelle auf den Prüfstand und passen diese so an, dass sie den Klimaschutzzielen gerecht werden.

Begleitet wird der Transformationsprozess von einer Fülle an neuen Berichtspflichten zu Nachhaltigkeitsaspekten, die zum Teil überhastet, ohne ausreichende Kenntnis der Unternehmenspraxis und Konsultation der Unternehmen durch den jeweiligen Gesetzgeber eingeführt werden.

Der Übergang zu einer klimaneutralen, nachhaltigen Wirtschaft kann jedoch nur gelingen, wenn Politik und Unternehmen an einem Strang ziehen. Hier gibt es noch erheblichen Verbesserungsbedarf.

Zielgerichtete und verhältnismäßige Berichtspflichten benötigt

Um am Markt bestehen zu können und langfristig erfolgreich zu sein, ist die gesellschaftliche Akzeptanz des unternehmerischen Handelns unabdingbar. Die konsequente Integration von ESG-Kriterien in die Entscheidungsprozesse eines Unternehmens spielt dabei eine immer größere Rolle. Dies führt nicht nur zu nachhaltigeren, resilienteren unternehmerischen Entscheidungen, sondern ist auch zunehmend Voraussetzung für die Attraktivität des Unternehmens am Kapitalmarkt und damit die Unternehmensfinanzierung. Für immer mehr Anleger, insbesondere für große internationale und institutionelle Investoren, sind ESG-Aspekte entscheidungsrelevant für ihre Investitionen.

Die Verordnung (EU) 2020/852 des Europäischen Parlaments und des Rates vom Juni 2020 (EU-Taxonomie) sowie die für Oktober 2022 geplante neue Corporate Sustainability Reporting Directive (CSRD) werden zukünftig für die Unternehmenssteuerung sowie -finanzierung eine erhebliche Rolle spielen. Beide Regelwerke verpflichten die Unternehmen im Hinblick auf Nachhaltigkeitsaspekte zur umfangreichen Offenlegung ihrer Geschäftsmodelle, Unternehmensperformance und daraus resultierenden Chancen und Risiken. Gemäß der EU-Taxonomie-Verordnung sind Unternehmen mit mehr als 500 Mitarbeitern bereits für das Geschäftsjahr 2021 verpflichtet, den taxonomierelevanten Anteil ihrer Umsatzerlöse, Investitions- und Betriebsausgaben zu publizieren und deren Taxonomie-Konformität für 2022 im Detail zu berichten.

Aber auch über die tatsächlichen und potenziellen Auswirkungen des Unternehmenshandelns auf Umwelt und Gesellschaft entlang der gesamten Wertschöpfungskette soll berichtet werden. Im Vergleich zur aktuellen EU Non-Financial Reporting Directive (NFRD) aus dem Jahr 2014 wird die CSRD mit den für das vierte Quartal 2022 erwarteten ersten Berichterstattungsstandards inhaltlich und formal deutlich weitergehende Informationspflichten enthalten, die dann bereits für das Geschäftsjahr 2023 angewendet werden müssen. Investoren sollen so in die Lage versetzt werden, holistische Investitionsentscheidungen unter Berücksichtigung wesentlicher Nachhaltigkeitsaspekte besser treffen zu können. Gleichzeitig bietet sich Unternehmen die Möglichkeit, ihre Fortschritte in der Nachhaltigkeitstransformation nachvollziehbar zu machen, daran gemessen zu werden und sich vergleichen zu lassen.

In ihrer Fülle und Detailtiefe dürfen diese zusätzlichen Dokumentations- und Berichtspflichten die Unternehmen allerdings nicht überfordern. Sie müssen mit Kenntnis der Unternehmenspraxis, einem Blick für das Machbare – gerade auch in zeitlicher Hinsicht – und verhältnismäßig gestaltet sein. Berichtspflichten müssen klar und verständlich formuliert und aufeinander abgestimmt sein. Aufwand und Nutzen müssen dabei genau geprüft, abgewogen und festgelegt werden. Nicht immer mehr Berichtspflichten, sondern zielführende und praxisgerechte Vorgaben müssen das Ziel sein.

Sowohl die EU-Taxonomie als auch die zukünftige CSRD folgen leider nicht immer diesen Koordinaten. Im Abgleich mit weiteren europäischen Nachhaltigkeitsregelwerken (etwa der Offenlegungsverordnung für Investoren) mangelt es beispielsweise häufig an Konsistenz. Die dadurch entstehenden Ungenauigkeiten und Widersprüche führen zu Unsicherheiten auf Seiten der Unternehmen und stellen diese in der Praxis vor erhebliche Schwierigkeiten. Diese ließen sich weitgehend vermeiden, wenn Unternehmen besser in die Entwicklung eingebunden würden und der Gesetzgeber den Praxishinweisen der Unternehmen mehr Aufmerksamkeit schenken würde. Das Beispiel EU-Taxonomie mag dies verdeutlichen.

Nachbesserungsbedarf in Sachen EU-Taxonomie

Für die EU-Taxonomie sollen Unternehmen bereits für das Geschäftsjahr 2021 umfangreiche Berichtspflichten erfüllen, obwohl die diese Pflichten spezifizierenden Ausführungsbestimmungen der EU noch gar nicht vollständig vorliegen. Bisher wurde im April 2021 nur die erste Ausführungsbestimmung veröffentlicht, die sich jetzt in der Abstimmung mit dem Europäischen Parlament und dem Ministerrat befindet. Die zweite soll wohl im dritten Quartal 2021 folgen.

Die Taxonomie-Regeln und die daraus resultierenden Berichtspflichten sind hochkomplex. Die aktuellen Annexe mit den Kriterien zu den mehr als 80 derzeit bewerteten wirtschaftlichen Aktivitäten umfassen bereits mehr als 500 Seiten. Um den umfänglichen Berichtspflichten nachzukommen, müssen die Unternehmen zusätzliche Ressourcen aufbauen und die Berichtssysteme anpassen. Darüber hinaus enthält die EU-Taxonomie eine Fülle von unbestimmten Rechtsbegriffen, die bisher nicht ausreichend konkretisiert wurden.

Die neuen Reportingprozesse sowie die Entwicklung und anschließende Implementierung neuer, bisher am Markt nicht vorhandener IT-Systeme bzw. die Anpassung bestehender IT-Systeme und Reportingstrukturen in enorm kurzer Zeit werden selbst erfahrene Berichterstatter und Vorreiter in Sachen Nachhaltigkeit an die Grenze des Machbaren bringen. Allein für BASF müssen circa 45 000 Produkte, mehr als 10 000 laufende Investitionsprojekte, 250 Standorte und 700 Produktionsanlagen weltweit auf ihre Taxonomie-Relevanz und -Konformität überprüft werden.

Im vergangenen Oktober hat die EU-Kommission die Platform on Sustainable Finance gegründet. Sie besteht aus 57 Mitgliedern aus Wissenschaft, Zivilgesellschaft und Industrie. Als Nachfolgegremium der Technical Expert Group on Sustainable Finance hat sie die Aufgabe, die EU-Kommission bei der Entwicklung ihrer nachhaltigen Finanzpolitik und damit insbesondere bei der Implementierung und Weiterentwicklung der EU-Taxonomie zu beraten. Bislang hat die Plattform zu den von den Unternehmen adressierten Problemen allerdings nur wenig Hilfestellung geleistet. Sie ist stattdessen vor allem mit der Entwicklung der neuen Taxonomieberichtspflichten (weitere Umweltziele, soziale und Governance-Aspekte) beschäftigt.

Aufgrund des Interpretationsspielraums bei einer Vielzahl der gesetzlichen Vorgaben ist zu bezweifeln, dass die Daten, die Unternehmen erheben werden, letztlich vergleichbar sind. Auch stellt sich die Frage, ob und inwieweit die geforderte Offenlegung auf dem Niveau der Wirtschaftsaktivitäten einen echten Mehrwert für Investoren bringt oder nicht eher einen Wettbewerbsnachteil für europäische Unternehmen, da ihre nichteuropäischen Wettbewerber keine solche Offenlegungspflicht trifft. Aus Sicht der Unternehmen sollte das EU-Parlament, das über die delegierten Rechtsakte zu entscheiden hat, deshalb über eine erleichterte Berichterstattung diskutieren. Eine mögliche segmentbezogene Berichterstattung, aber auch die Möglichkeit, die Berichterstattung unwesentlicher Aktivitäten zusammenzufassen, sollte erwogen werden. Schließlich sollte die Berichtspflicht um ein Jahr auf Geschäftsjahre, die nach dem 31. Dezember 2021 beginnen, verschoben werden, um den Unternehmen so die Möglichkeit zu geben, sich auf die neuen Aufgaben adäquat vorzubereiten und dann ihren neuen Pflichten in der gewohnt hohen Qualität der finanziellen Berichterstattung nachzukommen. Der Einführung neuer Bilanzierungsstandards geht i. d. R. ein mehrjähriger Entwicklungs- und Entscheidungsprozess (Due Process) voraus. So vergingen bei der Einführung von IFRS 16 Leasing fast zwölf Jahre zwischen dem ersten Entwurf (Discussion Paper) und dem endgültigen Anwendungsbeginn. Nicht, dass eine so lange Zeit den Maßstab setzen sollte, es muss den Unternehmen aber angemessene Zeit eingeräumt werden, sich auf die neuen nichtfinanziellen Berichtspflichten mit Sorgfalt vorzubereiten.

Fehler der EU-Taxonomie bei der CSRD nicht wieder-holen!

Der Entwurf der CSRD, der am 21. April 2021 veröffentlicht wurde, führt zu einer Zäsur in der Nachhaltigkeitsberichterstattung. Diese wird auf ein neues Niveau gehoben, indem sie im Grunde der Finanzberichterstattung gleichgestellt wird. Im Zusammenspiel mit der EU-Taxonomie und ihren delegierten Rechtsakten sowie den von der European Financial Reporting Advisory Group (EFRAG) bis zum Oktober nächsten Jahres zu entwickelnden europäischen Nachhaltigkeitsberichtsstandards entsteht ein sehr komplexes Berichtswesen, das es sorgsam zu validieren und zu kalibrieren gilt.

Die handwerklichen Fehler, die bei der EU-Taxonomie gemacht wurden, dürfen sich hier nicht wiederholen. Da diese vor allem darauf zurückzuführen sind, dass die Realwirtschaft bei der Erarbeitung der Taxonomie nur unzureichend in die Arbeit der Technischen Expertengruppe einbezogen worden ist, gilt es, bei der CSRD – aber vor allem bei den zu erarbeitenden Berichtsstandards – die Unternehmen von Anfang an intensiv in die Entwicklung einzubeziehen.

Die Geschwindigkeit, mit der die komplexen Nachhaltigkeitsberichtsstrukturen entwickelt werden, sowie die fehlende Bereitschaft der EU-Kommission in Form von Pilotprojekten die neuen Vorgaben einem Praxistest zu unterziehen, bereiten Sorge. Um für handhabbare und aussagekräftige Standards zu sorgen, die in der unternehmerischen Realität Bestand haben, müssen jetzt die Unternehmen mit ihrer Expertise in den Standardsetzungsprozess eingebunden werden. Das käme auch Investoren entgegen, die verlässliche, verständliche und vergleichbare Nachhaltigkeitsinformationen benötigen, um sich verstärkt in nachhaltigen Investments engagieren und ihren eigenen Berichtspflichten nachkommen zu können.

Nachhaltigkeitsberichtsstandards international ausrichten

Die zu entwickelnden europäischen Nachhaltigkeitsberichtsstandards müssen in eine international anerkannte Berichtslandschaft eingebettet werden. Sie müssen auf international anerkannten Standards und Rahmenwerken fußen, wie beispielsweise denen der neuen Value Reporting Foundation[1] oder der Task Force on Climate-related Financial Disclosures (TCFD). Das ist für global agierende Unternehmen wie auch Investoren gleichermaßen wichtig, da sie auf eine international kompatible Lösung angewiesen sind.

Um sicherzustellen, dass Unternehmen zukünftig nicht divergierende europäische und internationale Standards befolgen müssen, sollte die EU-Kommission darlegen, wie sie ein dauerhaftes Nebeneinander von europäischen und internationalen Standards vermeiden will. Die Einhaltung unterschiedlicher Berichtsinhalte und -formate würde ansonsten einen erheblichen Mehraufwand für global agierende europäische Unternehmen bedeuten. Darüber hinaus könnte ein europäischer Sonderweg auch bei internationalen Investoren für Verunsicherung sorgen. Die zukünftigen europäischen Standards würden das erklärte Ziel der CSRD, zu einer Konsolidierung im Bereich der Standards zu führen, konterkarieren.

Die EFRAG als EU-Standardsetzer für die Nachhaltigkeitsberichterstattung muss eng mit dem von der IFRS-Foundation vorgeschlagenen neuen International Sustainability Standards Board (ISSB) zusammenarbeiten, um zu gemeinsamen Lösungen zu kommen. Die Entscheidung pro EFRAG als Standardsetzer verlangt eine wohlüberlegte Governance-Struktur und adäquate Ressourcenausstattung der EFRAG, damit sie ihrer neuen Rolle nachkommen kann. Überdies muss der Zeitrahmen für den zu entwickelnden Standard realistisch gesetzt werden. Qualität vor

---

[1] Zusammenschluss von Sustainability Accounting Standards Board (SASB) und International Integrated Reporting Council (IIRC) am 10. Juni 2021

Geschwindigkeit lautet die Devise. Gerade weil die Zeit drängt, ist es von entscheidender Bedeutung, dass die Berichtsstandards richtig aufgesetzt werden. Der Plan, diese bis Oktober 2022 zu entwickeln, wirkt angesichts der Komplexität des Themas und der Erfahrungen mit den delegierten Rechtsakten zur EU-Taxonomie wenig realistisch.

Fazit

Eine erfolgreiche Transformation hin zu einer nachhaltigeren und klimaneutralen Wirtschaft ist ohne enge Einbindung der realwirtschaftlichen Unternehmen in die Gesetzgebungsprozesse nicht zu realisieren. Für zielführende und praxisgerechte Vorgaben muss die Unternehmensperspektive bei der Weiterentwicklung der EU-Taxonomie, in den Überlegungen zur CSRD sowie bei der Entwicklung europäischer Nachhaltigkeitsberichtsstandards umfassend berücksichtigt werden.

Wir als Deutsches Aktieninstitut und unsere Mitgliedsunternehmen sind gern bereit, unsere Erfahrungen und unser Wissen einzubringen. Nur im Schulterschluss zwischen Gesellschaft, Politik und Unternehmen kann der Übergang zu einer nachhaltigen Wirtschaft erfolgreich gestaltet und können im Transformationsprozess ökologische, ökonomische und soziale Aspekte adäquat berücksichtigt werden.

Grüne Finanzierungen: Schubkraft für die industrielle Nachhaltigkeit

VON TORALF HAAG

Nachhaltigkeit ist Teil der DNA der Voith Group. Der weltweit agierende Konzern hat den Anspruch, mit seinen Technologien den Weg der Wirtschaft in eine CO_2-neutrale Zukunft zu ebnen – im Interesse künftiger Generationen.

Vor diesem Hintergrund ist es nur konsequent, auch die Finanzierungs- und Investitionsstrategie »grün« auszurichten.

Das wirkt in zwei Richtungen. Zum einen nach innen: Mit Finanzierungsprodukten wie Sustainable Loan with Positive Incentive und ESG-linked Schuldscheinen erzielt der Konzern nicht nur ein besseres Risiko-Rendite-Verhältnis. Vielmehr ist das zugrunde liegende ESG-Rating ein Ansporn, die eigenen Nachhaltigkeitsleistungen kontinuierlich zu verbessern. Zum anderen wirkt es auf den Markt: Die Voith Group fördert mit innovativen Finanzierungsstrategien die industrielle Nachhaltigkeit.

Voith ist seit der Unternehmensgründung 1867 auf vielen Feldern der Branchenprimus. Friedrich Voith, der Firmengründer, und seine drei Söhne Hanns, Hermann und Walther waren Entrepreneure, wie sie im Buche stehen: mutig und erfindungsreich. Sie haben auf innovative Technologien und nachhaltige Produkte gesetzt, neue Geschäftsbereiche aufgebaut, die ihre eigenen Prozesse logisch ergänzten – und auf diese Weise das organische Wachstum des Betriebs klug vorangetrieben.

Frühzeitig ist die Firma J. M. Voith in den Markt für Energieerzeugung eingestiegen. Die Familie hatte erkannt, dass der Energiebedarf aufgrund der Industrialisierung weiter steigen würde: Die Konstruktion von Wasserturbinen wurde daher ab 1870 ihr zweites Standbein, denn Papiermaschinen wurden seinerzeit durch Wasserräder angetrieben. 1960 entwickelte Voith das neue Flotation-Deinking-Verfahren, das dem Papier die Druckerschwärze entzieht und es für die Wiederverwendung nutzbar macht. Als die wenigsten Umweltschutz und den sparsamen Umgang mit Ressourcen auf dem Schirm hatten, wurde das Unternehmen zum Pionier des Papierrecyclings.

Das sind nur zwei historische Beispiele, es folgten viele weitere Meilensteine, die uns zu dem gemacht haben, was wir heute sind: Schritt für Schritt hat sich Voith vom kleinen Schlosserbetrieb zu einem weltweit agierenden Technologiekonzern entwickelt. Die Voith Group beschäftigt heute rund 20 000 Mitarbeiterinnen und Mitarbeiter in mehr als 60 Ländern und setzte 2019/20 4,17 Milliarden Euro um – und befindet sich immer noch zu 100 Prozent im Familienbesitz.

Die Ersten zu sein und mutig voranzugehen, das ist immer noch unser Anspruch. Die Auswirkungen des Klimawandels werden auch in unseren Breiten zunehmend sicht- und spürbar. Extremes Wetter, Dürren und Waldbrände haben längst auch den europäischen Kontinent erreicht. Klima- und Umweltschutz rücken zunehmend in den Fokus von Gesellschaft und Politik. Dazu haben Initiativen wie Fridays for Future ebenso beigetragen wie die Kampagnen der Vereinten Nationen und die Politik der Europäischen Kommission. Innovative Unternehmen wie Tesla, die seit ihrer Geburtsstunde auf nachhaltige Technologien wie den batterieelektrischen Antrieb setzen, beschleunigen die Entwicklung.

Die Zeichen der Zeit deuten klar auf eine bevorstehende grüne Revolution der Industrie hin – in Deutschland, Europa und weltweit. Auch hier wollen wir Wegbereiter sein: Die Voith Group entwickelt über die Geschäftsbereiche Hydro, Paper und Turbo nachhaltige Produkte und Serviceleistungen für eine digitalisierte und dekarbonisierte Wirtschaft. Unser weiteres Wachstum auch grün zu finanzieren, war für uns ein naheliegender Schritt. So setzen wir unsere Werte, anspruchsvoll, innovativ, zuverlässig, fair und nachhaltig zu handeln, auch im Finanzbereich um.

Positive Impulse für verantwortliches Wirtschaften

Angefangen haben wir 2018 mit einer Modifikation bei unseren Avalen, die bei Großprojekten für unsere Auftraggeber als Sicherheit dienen. Avale sind für uns Tagesgeschäft, das jährliche Volumen ist beträchtlich. Wir haben uns darüber Gedanken gemacht, wie wir unsere existierenden Avallinien um nachhaltige Elemente ergänzen und somit auch die Konditionen optimieren können. Bei der Landesbank Baden-Württemberg gab es zeitgleich Überlegungen, langjährigen Kunden mehr Produkte anzubieten, die an Nachhaltigkeitskriterien geknüpft sind: Also haben wir mit der LBBW den Dialog zu diesem Thema vertieft.

Die große Frage bei grünen Refinanzierungsmöglichkeiten ist, inwiefern das aufgenommene Kapital bzw. zur Verfügung gestellte Kreditlinien zweckgebunden sind. Dieses »Earmarking« von aufgenommenen Mitteln ist für die Voith Group aber deutlich schwieriger als für eine Firma, die beispielsweise ausschließlich Windkrafträder herstellt. Wenn wir Mittel aufnehmen, brauchen wir sie nicht nur für das grüne Wasserkraftthema, sondern sicherlich auch für eine Paper- oder Turbo-Aktivität beispielsweise im Rahmen der »working capital«-Finanzierung des Gesamtkonzerns. Das können wir im Vorfeld nicht so genau definieren und es wäre letztlich auch gar nicht zu managen, da die einzelnen Bereiche nicht separat finanziert werden, sondern zentral im Wesentlichen über Cash Pools und Intercompany Loans.

Vor diesem Hintergrund haben wir gemeinsam mit der LBBW einen Sustainable Loan with Positive Incentive entwickelt. Wir bekommen einen Anreiz für nachhaltiges Wirtschaften, sind aber frei in der Verwendung der Avallinie. Da in unserem Fall die Nachhaltigkeit aber nicht nur an einem einzigen Projekt oder Geschäftsbereich zu messen ist, brauchen wir eine dritte, unabhängige Stelle, die bestätigt, dass die Unternehmensstrategie der Voith Group nicht nur hohe Umweltstandards (E) erfüllt, sondern auch Anforderungen an soziale Aspekte (S) und gute Unternehmensführung (G) gerecht wird. Das renommierte Beratungsunternehmen Institutional Shareholder Services Inc. (ISS) ist für uns diese unabhängige Stelle. Schon seit Jahren erreichen wir ein C+ beim ISS ESG-Rating. Es bescheinigt uns, dass wir zu den Top 20 der nachhaltigsten Unternehmen unserer Branche zählen.

Solange wir dieses Rating halten, räumt uns die Bank bei der jährlichen Avalprovision einen Bonus ein. Je besser – im Sinne von nachhaltiger – wir sind, desto größer ist der Bonus. Er wird nicht zum Malus, wenn sich unser Rating verschlechtert. Aber wir wollen ja ohnehin immer besser werden. Mittlerweile haben wir mit anderen Finanzpartnern ähnliche Vereinbarungen getroffen. Seit wir eine wachsende Anzahl unserer bestehenden Avallinien an ESG-Aspekte gekoppelt haben, sparen wir jährlich eine sechsstellige Summe an Finanzierungskosten.

Attraktive Produkte für renditeorientierte Investoren

Anderthalb Jahre, nachdem wir erstmals das Neuland Green Financing betreten hatten, ergab sich im Zusammenhang mit unserer internen und externen Wachstumsstrategie ein größerer Refinanzierungsbedarf. Wir haben geprüft, ob wir mit einer Anleihe an den Kapitalmarkt gehen oder einen Schuldschein platzieren sollten. Wir haben uns schließlich und aus verschiedenen Gründen für einen ESG-linked Schuldschein entschieden. Geplant war, ein Volumen von 200 bis 300 Millionen Euro aufzunehmen – über Tranchen mit Laufzeiten von fünf, sieben und zehn Jahren mit jeweils variabler und fester Verzinsung.

Wir waren eines der ersten Unternehmen, die einen ESG-linked Schuldschein mit allen sechs Tranchen ausschließlich grün angeboten haben. Die Nachfrage war sehr groß und wir hatten eine deutliche Überzeichnung: Die Investoren wissen mittlerweile, dass nachhaltiges Wirtschaften durchaus attraktive Konditionen gerade auch im Schuldscheinbereich generieren kann. Schließlich haben wir den Schuldschein – nachfragebedingt – auf 400 Millionen Euro aufgestockt. Die aufgenommenen Mittel sind wieder nicht zweckgebunden, sie sind für die allgemeine Unternehmensfinanzierung verwendbar. Wie die Bezeichnung schon zum Ausdruck bringt, war auch dieses Finanzierungsinstrument an das ISS ESG-Rating geknüpft, wodurch bessere Konditionen erzielt werden konnten.

Die Gesamtsumme der Kosten, die wir durch die beiden genannten grünen Finanzierungtransaktionen eingespart haben, mag klein erscheinen. Uns geht es aber um ein höheres Ziel. Wir lenken mit den Positive Incentives unser eigenes Unternehmen in die richtige Richtung, da wir unser ESG-Dashboard kontinuierlich im Blick haben. Wir verbessern unser Risiko-Rendite-Verhältnis – und wir treiben die industrielle Nachhaltigkeit insgesamt voran. Das ist auch unsere Motivation, bei strategischen Entscheidungen für Partnerschaften und Projekte noch stärker als zuvor die grüne Messlatte anzulegen.

Passende Beteiligungen für gesundes Wachstum

Wie schon die Voith-Manager der ersten Stunde wählen wir auch heute noch Kooperationspartner und Beteiligungen mit großer Sorgfalt aus. Sie teilen idealerweise unsere Werte, unterstützen unsere eigenen Prozesse sinnvoll oder ergänzen das digitalisierte und nachhaltige Angebot an Produkten und Dienstleistungen für unsere Kunden um weitere Innovationen – mit dem Ziel, die Digitalisierung und Dekarbonisierung der Wirtschaft voranzutreiben.

Ein gutes Beispiel hierfür ist die Akquisition der Elin Motoren GmbH mit Sitz in Österreich im Jahr 2020. Das weltweit agierende Hightechunternehmen für elektrische Motoren und Generatoren liefert individuelle Lösungen für Industrieanwendungen – insbesondere für Windenergie sowie dezentrale Energieerzeugung. Gemeinsam erzielen wir nun für unsere Kunden erhebliche Vorteile bei der Elektrifizierung des Antriebsstrangs.

Mehr Mittel für industrielle Nachhaltigkeit

Unser Anspruch ist es, auch in Zukunft eine innovative und nachhaltige Finanzstrategie zu verfolgen. Bei den Finanzierungen im Bestand fragen wir uns, ob es Entwicklungen am Markt gibt, die es nahelegen, grüne Varianten einzubringen. Wenn wir zusätzlichen Mittelbedarf haben, werden wir prüfen, ob wir das mit einem grünen Finanzprodukt abdecken können, zum Beispiel mit einer ersten grünen Anleihe der Voith Group. Das wäre eine weitere Premiere, die wir mit einem verlässlichen Partner an unserer Seite bestreiten wollen.

Bisher bieten die meisten Großbanken ihren Kunden vor allem aus Imagegründen bessere Konditionen für nachhaltige Finanzierungsvorhaben an. Es ist aber zu erwarten, dass die Banken künftig auch ihre Eigenkapitalkosten reduzieren können, wenn sie mehr auf grüne Produkte setzen. Mit den entsprechenden politischen Rahmenbedingungen könnten die Entscheider auf EU-Ebene und in Deutschland die richtigen Anreize für die Finanzierung nachhaltiger Unternehmen und Projekte setzen.

Wenn mehr und mehr umwelt- und sozialverträgliche Vorhaben finanziert werden, gibt dies der Wirtschaft einen starken Impuls. Denn deren Interesse ist es, bessere Ratings und bessere Konditionen für die Deckung ihres Kapitalbedarfs zu erzielen. So können Kapitalmarkt und Industrie Seite an Seite in eine nachhaltige Zukunft gehen.

Ausblick: Innovative Politik mit Augenmaß ist gefragt

Bei allem Enthusiasmus und dem festen Willen, weiterhin unseren grünen Weg zu beschreiten, gibt es einige Rahmenbedingungen, die unseren Zugang zu Finanzierungsmöglichkeiten und damit auch unsere Wettbewerbsfähigkeit beeinträchtigen könnten. Es geht jeweils darum, wie Nachhaltigkeit gemessen wird und welche Konsequenzen und Konditionen für die Aufnahme von Mitteln sich daraus für uns ergeben.

Wir sehen gewisse Risiken in der Ausgestaltung der EU-Taxonomie, die eines von zehn Maßnahmenpaketen des 2018 beschlossenen EU-Finanzrahmens darstellt. Es geht um hehre Ziele: nachhaltiges Wachstum finanzieren, Investitionen auf nachhaltige Wirtschaftstätigkeiten lenken, ein EU-Klassifikationssystem einführen. Dafür werden von Expertengremien technische Kriterien für sechs Umweltziele entwickelt. Sie sollen in zwei Schritten ab Januar 2022 und Januar 2023 angewendet werden, um zu beurteilen, wie nachhaltig ein Unternehmen wirtschaftet.

Von solchen neuen Bewertungsverfahren wie zum Beispiel der neuen »Klimastrategie« als Bestandteil der staatlichen Euler Hermes-Deckung im Rahmen der Exportförderung der Bundesregierung können Unternehmen unterschiedlich betroffen sein. Deutsche Spitzentechnologie, die dazu beiträgt, weltweite Nachhaltigkeitsziele zu erreichen, sollte belohnt werden, z.B. durch niedrigere Selbstbehalte, längere Kreditlaufzeiten oder die stärkere Einbeziehung internationaler Wertschöpfungsketten im Konzern. Transparenz der anwendbaren Kriterien, Planbarkeit der zu erwartenden Klassifizierung und ein Minimum an Bürokratie sind wichtige Leitplanken, um flexibel und schlagkräftig im internationalen Wettbewerb zu bestehen.

Im Sinne eines Level Playing Field müssen nicht nur zwischen OECD- und Nicht-OECD-Ländern, sondern gerade auch innerhalb der EU gleiche und faire Bedingungen für alle Marktteilnehmer gewährleistet sein. Für ein Unternehmen wie die Voith

Group ist es existenziell, seine Wettbewerbsfähigkeit zu erhalten. Sie ist die Voraussetzung dafür, dass wir weiterhin mutig und verantwortungsvoll wirtschaften und die industrielle Nachhaltigkeit vorantreiben können – so wie es Friedrich Voith sich gewünscht hätte – und so wie es seine Nachkommen von uns erwarten.

6.

Nachfrageseite:
Die Sicht von Investoren

Nachhaltige Kapitalmärkte und institutionelle Investoren im Spannungsfeld gegenwärtiger Politik

VON OLIVER BÄTE

Im 21. Jahrhundert hat sich das ursprünglich konservativ gefärbte Nachhaltigkeitskonzept zu einer revolutionären Chiffre gewandelt. Diese zielt darauf, das natürliche Gleichgewicht wiederherzustellen, und zwar durch einen radikalen Wandel in der Art und Weise, wie wir leben.

Damit nachhaltige Investitionen erfolgen, muss der Ausstoß von Treibhausgasen mit einem Marktpreis versehen sein, und echte Alternativen müssen geschaffen werden. Zusätzliche öffentliche Infrastrukturinvestitionen verstärken die Preissignale und gleichzeitig können Public-Private-Partnerships die Risikotragfähigkeit institutioneller Investoren erhöhen.

Grenzüberschreitende nachhaltige Finanzierungen können zur Förderung der sozialen Gerechtigkeit beitragen. Indem sie Schwellenländern dringend benötigte Wachstumsimpulse verleihen, fördern sie die Voraussetzungen für eine Stabilisierung des dortigen gesellschaftlichen Zusammenhalts.

»*Es muss sich alles ändern, damit es bleiben kann, wie es ist.*«
Giuseppe Tomasi di Lampedusa

Nachhaltigkeit ist im 21. Jahrhundert tendenziell revolutionär

Nachhaltigkeit ist ein jahrhundertaltes Konzept. Ursprünglich ging es darum, das natürliche Gleichgewicht zu bewahren als Voraussetzung der menschlichen Existenz.

Doch im anhebenden 21. Jahrhundert ändern sich die Verhältnisse. Die ungehemmte Industrialisierung weltweit hat die natürlichen Lebensgrundlagen des Menschen aus dem Lot gebracht. Infolgedessen wandelt sich auch die Auffassung darüber, was Nachhaltigkeit ist: Die ursprünglich konservative Lesart – Bewahrung des Bestehenden – wird abgelöst durch ein revolutionäres Konzept: Das verlorene Gleichgewicht muss wiederhergestellt werden durch eine durchgreifende Änderung unserer Lebens- und Arbeitsgewohnheiten. Wie wir wohnen, uns fortbewegen; was wir essen oder konsumieren – und vor allem wie wir produzieren: All das gehört auf den Prüfstand und muss im Hinblick auf Nachhaltigkeit neu bewertet werden.

Die große Transformation und ihr revolutionärer Kern bedürfen freilich gigantischer Finanzmittel – und das ist genau der Punkt, bei dem der nachhaltige Kapitalmarkt ins Spiel kommt. Dieser muss – um mit Lampedusa zu sprechen – dafür sorgen, dass sich alles ändert – damit die natürlichen Lebensgrundlagen erhalten bleiben.

Dabei spielen institutionelle Investoren wie Versicherer oder Pensionsfonds in der Umsetzung der Transformation einen entscheidenden Part – aus zwei Gründen:

- Erstens investieren sie langfristig, unterliegen also nicht der »tragedy of the horizon«, wie das Mark Carney einmal nannte. Da sie selbst Verpflichtungen eingehen, die sich über Jahrzehnte erstrecken, sind sie nicht auf kurzfristige Wertsteigerungen abonniert, sondern suchen stabile Erträge über ausgedehnte Zeitstrecken. Anders als bei Banken erzeugen zwischenzeitliche Wertschwankungen keinen

Liquiditätsbedarf – weshalb sie auch kaum von Bedeutung sind.

- Zweitens ist ihr Anlagekalkül umfassend, ihre Perspektive ähnelt der eines »Gemeinwohlmaximierers«. Denn die Vielzahl an Vermögenswerten in ihrem Portfolio führt dazu, dass sie nicht nur an der Profitabilität des einzelnen Investments interessiert sind, sondern auch daran, zu welchen Kosten für die anderen Vermögenswerte diese Profitabilität erzielt wird. Steigert beispielsweise ein Unternehmen seine Profitabilität dadurch, dass es einen höheren Treibhausgas-Ausstoß in Kauf nimmt, erhöht sich die Wahrscheinlichkeit, dass andere Unternehmen dadurch Schaden nehmen, weil das Klima nachteilig beeinflusst wird. Breit diversifizierte Portfolien von Versicherern und Pensionsfonds haben also die Tendenz, genau jene Entwicklungen zu fördern, die Gesellschaften nachhaltig wachsen und prosperieren lassen.

Das macht sie zu natürlichen Bannerträgern eines nachhaltigen Kapitalmarkts. Doch der Bedeutungswandel des Nachhaltigkeitsbegriffs von konservativ zu radikal stößt auch langfristig orientierte institutionelle Investoren vor ein neues Dilemma:

Ein revolutionärer Umschwung wird nur stattfinden, wenn die Gesellschaft das wirklich will und sich einig darüber ist, wohin die neue Richtung führen soll, welche auch persönlichen Konsequenzen die Menschen zu tragen bereit sind und mit welcher Geschwindigkeit die große Transformation vorangetrieben werden soll.

Das alles muss politisch geklärt sein, bevor nachhaltige Kapitalmärkte ins Spiel kommen. Institutionelle Investoren benötigen verlässliche und langfristig stabile Vorgaben, um ihre natürliche Aufgabe in einem neu definierten Nachhaltigkeitsparadigma zu erfüllen.

Nachhaltige Kapitalmärkte leben von der Kapitalnachfrage und nicht vom Kapitalangebot

Um zu einer nachhaltigen Wirtschaftsweise zu gelangen, werden riesige Investitionen benötigt. Allein die Abstellung unseres Energiesystems auf Klimaneutralität wird Jahr für Jahr etwa zwei Prozent der globalen Wertschöpfung, also etwa 1,5 Billionen Euro verschlingen.

Dennoch herrscht kein Mangel an Kapital zur Finanzierung der Transformation. Immerhin verfügen die europäischen Haushalte über ein Finanzvermögen in Höhe von rund 40 Billionen Euro; knapp 40 Prozent davon entfällt auf Versicherer und Pensionsfonds.

Belebung der Nachfrage post Corona

Doch bei der Kapitalnachfrage ändert sich das Bild. Diese war in den letzten Jahren eher verhalten; sowohl bei öffentlichen wie bei privaten Investitionen. Doch nun tritt auch hier unter dem Eindruck der Pandemie ein Wandel ein. Staaten erhöhen massiv ihre Ausgaben für Infrastruktur, etwa in den USA in Gestalt des Biden-Plans mit einem Volumen von 1,7 Billionen Euro oder der europäische NextGeneration-Fonds mit 750 Milliarden Euro. In beiden Fällen soll der Großteil dieser Mittel in die grüne Transformation fließen.

Aber auch im Privatsektor zeichnet sich eine Wende ab. Beflügelt durch die Aussicht auf Nachfragesteigerungen nach Wiedereröffnung der Wirtschaft haben viele Unternehmen ihre Investitionspläne deutlich erhöht. Die Erholung im Nachgang zur Coronapandemie birgt also eine willkommene Chance, bei der Herstellung von Klimaneutralität ein gutes Stück voranzukommen.

Transnational gültiger Marktpreis für Treibhausgas-emissionen entscheidend

Allerdings ist die Finanzierung dieses Paradigmenwandels an weitere Bedingungen geknüpft: Kapitalgeber müssen einheitliche Wettbewerbsbedingungen für europäische Nachhaltigkeitsinvestitionen vorfinden, was bedeutet: Es muss einen Marktpreis für den Ausstoß von Treibhausgasen geben, der transnational wirkt.

Dieser Preis steuert die entsprechenden Investitionen. Preissignale und langfristige Entwicklungspfade der CO_2-Steuern oder Emissionshandelssysteme müssen dabei mit den klimapolitischen Zielen übereinstimmen. Allerdings sind höhere CO_2-Preise kein Selbstläufer. Sie bedürfen zusätzlicher staatlicher Maßnahmen, damit die Transformation tatsächlich gelingen kann. Zwei Beispiele von der Nachfrage- und Angebotsseite. Höhere Benzinpreise werden sicherlich dazu führen, dass sich viele Autofahrer mit der Anschaffung eines Elektroautos oder öffentlichen Verkehrsmitteln als Alternative beschäftigen werden. Aber was nützt ein E-Mobil ohne die erforderliche Ladeinfrastruktur? Berufspendler beispielsweise werden ihrem alten Benziner oder Diesel so lange treu bleiben, bis die Opportunitätskosten des Umstiegs auf Elektromobilität oder Nahverkehr mit Blick auf Kosten, Zeit und Verlässlichkeit niedriger sind als die höheren Benzinkosten. Ohne die passende öffentliche Infrastruktur kann sich die Transformation erheblich verzögern – trotz angemessener CO_2-Preise.

Auch für CO_2-intensive Industrien stehen Lösungen bereit

Auch auf der Angebotsseite, in der Produktion, werden allein höhere CO_2-Preise nicht alle notwendigen Investitionen anstoßen. Zum Beispiel dann, wenn Investitionszyklen besonders lang sind wie im Fall von Branchen, bei denen sehr hohe CO_2-Vermeidungskosten anfallen: etwa in der Metall-, der Zement- oder der Chemieindustrie. Obwohl schnelle Nachhaltigkeitsinvestitionen auch in diese Bereiche langfristig vorteilhaft und gesellschaftlich erwünscht wären.

Abhilfe könnten hier langfristige Abnehmerverträge schaffen in der Form von staatlich gestützten Differenzverträgen, sogenannte Carbon Contracts for Difference (CCfD). Dadurch werden Preis- und Volumenrisiken bei Investitionen in die Energiewende deutlich reduziert, indem Betriebskosten – unabhängig von den kurz- bis mittelfristigen Schwankungen der CO_2-Preise – deutlich einfacher kalkulierbar werden. Die Folge ist eine günstige Kapitalunterlegung entsprechend den regulatorischen Anforderungen[1] und damit der Zufluss von mehr Kapital institutioneller Investoren.

Anpassungspfade, nicht 100-Prozent-Lösungen sind der Weg

Dieses Beispiel berührt zwei zentrale Punkte eines nachhaltigen Kapitalmarkts und die Rolle, die institutionelle Investoren darin spielen: Anpassungspfade und Kapitalanforderungen.

Es geht bei der großen Transformation eben nicht allein um die Umsetzung einer grünen Anlagepolitik im Sinne von Portfolioumschichtungen in »saubere« Unternehmen wie Hersteller von Elektroautos oder Solarpanels. Das wäre viel zu einfach – und würde wahrscheinlich zu einer grünen Kapitalmarktblase führen.

Viel wichtiger ist die Minderung von Emissionen im bestehenden Portfolio, d.h. Kapital für Unternehmen mit heute noch zu hohen Emissionen bereitzustellen, die sich im Gegenzug verpflichten, ihren Treibhausgasausstoß nach einem wissenschaftlich fundiertem Plan Schritt für Schritt zu verringern im Einklang mit

---

1 Eine Reduktion der Kapitalkosten beispielsweise von sieben Prozent auf fünf Prozent aufgrund geringeren Risikos kann zu einer 20-prozentigen Verringerung des Kapitalbedarfs eines Projektes führen.

dem 1,5-Grad-Ziel des Pariser Abkommens.[2] Daraus ergibt sich, dass nicht sämtliche Investitionen von heute auf morgen 100 Prozent grün, d. h. emissionsfrei sind – aber sie müssen auf dem definierten Anpassungspfad liegen.

Nur so, mit Blick auf *alle* Emittenten und Übergangslösungen, lässt sich die große Transformation ohne wirtschaftliche und soziale Verwerfungen umsetzen.

Werden diese Ziele verfehlt, sollten Veräußerungen nur die Ultima Ratio darstellen. Als Bewertungsmaßstab bietet sich die EU-Taxonomie an, die eine grundlegende, einheitliche und nachprüfbare Einordnung von nachhaltigen bzw. schädlichen Aktivitäten, Prozessen, Produkten und Dienstleitungen bietet.

Änderungsbedarf bei Solvency II

Für die ausreichende Bereitstellung von Kapital wiederum sind die regulatorischen Anforderungen zur Risikokapitalunterlegung entscheidend – womit der Regulierungsrahmen für Versicherer, namentlich Solvency II, ins Blickfeld rückt.

Bei der derzeit anstehenden Überarbeitung zeichnet sich ein ausgesprochen konservativer Ansatz ab. Insbesondere könnten Änderungen bei der Extrapolationsmethode für die risikofreie Zinskurve und der Volatilitätsanpassung dazu führen, eine künstliche (d. h. im Rahmen des Geschäftsmodells irrelevante) Volatilität in den Solvenzquoten zu erzeugen. Dadurch würde ohne wirtschaftlichen Grund die Fähigkeit beeinträchtigt, langfristige Anlagen zu halten, was ausgesprochen kontraproduktiv wirkt. Denn daraufhin könnten prozyklische Investmentanreize wirken und eine Risikominderung des Portfolios vorteilhaft werden. Die Folge wäre eine Verringerung statt eines Aufbaus von langfristigen Investitionen, wovon Anlagen in eine nachhaltige Infrastruk-

---

2   Dies ist auch der Ansatz der UN-convened Net-Zero Asset Owner Alliance, die 2019 von der Allianz mitgegründet wurde.

tur und in Anpassungspfade der Industrie auf das 1,5-Grad-Ziel mitbetroffen wären.

Deshalb ist es wichtig, dass bei der Überarbeitung von Solvency II eine Schwächung der Versicherer als Langfristinvestoren vermieden wird und gleichzeitig Chancen zu ihrer Stärkung genutzt werden, beispielsweise über das Project Bond Credit Enhancement (PBCE). Diese Initiative der Europäischen Kommission und der Europäischen Investment Bank (EIB) ermöglicht es Projektträgern, die Qualität ihrer Anleihen zu verbessern und dadurch für institutionelle Anleger attraktiver zu werden. Es ist ein Beispiel einer für alle vorteilhaften Public-Private-Partnership, in die öffentlichen Institutionen die größere Risikotragfähigkeit einbringen und der Privatsektor das Know-how sowie das Kapital.

Stärke des europäischen Markts für nachhaltige Anlagen

Der europäische Markt für nachhaltige Anlagen hat sich in den vergangenen Jahren stark entwickelt. Insgesamt werden in Europa rund 1,7 Billionen Euro an Vermögenswerten in solchen Vehikeln verwaltet; dies entspricht einem Weltmarktanteil von 70 Prozent der ESG-Fonds. Auch langfristig sind die Weichen für weiteres Wachstum mit der Verpflichtung auf das 1,5-Grad-Ziel und damit Klimaneutralität bis spätestens 2050 gestellt.

Damit sich in Europa ein nachhaltiger Kapitalmarkt etabliert, der weltweit führend ist und die globalen Standards vorgibt, sind drei weitere Schritte erforderlich.

- Langfristige politische Ziele müssen auf mittelfristige Anpassungspfade für alle Wirtschaftsbereiche angewandt werden.
- Es müssen marktorientierte Preissignale geschaffen und deren Wirkung durch einen begleitenden Infrastrukturaufbau verstärkt werden.

- Die Risikotragfähigkeit institutioneller Investoren sollte durch gezielte Public-Private-Partnerships wie CCfD oder PBCE gestärkt werden – anstatt sie durch eine Verschärfung des Regulierungsrahmens zu schwächen.

Ein nachhaltiger europäischer Kapitalmarkt weist den Weg von der Emissionsverringerung zur Schaffung von sozialer Gerechtigkeit im Weltmaßstab

Angesichts der existenziellen Bedrohung durch den Klimawandel liegt, kaum verwunderlich, der Schwerpunkt nachhaltiger Finanzanlagen zurzeit auf der Dekarbonisierung der Wirtschaft, d. h. der Verringerung von Treibhausgasemissionen zur Erreichung des 1,5-Grad-Ziels – und dies insbesondere in Europa.

Mittel- bis langfristig sollte sich das ändern. Denn Nachhaltigkeit im weiteren Sinne umfasst nicht nur die Bewahrung der natürlichen Lebensgrundlagen, sondern auch die Erhaltung gesellschaftlichen Friedens. Ungleichheit und soziale Unruhen, wie wir sie teils schon unter den Bedingungen der Coronapandemie erlebt haben, könnten auch Folge einer nicht wirklich vorausschauenden Klimapolitik sein, etwa wenn Anpassungskosten nicht fair verteilt werden. National kann dagegen vor allem über die Sozialpolitik angegangen werden; doch international könnten auch Kapitalmärkte für Ausgleich sorgen.

Nach Jahren der Konvergenz, in denen die Schwellenländer in Summe schneller als die Industrieländer wuchsen, droht durch Covid-19 ein gewaltiger Rückschritt, weil die Mehrzahl der ärmeren Länder nicht über die Mittel für eine wirksame Pandemiebekämpfung verfügt, sichtbar am unterschiedlichen Tempo der Impfkampagnen. Diese Schwächung könnte dazu führen, dass Schwellenländer gezwungen sind, auch bei der Bekämpfung des Klimawandels nachzulassen, und noch weiter zurückfallen.

Es liegt im ureigenen geostrategischen Interesse Europas, das zu verhindern, nicht zuletzt im Hinblick auf den Nachbarkontinent

Afrika und insgesamt betrachtet mithilfe eines Kapitalmarkts, der nachhaltige Projekte entwickelt, finanziert und Know-how in Schwellenländer transferiert.

Besonders eignen sich hier Public-Private-Partnerships[3], die helfen das 1,5-Grad-Ziel zu erreichen, gleichzeitig für Wachstumsimpulse sorgen – und so zur Stabilisierung des gesellschaftlichen Zusammenhalts auch außerhalb Europas beitragen.

Der europäische Kapitalmarkt verfügt bereits heute über die Instrumente einer solchen globalen Expansion, wird aber häufig durch politische Vorgaben ausgebremst. Dies zeigt: Die Nachhaltigkeitsrevolution ist und bleibt vor allem ein politisches Projekt. Es ist die Politik, die hier den Rahmen vorgibt und die Richtung anzeigt – und nur in diesen Koordinaten können Kapitalmärkte und institutionelle Investoren wie die Allianz sich bewegen und entfalten.

Dass wir dazu von unseren Kunden ein Mandat haben, dafür sprechen die Umfrageergebnisse aus diesem Kreis, die bereits vor der Coronakrise erhoben wurden. Danach sagten 86 Prozent unserer Kunden, sie seien an Nachhaltigkeit interessiert, und 73 Prozent maßen einer nachhaltigen Geldanlage eine große oder sehr große Bedeutung zu.[4] Mit ihrem Einsatz für das 1,5-Grad-Ziel erfüllen institutionelle Investoren wie die Allianz also nicht mehr, aber auch nicht weniger als den Auftrag ihrer Kunden – mit dem Ziel zu Veränderungen zu gelangen, die unsere Lebensgrundlagen bewahren.

---

3   Zum Beispiel die Initiative AfricaGrow, eine Zusammenarbeit von Allianz Global Investors und der KfW.

4   Vgl. Allianz Global Investors (2019). *ESG-Studie von Allianz Global Investors räumt mit veralteten Annahmen auf: Privatanleger wollen nachhaltig investieren und mit ihrer Geldanlage die Welt verbessern.* München

Friedman revisited – welche Verantwortung haben Unternehmen?

VON ASOKA WÖHRMANN

Der langfristige Erfolg aller Unternehmen hängt heute daran, eine katastrophale Klimaveränderung zu verhindern und das Geschäft auf eine nachhaltige Basis zu stellen – kurzfristige Steigerung des Shareholder Value auf Kosten langfristiger Ziele ist nicht mehr möglich.

Die Wirtschaft durchläuft eine grüne Industrialisierung, getrieben von Innovationen.

Asset-Manager haben darin eine zentrale Rolle: Wir tragen den Wunsch unserer Kunden nach mehr Nachhaltigkeit in unsere Portfoliounternehmen.

Als aktive Anteilseigner wirken wir auf die Unternehmen, ESG-Faktoren zu berücksichtigen und ihr Wirtschaften umzustellen.

Dafür brauchen Asset-Manager vergleichbare Daten, die nur mit globalen Standards für eine Nachhaltigkeitsberichterstattung auf Basis der doppelten Wesentlichkeit kommen werden.

Es war ein revolutionärer Artikel, der im September 1970 in der *New York Times* erschien. Damals – wie heute – erschien die von ihm selbst ausgerufene »Doktrin« unbequem, manchem geradezu gefährlich. Schon die Überschrift ließ stocken: »Die soziale Verantwortung eines Unternehmens ist es, seine Gewinne zu steigern«. Der Aufsatz von Milton Friedman begründete vor über 50 Jahren den »Shareholder-Value«-Kapitalismus.[1]

Heute wirkt die Friedman'sche Doktrin aus der Zeit gefallen, da wir vor den Herausforderungen von Klimawandel, Artensterben, bestehender und teils wachsender sozialer Ungleichheit sowie der Erosion von Demokratie und Menschenrechten stehen. Doch gerade jetzt sollten wir uns Friedmans erinnern.

Friedman beginnt seinen Artikel provokant und höchst aktuell: Unternehmenslenker, die vom sozialen Gewissen, vom Kampf gegen Arbeitslosigkeit, Diskriminierung und Umweltzerstörung redeten, seien bestenfalls Phrasendrescher, schlimmstenfalls sozialistische Marionetten. Bin ich also einer jener Schwadroneure, wenn ich feststelle: Die Bewältigung des Klimawandels und das Erreichen einer klimaneutralen Wirtschaft in den 2040er Jahren sind der Imperativ und die größte Aufgabe unserer Generation? Nein – denn es geht um die Eindämmung einer von Menschen gemachten und ihr Überleben bedrohenden Umweltveränderung. Nichthandeln hätte schlimmste Folgen auch für die Wirtschaft.

Die bisherigen Wellen der industriellen Revolution haben viel Gutes gebracht. Mehr Wohlstand und Fortschritt für so viele Menschen wie nie zuvor. Aber sie haben auch unsere Herausforderungen von heute erst hervorgerufen. Der Verbrauch fossiler und natürlicher Ressourcen und die Emission ihrer klimaverändernder Abfallstoffe haben die Welt insbesondere seit Mitte des 20. Jahrhunderts immer weiter an den Rand der Selbstvernichtung geführt. Die Ökonomie kennt bis heute das Konzept der »freien Güter«, im Überfluss vorhanden wie Luft zum Atmen oder Sand am Meer. Nun wird beides knapp.

Um die Zukunft der Welt für die nächsten Generationen zu sichern, braucht es jetzt eine grüne Industrialisierung. Diese wird, wie die vorherigen Industrialisierungswellen, durch Innovationen getrie-

---

1 Vgl. Friedman, M. (1970). *A Friedman doctrine – The Social Responsibility Of Business Is to Increase Its Profits*. New York

ben und die Art und Weise, wie wir wirtschaften, neu organisieren. Es geht um den Umbau der globalen Wirtschaft zu Nachhaltigkeit, auf Basis der Prinzipien, die die industrielle Epoche zum Erfolg gemacht haben: über Wettbewerb Wohlstandsgewinne und Wachstum zu erzielen; Sozialismus und Stagnation sind keine Lösung.

Das Thema Nachhaltigkeit, gerne subsumiert im englischen Kürzel ESG, ist vielfältig. Das Klima ist die dringlichste Aufgabe. Weitere Umweltaspekte in allen Facetten gehören dazu, vom Erhalt der Artenvielfalt bis zum Schutz der Weltmeere. Dazu gehören auch soziale Normen, wie die Überwindung der Kluft zwischen Arm und Reich, die Achtung der Menschenrechte oder Diversität und Inklusion.

Die Aufgabe der Asset-Manager

Aber wie, in der Logik eines Milton Friedman, wäre diese grüne Industrialisierung überhaupt möglich? Wie kann sie vorangetrieben werden? Er selbst beantwortet diese Frage bereits in seinem Aufsatz 1970: »In einem System freier Unternehmen und privaten Eigentums ist der Unternehmensleiter der Angestellte seiner Eigentümer. [...] Seine Verantwortung ist es, das Geschäft im Einklang mit ihren Wünschen zu führen [...]«

Wir als Vermögensverwalter und als wichtiger Eckpfeiler der Kapitalmärkte haben eine zentrale Rolle in der anlaufenden grünen Industrialisierung. Wir sind die Treuhänder unserer Kundinnen und Kunden, die nachhaltiges, klimagerechtes Handeln in ihrer Geldanlage immer stärker einfordern. Wir sind Teil einer demokratischen Gesellschaft, die von den Unternehmen stärkere Verantwortung für langfristige Risiken verlangt. Wir sind in einer Schlüsselposition, die Wirtschaft in der grünen Industrialisierung zu begleiten und zu leiten.

Dafür haben wir zwei entscheidende Hebel: Unsere Rolle ist nicht nur die eines passiven Geldanlegers, sondern wir verstehen uns als aktive Eigentümer. Engagement ist das Schlüsselwort – wir arbeiten im Dialog mit den Unternehmen, in die wir investieren, um aktives Eingehen auf ESG-Faktoren sicherzustellen. Wohlgemerkt nicht, um allein uns einen grünen Anstrich geben zu können – sondern, um den langfristigen Erfolg unserer Portfoliounternehmen sicherzustellen.

Der zweite Hebel schafft die Voraussetzungen dafür: Wir brauchen ein neues Bilanz- und Berichtswesen nach dem Prinzip der doppelten Wesentlichkeit. Alle Unternehmen sollen umfassend über ihre Wirkungen auf Umwelt und Gesellschaft nach messbaren Kriterien berichten. Solch eine Idee hat die Friedman'sche Schule noch klar abgelehnt, aber die Zeit dafür ist endgültig gekommen.

Aktive Eigentümerschaft als Schlüssel für Veränderung

Über den Klimawandel besteht breiter wissenschaftlicher Konsens. Auch die Schlussfolgerung teilt eine breite Mehrheit der Menschen in Deutschland und anderswo: Wir brauchen den Übergang zu emissionsarmen und klimapositiven Technologien und Geschäftsmodellen. Und wir müssen den Wandel heute angehen. Mit vollem Tempo. Das gelingt nur durch enge Zusammenarbeit und Einbindung wichtiger Interessengruppen – Privatanlegerinnen und Privatanleger, institutionelle Investoren, Unternehmen, Politik und Aufsichtsbehörden.

Jeder Sektor, jedes Unternehmen braucht einen klaren Plan mit robusten, glaubwürdigen Zielen, um das »Netto-Null« bis in die 2040er Jahre zu erreichen. Ganz im Sinne Friedmans geht es darum, die gesetzten regulatorischen Vorgaben einzuhalten. Nötig dafür sind politische Vorgaben mit klaren Emissionszielen, sektorspezifischen Reduktionspfaden, steuerlichen Anreizen und effizientem Emissionshandel.

Abgeleitet von den politischen Vorgaben entscheiden die Marktteilnehmer den besten Weg. Wir als Vermögensverwalter sollten unsere Netto-Null-Ziele auf wissenschaftlicher Grundlage setzen – unter Verwendung der neuesten Klima- und Energiemodelle, die Leitlinien für erforderliche Dekarbonisierungspfade bieten. Dafür gibt es viele freiwillige Initiativen und öffentlich-private Projekte; stellvertretend sei hier nur die Net Zero Asset Managers Initiative genannt. Engagement betrifft daher auch den Austausch mit anderen Unternehmen der Finanzbranche sowie mit Politik und Aufsicht.

Jeder Vermögensverwalter sollte sich auf Basis dieser gemeinsamen Projekte zu spezifischen Zwischenzielen mit dem Endpunkt Klimaneutralität für das verwaltete Vermögen verpflichten. Wir bei der DWS werden das bis Ende 2021 getan haben. Dazu gehören natürlich ein klarer Umsetzungsplan, der diese Ziele untermauert, sowie ein jährlicher Bericht, der unsere Fortschritte nachweist. Die DWS wird dafür das Rahmenwerk der TCFD nutzen.

Klarheit über Ziele und Messgrößen ist die Basis für den aktiven Austausch mit unseren Kunden und unseren Portfoliounternehmen. Im Kundengeschäft heißt das insbesondere, dass wir ESG-Produkte zum Standard, zum Regelfall machen. Die Kunden sollen vielfältige Angebote bekommen, Fonds zu erwerben, die teilweise oder ganz auf Nachhaltigkeitsziele oder gar auf positiven Impact ausgerichtet sind. Mit diesem »ESG First«-Ansatz unterstützen wir die Mobilisierung von privatem und institutionellem Kapital für Klimalösungen. Ein Beispiel aus der DWS: 2020 entfielen 30 Prozent der Nettomittelzuflüsse bei uns auf nachhaltige Anlagen. Seit 2021 sind neue Produktinitiativen standardmäßig auf ESG ausgerichtet. Daher stellen wir uns auf ein starkes Wachstum an ESG-Anlagen ein. Zumal in den letzten Jahr viele Studien bewiesen haben, dass ESG-Anlagen mindestens keine schlechtere Rendite aufweisen als die Mainstreamvarianten.[2]

Doch Anleger, die ESG-Produkte wünschen, brauchen ein entsprechendes Angebot. Und hier zeigt sich die besondere Be-

---

2 Eine gemeinsame Studie der DWS und der Universität Hamburg von 2018 weist sogar auf einen positiven Zusammenhang – Vgl. DWS und Universität Hamburg (2018). *ESG-Faktoren und Unternehmensentwicklung.* Frankfurt a. M.

deutung unserer Arbeit. Denn wir könnten es uns leicht machen. Wo immer möglich, könnten wir alles, was nicht grün klingt, aus unseren Portfolien entfernen; seien es fossile Energieträger, Luftfahrt oder Autos. Wir könnten uns dafür einsetzen, dass Fabriken in Deutschland, die viele Emissionen verursachen, dichtmachen. Das wäre gut für die deutsche Klimabilanz. Die Emissionen in anderen Ländern und der Transport der Güter zu uns fiele nicht oder kaum ins Gewicht. Dem Klima wäre nicht geholfen.

Das zeigt: Der reine Ausschluss einzelner Sektoren oder einzelner Länder wäre der falsche Weg. Der richtige Weg ist Verantwortung in aktiver Eigentümerschaft. Auch wenn dann vordergründig »braune« Aktien und Anleihen in unseren Portfolien verbleiben. Wir führen Gespräche mit den Beteiligungsunternehmen, damit sich diese zu robusten, kontrollierbaren Netto-Null-Zielen verpflichten. Wir üben unsere Aktionärsrechte aus, indem wir auf Hauptversammlungen sprechen und votieren. Vermögensverwalter werden für sich Abstimmungsrichtlinien für börsennotierte Beteiligungsunternehmen festlegen, die die Erwartungen an diese klarmachen, klare Emissionsreduktionsziele festzulegen und die Offenlegung klimabedingter Risiken einzuführen.

Veränderung des Berichtswesens zur doppelten Wesentlichkeit

Wie oben schon dargelegt: Um effektiv Einfluss nehmen zu können, brauchen Anleger und Vermögensverwalter verlässliche Kenngrößen und Daten. Um die Wirkungen von Unternehmen auf Umwelt und Gesellschaft darzustellen, müssen wir uns auf Normen und quantitative Indikatoren verständigen. Mit unseren Erfahrungen im Umgang mit Unternehmensdaten, Ratings und Nachhaltigkeitsstandards können sich Vermögensverwalter hier offensiv in die Debatte einbringen.

Asset-Manager sollten das Prinzip der »doppelten Materialität« in den Anlageprozess integrieren und Treiber dafür sein, dieses zu standardisieren. Dieses Prinzip schaut sowohl auf Aspekte von Nachhaltigkeit für den Erfolg eines Unternehmens als auch die Wirkung der Firma auf ihre Umwelt. Viele Teile dieser Messgrößen sind qualitativ definiert, nur wenige in Zahlen. Manches ist im europäischen Recht begründet, einiges schon weiter ausgeführt im deutschen. Was sich jedoch nicht rechnen lässt, das zählt am Ende in der Wirtschaft nicht.

Die Eigenschaften des »vernünftigen« Anlegers haben sich in den letzten Jahren weiterentwickelt. Sorry, Mr Friedman, aber die meisten Anleger wollen heutzutage nicht nur die finanzielle Rendite maximieren, sondern auch die Auswirkungen ihres Kapitals auf Umwelt und Gesellschaft einbeziehen.

Investoren stehen bei der Nutzung und Bereitstellung geeigneter Daten für ihre Kunden vor großen Herausforderungen. In Zeiten von Big Data und künstlicher Intelligenz haben wir die Technologie, viele Datenpunkte und Informationen zu verarbeiten. Dennoch lohnt sich der Blick, welche konkreten Kenngrößen Datennutzer und Anleger am Ende brauchen, um eine Grundlage für Vergleichbarkeit zu gewährleisten. Ein europäischer, besser noch internationaler Standardsetzer sollte einen solchen ESG-Messrahmen definieren. Die Berichterstattung gemäß diesem Rahmen sollte obligatorisch sein, und die Informationen sollten für alle frei zugänglich sein. Dies würde die aktuelle De-facto-Dominanz der ESG-Datenanbieter in diesem Feld beenden und den Wettbewerb um höhere Standards mithilfe bester technologischer Lösungen eröffnen.

Was Friedman uns heute noch zu sagen hat

Aufgabe von Vermögensverwaltern ist es, ihren Kunden langfristige Renditen zu sichern, indem sie das Kapital dort anlegen, wo es am sinnvollsten ist. Diese langfristige Perspektive bedeutet mehr und mehr, auch ESG-Aspekte wie das Klima zu berücksichtigen. Sie bedeutet auch, Chancen zu nutzen, wo die grüne

Industrialisierung hin zu mehr Nachhaltigkeit Innovationen schafft und neue Wirtschaftsmodelle hervorbringt.

Damit könnte wohl auch ein Milton Friedman leben. Wahrscheinlich würden ihn heute viele Sonntagsreden reizen, wieder einen provokanten Artikel zu schreiben. Und wahrscheinlich würde er den Engagement-Ansatz und die doppelte Materialität für zu weitgehend halten. In diesen Aspekten ist die Zeit über seine Thesen hinweggegangen.

Nur aktives Eintreten für nachhaltigeres Wirtschaften statt Verschiebens von Emissionen woandershin wird tatsächlich echten Einfluss aufs Klima entfalten. Dieses Ziel ist es wert, nicht nur als Randaspekt in der Unternehmensbewertung berücksichtigt zu werden. Dafür brauchen wir klare Zielmarken und Standards statt hehrer Worte, da hatte Friedman recht.

Asset-Manager sind der Transmissionsriemen nachhaltigen Wandels

VON MICHAEL RÜDIGER

Investoren berücksichtigen Nachhaltigkeitsrisiken zunehmend als zentrales Anlagekriterium und erkennen, dass mit dem positiven Wandel zu einer klimaneutralen Wirtschaft historische Anlagechancen verbunden sind.

Für einen gerechten Übergang braucht es politische Rahmenbedingungen, die den öffentlichen und privaten Sektor an einem Strang ziehen lassen: Ohne privates Kapital wird die Transformation nicht zu bewältigen sein.

Asset-Manager übernehmen dabei als Kapitalsammelstellen eine tragende Rolle. Allerdings sind einheitliche Standards im Hinblick auf Nachhaltigkeitsdaten nicht ohne Politik und Regulierer zu etablieren.

Transparentere Nachhaltigkeitsrisiken werden auch die Finanzierungskosten für Unternehmen verändern und ihnen Anreize bieten, sich nachhaltiger aufzustellen.

Das Thema Nachhaltigkeit gewinnt weiter an Dynamik. Dies betrifft die öffentliche Debatte ebenso wie konkrete Handlungen von Entscheidungsträgern in Politik und Wirtschaft. Gleichzeitig setzt sich Nachhaltigkeit als Investmentstandard durch, was die Kapitalströme widerspiegeln. So haben Anleger 2020 weltweit mehr als 360 Milliarden US-Dollar in nachhaltige Publikumsfonds und

ETFs investiert – mehr als doppelt so viel wie 2019.[1] Davon entfielen 68 Milliarden auf BlackRock[2], wo wir Nachhaltigkeit 2020 als Investmentstandard etabliert haben. Investoren erkennen offenbar zunehmend, dass Nachhaltigkeitsrisiken auch Anlagerisiken sind – und dass mit dem positiven Wandel zu einer kohlenstoffarmen Wirtschaft historische Anlagechancen verbunden sind.

Die bisherigen Mittelbewegungen sind unserer Ansicht nach erst der Beginn einer grundlegenden Verschiebung an den Kapitalmärkten. Diese Entwicklung dürfte sich in den nächsten Jahrzehnten weiter beschleunigen. Denn dann werden weltweit Billionen US-Dollar in die Hände einer Generation von Millennials gelegt, die den Umgang der Welt mit dem Thema Nachhaltigkeit neu definieren wird. Dies wird die Kapitalmärkte entscheidend prägen.

Daraus ergibt sich für Asset-Manager als bedeutende Kapitalsammelstellen eine große Verantwortung und Chance, den nachhaltigen Wandel mitzugestalten. Asset-Manager stellen Unternehmen im treuhänderischen Auftrag privater und institutioneller Anleger Kapital zur Verfügung. Dies ermöglicht, Geschäftsmodelle an aktuelle Entwicklungen anzupassen. Aufgrund dieser Verantwortung ist die Branche aufgerufen, sich aktiv für eine nachhaltige und damit zukunftsfähige Wirtschaft einzusetzen.

Um dem Thema Nachhaltigkeit umfassend gerecht zu werden, sollten alle drei Aspekte dieses Themas einfließen: Umweltstandards, soziale Kriterien sowie eine gute Unternehmensführung. Asset-Manager haben die Chance, nachhaltige Kapitalmärkte im Hinblick auf diese drei Aspekte zu fördern. Im Folgenden zeigen wir, worauf es dabei ankommt. Zudem erläutern wir am Beispiel BlackRock, welche konkreten Möglichkeiten zur Umsetzung bestehen.

---

1   Vgl. Simfund, Morningstar, Broadridge und BlackRock; Stand: 31. Dezember 2020

2   Vgl. BlackRock (2021). *Larry Fink's Chairman's Letter to Shareholders*. New York

Umweltstandards: CO_2-reduzierte Investments unterstützen eine emissionsärmere Wirtschaft

127 Regierungen, die für mehr als 60 Prozent der globalen Treibhausgasemissionen verantwortlich sind, erwägen oder verpflichten sich bereits, bis zum Jahr 2050 Netto-Null-Emissionen zu erreichen. Das bedeutet, sie wollen nicht mehr Kohlendioxid (CO_2) emittieren, als sie der Atmosphäre entziehen. Diese Dynamik wird sich weiter beschleunigen – mit deutlichen Folgen für die Weltwirtschaft. Es gibt kein Unternehmen, dessen Geschäftsmodell nicht fundamental vom Übergang zu einer klimaneutralen Wirtschaft betroffen sein wird. Dieser Übergang ist unerlässlich, um eine langfristig widerstandsfähigere Wirtschaft zu schaffen, die mehr Menschen als bisher dient.

Um ihre Portfolios auf diesen Übergang vorzubereiten, wollen Anleger nachvollziehen können, wie sich jedes einzelne Unternehmen an die physischen Bedrohungen des Klimawandels anpasst und auf den Übergang zu einer klimaneutralen Weltwirtschaft vorbereitet. Daher fordern sie von den Managern ihrer Investments bessere Daten und Analysen in diesem Bereich. Dieser Forderung muss die Branche nachkommen, sie ist ihrerseits aber auf Transparenz vonseiten der Portfoliounternehmen angewiesen. Eine klare, vergleichbare Datenlage für Asset-Manager und Investoren wird es nur geben, wenn Politik und Regulierer einheitliche Standards dazu schaffen.

Insofern sind drei Entwicklungen erfreulich: Erstens, dass immer mehr Unternehmen Nachhaltigkeitsreportings veröffentlichen. In den USA sind es mittlerweile 90 Prozent der Firmen aus dem Aktienindex S&P 500, wie Daten des Governance & Accountability Institute zeigen. 2011 waren es erst 20 Prozent.[3] Zweitens, dass der technologische Fortschritt immer besseren Zugang zu ESG-Daten sowie eine tiefergehende Analyse dieser

---

3 Vgl. Governance & Accountability Institute (2020). *Flash Report S&P 500.* New York

Daten ermöglicht. Seit 2015 sind ESG-Informationen auf Ebene der Einzeltitel bei BlackRock Bestandteil unseres Risikoanalyse- und Anlageverarbeitungssystems Aladdin. Mit der Einführung von Aladdin Climate setzten wir einen neuen Standard in der Bereitstellung von Klimadaten und -analysen. Dadurch können ESG-relevante Informationen in Anlageentscheidungen und ins Risikomanagement einfließen. Drittens gibt es vermehrt Initiativen für einheitliche Standards. Wir halten unsere Portfoliounternehmen dazu an, ihre Berichte gemäß den branchenspezifischen Richtlinien des Sustainability Accounting Standards Board (SASB) zu veröffentlichen oder ähnliche Daten in einer für ihr Geschäft relevanten Weise vorzulegen. Und wir fordern sie auf, über klimabezogene Risiken entsprechend den Empfehlungen der TCFD zu berichten.

In Europa ist die EU-Offenlegungsverordnung (Sustainable Finance Disclosure Regulation – SFDR) ein wichtiges Instrument, um nachhaltiges Anlegen weiter voranzubringen. Auf Basis der SFDR machen wir bei BlackRock Nachhaltigkeit zum Standard bei unserer Produktentwicklung in Europa. Des Weiteren stehen wir im Dialog mit großen Indexanbietern, damit diese nachhaltige Versionen ihrer wichtigsten Indizes bereitstellen – auch dies im Sinne einer stärkeren Standardisierung und Transparenz.

Soziale Kriterien: Weitere Demokratisierung der Geldanlage fördert finanzielle Inklusion

Der Weg zu einer inklusiveren Gesellschaft mit gleichen Chancen für mehr Menschen führt über das Thema Altersvorsorge. Millionen Menschen steuern auf ihren Ruhestand zu, ohne über ausreichend finanzielle Mittel zu verfügen. Ein wesentlicher Grund dafür ist die alternde Bevölkerung, von der insbesondere auch Deutschland betroffen ist.

Angesichts dessen gewinnen die betriebliche und die private finanzielle Altersvorsorge an Bedeutung. Denn diese kann dazu beitrag, Versorgungslücken der staatlichen Rente zu schließen. Allerdings machen bislang zu wenige Menschen davon Gebrauch. So heißt es im Alterssicherungsbericht 2020 der Bundesregierung, dass rund 35 Prozent der Befragten angaben, über keine zusätzliche Altersvorsorge zu verfügen.[4]

Der Grund für unzureichende private finanzielle Vorsorge liegt häufig darin, dass viele Menschen meinen, nicht genug Geld zur Verfügung zu haben. Ein weiterer Hauptgrund ist, dass es an notwendigem Wissen mangelt.[5] Mitunter hängen beide Aussagen zusammen.

Hier sind Asset-Manager gefragt, noch stärker zur finanziellen Allgemeinbildung und damit zur privaten finanziellen Altersvorsorge beizutragen. Sie können helfen, die Kapitalmärkte der breiten Öffentlichkeit verständlicher zu machen, und bedarfsgerechte Lösungen entwickeln, zu denen möglichst viele Menschen Zugang haben. Ein gutes Beispiel dafür sind Sparpläne auf börsengehandelte Indexfonds (Exchange Traded Funds – ETFs). Diese ermöglichen, kontinuierlich und langfristig Vermögen aufzubauen und dabei über die Kapitalmärkte am Wachstum des Produktivkapitals teilzuhaben. Das beginnt bei relativ geringen Beträgen ab einem Euro monatlich und trägt so zu einer weiteren Demokratisierung der Geldanlage bei.

In Deutschland sorgen bereits mehr als zwei Millionen Menschen über Sparpläne auf ETFs privat vor. Schließlich ist Asset-Management eng mit dem Thema Altersvorsorge verknüpft. Bei

---

4   Vgl. Deutscher Bundestag (2020). *Ergänzender Bericht der Bundesregierung zum Rentenversicherungsbericht 2020.* Berlin

5   Vgl. BlackRock (2019). *BlackRock Investor Pulse – Deutschland.* New York – Gut ein Drittel (35 Prozent) der Befragten gab an, nicht genug Geld zur Verfügung zu haben, um Geld anzusparen. Für den Global Investor Pulse 2019 hat der globale Markt- und Konsumdatenanbieter Statista im Auftrag von BlackRock weltweit 27 000 Menschen online befragt. Die deutsche Stichprobe mit 2135 Teilnehmern umfasst Menschen im Alter von 25 bis 74 Jahren, die allein oder gemeinsam finanzielle Entscheidungen im Haushalt treffen. Damit ist sie repräsentativ für diese Gruppe.

BlackRock sind es mehr als zwei Drittel unseres verwalteten Vermögens. Daher haben wir es als unseren Unternehmenszweck definiert, mehr Menschen zu finanziellem Wohlbefinden zu verhelfen. Dies zeigt, wie Asset-Manager über finanzielle Inklusion einen wesentlichen gesellschaftlichen Beitrag leisten können.

Unternehmensführung: Dialog mit Portfoliounternehmen begleitet nachhaltigen Wandel

Klimawandel, soziale Ungleichheit, demografischer Wandel und technologische Disruption stellen substanzielle Geschäftsrisiken für Unternehmen dar – und damit auch Risiken für die langfristige Wertentwicklung von Investments. Damit umzugehen, ist eine wesentliche Aufgabe von Asset-Managern. Dazu gehört, eine gute Unternehmensführung aufseiten der Portfoliounternehmen zu fördern.

Im Rahmen dieser Investment-Stewardship-Funktion stehen Asset-Managern zwei wesentliche Ansätze zur Verfügung: erstens der kontinuierliche Dialog mit den Firmen, in die sie im Namen ihrer Kunden investieren. So gleichen sie ihre Erwartungen mit der strategischen Ausrichtung der Unternehmensführungen ab. Zweitens die Wahrnehmung von Stimmrechten, um Firmen zur Rechenschaft zu ziehen, die den Erwartungen nicht genügen. Dabei besteht zum einen die Möglichkeit, die Unternehmensführung nicht zu entlasten oder gegen deren Vorschläge zu stimmen. Zum anderen können Asset-Manager Aktionärsanträge unterstützen.

Unternehmen sind in der Regel am Dialog mit Asset-Managern interessiert. Denn sie wissen diese als von Natur aus als langfristig ausgerichtete und damit verlässliche Investoren zu schätzen. Dies ermöglicht unserer Branche, eine gute Unternehmensführung im Sinne der Nachhaltigkeit zu fördern.

Sind wir bei BlackRock der Meinung, dass eine Firma ein Risiko oder eine Chance nicht angemessen angeht oder nicht auf die Belange der Aktionäre eingeht, stimmen wir in erster Linie gegen die Wiederwahl der verantwortlichen Mitglieder der Unternehmensführung. Zudem spielt die Unterstützung von Aktionärsanträgen für uns eine immer wichtigere Rolle. Die Erfahrung zeigt, dass Asset-Manager durch Investment Stewardship-Aktivitäten tatsächlich etwas bewirken können. Beispielsweise haben Unternehmen, an deren Vergütungspraktiken BlackRock zuvor Bedenken geäußert hatte, in 83 Prozent der Fälle innerhalb der folgenden zwölf Monate substanziell daran gearbeitet.[6] Und fast 41 Prozent der Firmen, bei denen wir 2019 aus Diversitätsgründen gegen Aufsichtsräte gestimmt hatten, verbesserten die Vielfalt der Gremien bis 2020.[7]

Schlussfolgerung

Die Umgestaltung unserer Wirtschaft und Gesellschaft hin zu mehr Nachhaltigkeit ist ein langfristiges Unterfangen. Der positive Wandel unter Berücksichtigung von Umweltstandards, sozialen Kriterien sowie einer guten Unternehmensführung wird Jahrzehnte in Anspruch nehmen, wie das Beispiel Energiewende zeigt. Dabei gilt es, die wirtschaftlichen, wissenschaftlichen, gesellschaftlichen und politischen Folgen im Auge zu behalten. Beispielsweise können wir unterwegs in eine kohlenstoffärmere Welt nicht Teile der Gesellschaft oder ganze Entwicklungsländer zurücklassen.

Um einen gerechten und fairen Übergang zu gewährleisten, braucht es politische Rahmenbedingungen, auf deren Basis öffentlicher und privater Sektor an einem Strang ziehen. Dies betrifft insbesondere die Finanzierung: Ohne privates Kapital wird die Umgestaltung unserer Wirtschaft und Gesellschaft hin zu

---

6 Vgl. BlackRock (2020). *BlackRock Investment Stewardship Annual Report 2020*. New York – Betrachtet wurden Unternehmen aus dem britischen Aktienindex FTSE 350 zwischen Anfang Juli 2017 und Ende Juni 2020.

7 Vgl. BlackRock (2020). *Our 2021 Stewardship Expectations*. New York

mehr Nachhaltigkeit nicht zu bewältigen sein. Denn allein um das Ziel einer Netto-Null-Wirtschaft zu erreichen, dürften weltweit Investitionen in Höhe von 50 bis 100 Billionen US-Dollar nötig sein.[8]

In diesem Zusammenhang kommt Asset-Managern als bedeutende Kapitalsammelstellen eine tragende Rolle zu. Denn sie stellen Unternehmen im treuhänderischen Auftrag privater und institutioneller Anleger langfristig Kapital zur Verfügung. Dieses Kapital ermöglicht es Firmen, sich nachhaltiger aufzustellen.

Auch wenn der Fokus der Debatte um die Transition der Wirtschaft stark auf den Unternehmen der Finanzindustrie liegt, ist es eine gesamtgesellschaftliche Verantwortung der Staaten, die Führungsrolle bei der Bewältigung dieser Krise zu übernehmen. Nur so lassen sich die notwendigen Standards setzen, die Transparenz herstellen und die richtigen Anreize schaffen.

Anleger brauchen mehr Transparenz und bessere Daten zu Nachhaltigkeitsrisiken und -chancen, um ihren Teil beizutragen.

Unserer Ansicht nach sind die Konsequenzen einer Umstellung auf nachhaltige Geldanlage noch nicht vollständig in den Wertpapierkursen enthalten, weil die entsprechenden Kapitalströme noch am Anfang stehen. Wir erwarten, dass die Kurse künftig deutlicher auseinanderdriften werden, abhängig vom jeweiligen Nachhaltigkeitsprofil. Werden Nachhaltigkeitsrisiken transparenter und damit zunehmend eingepreist, wird dies auch die Finanzierungskosten für Unternehmen verändern. Somit entsteht für Firmen ein Anreiz, sich nachhaltiger aufzustellen. Höhere Transparenz an den Kapitalmärkten hilft dabei, dass Investoren und Innovatoren zusammenzufinden. Die Weichen dafür sind gestellt, unter anderem mit der EU-Offenlegungsverordnung.

---

8 Vgl. Intergovernmental Panel on Climate Change [IPCC] (2018). *Mitigation Pathways Compatible with 1.5°C in the Context of Sustainable Development*; in: *An IPCC Special Report on the impacts of global warming*. Genf; BlackRock (2021). *A sea change in global investing Integrating climate into portfolios with ETFs*. New York

Asset-Manager bilden gewissermaßen den Transmissions-riemen – damit Unternehmen gesellschaftlich erwünschte und politisch flankierte nachhaltige Entwicklungen entsprechend um-setzen.

Green Deal – ohne Privatanleger geht es nicht!

VON JELLA BENNER-HEINACHER

Mehr Transparenz und Klarheit in der Berichterstattung: beim Geschäftsmodell, bei der Nachhaltigkeit, dem Risikomanagement und der Governance werden für die Anleger eine wesentliche Rolle bei der Auswahl des richtigen Produktes spielen.

Mehr Qualität in der Finanzberatung, in der Finanzbildung und bei den EU-Standards für »grüne« Produkte können dafür sorgen, dass aus der geplanten Kapitalmarktunion eine echte »nachhaltige Erfolgsstory« wird.

Die Stärkung des Dialogs mit den Aktionären und deren Mitwirkung bei Klimathemen wird ein Muss für nachhaltig wirtschaftende Unternehmen werden. Nur durch das proaktive Zugehen auf die Aktionäre und den Willen zum konstruktiven Dialog können wir gemeinsam diese ehrgeizigen Ziele erreichen.

Klare Rahmenbedingungen, eindeutige Kriterien, einfach verständliche Kennziffern und gute Reporting-/Accounting-Standards sollen sicherstellen, dass die Transformation für alle Unternehmen gelingt und das Greenwashing verhindert wird.

Ein Plädoyer für eine gleichwertige Balance von »E«, »S« und »G« ist mehr als überfällig. Bis heute sprechen wir immer nur von »E«, ohne dabei das »S« und »G« genauer zu definieren. Hier müssen wir für ein gleichwertiges Nebeneinander sorgen.

Der Green Deal der Europäischen Kommission ist ein wesentlicher Teil der Kapitalmarktunion (KMU) – Post-Brexit. In Zukunft sollen die Kapitalmärkte ihren Teilnehmern dienen und dabei das Kapital so einsetzen, dass die Zukunft grüner und digitaler gestaltet wird. Die KMU soll vor allem die sichere Teilhabe der Privatinvestoren, die informiert und finanziell gebildet werden sollen, ermöglichen. Dabei ist Europa auf einem guten Weg: Nachhaltig angelegtes Kapital ist in Deutschland im Jahr 2020 bereits auf 335 Milliarden Euro angestiegen. Die treibende Kraft sind dabei die Privatanleger.

Zu dem Green Deal gehört als wichtiger Schritt die Einführung des Klassifizierungssystems »Taxonomie« für die Wirtschaftsaktivitäten der Unternehmen. Hierbei geht es nicht nur um den Wert des Unternehmens selbst, sondern auch um die Auswirkungen des Geschäftsmodells auf Gesellschaft und Umwelt. Dieses Konzept der »doppelten Wesentlichkeit« ist von entscheidender Bedeutung für den Erfolg dieses EU-Konzeptes.

Aus Sicht der Investoren wird insbesondere die Berichterstattung zu vier Themenfeldern entscheidend sein. Erstens der Bericht über das neue taxonomiekonforme Geschäftsmodell, zweitens das Nachhaltigkeitsreporting, drittens die Darstellung der ESG-Risiken im Risikomanagementbericht und viertens das Governance-Reporting.

Geschäftsmodell

International hat *Unilever*[1] bereits seit vielen Jahren eine Vorreiterrolle inne. Mit seinem Ansatz Creating Shared Value und einer Net Zero Roadmap ist vor allem die Aufschlüsselung der Emissionen im Konzern auf alle Emissionskategorien (also Scope 1, 2 und 3) vorbildlich.

Natürlich hat es Unilever im Hinblick auf die Nachhaltigkeitsberichterstattung seiner Wirtschaftsaktivitäten relativ einfach,

---

1   Vgl. Unilever (2021). *Sustainability performance data.* London

anders als Branchen, die per se als nicht nachhaltig angesehen werden – wie zum Beispiel die Energieversorger. Ein positives Beispiel ist dafür der deutsche Energieversorger *EnBW*, dessen Vorstand es verstanden hat, aus einem Atom-/Steinkohle-Konzern von 2012 bis heute ein Vorzeigeunternehmen in Sachen Nachhaltigkeit zu machen. Vorbildlich ist vor allem die Konzernberichterstattung von EnBW: Das Unternehmen hat bereits das Zahlenwerk für 2020[2] auf Basis der bisherigen Vorgaben der Taxonomie[3] aus Brüssel umgesetzt.

Good Practice beweist auch die *Aurubis AG*[4], die eine dezidierte Nachhaltigkeitsstrategie 2018–2023 implementiert hat, was sich auch im positiven Ranking der einschlägigen ESG-Ratingagenturen widerspiegelt.

Nachhaltigkeitsreporting

Neben der Implementierung einer Nachhaltigkeitsstrategie bzw. der Transformation des Geschäftsmodells ist für Anleger auch die Berichterstattung von entscheidender Bedeutung. Ein positives Beispiel bietet hier die *BASF*.[5] Diese hat 2020 für ihre integrierte Berichterstattung, insbesondere für die Darstellung der CO_2-Emissionen zu Recht den CSR-Preis der Bundesregierung erhalten.[6] Auch mittlere und kleine Unternehmen können gutes Nachhaltigkeitsreporting, wie das Beispiel des Windenergieherstellers *Nordex AG*[7] zeigt. Hier ist besonders der von Nordex ver-

---

2 Vgl. EnBW (2020). *EU sustainable finance taxonomy case study*. Karlsruhe

3 In der EnBW Taxonomie werden alle nachhaltigen Einkünfte (Revenues), der Anteil an den Investitionsausgaben (Capex) und die Ausgaben zur Aufrechterhaltung von Geschäftsabläufen (Opex) auf der Basis von IFRS aufgezeigt. Vgl. Ebd., S. 29.

4 Vgl. Aurubis (2018). *Nachhaltigkeitsstrategie 2018–2023*. Hamburg

5 Vgl. BASF (2020). *Integration von Nachhaltigkeit*. Ludwigshafen

6 Vgl. Bundesministerium für Arbeit und Soziales (2020). *CSR-Preis der Bundesregierung*. Berlin

7 Vgl. Nordex (2021). *Nachhaltigkeitsbericht 2020*. Hamburg

folgte »ganzheitliche« Ansatz hervorzuheben, der alle Aspekte des Geschäftes umfasst.

Risikomanagement

Zur Best Practice gehört daneben auch ein umfassendes Risiko-management, das dem Investor darlegt, wie die Gesellschaft klimabedingte Risikofaktoren identifiziert, bewertet und umsetzt. Good Practice sind dabei tabellarische Übersichten und Szenario-Analysen.[8] Unilever[9] ist auch hier ein gutes Beispiel für die Darstellung der verschiedenen Szenario-Analysen.

Governance-Reporting

Der auf EU-Ebene derzeit leider noch unterentwickelte Bereich der Governance verlangt aus Sicht der Anleger eine besondere Priorisierung. Hier ist von entscheidender Bedeutung, dass die Anreizmechanismen in der Unternehmensführung gefördert werden, um allen Mitarbeitern ein klares Signal Richtung Nachhaltigkeit zu senden. Unternehmen sollten bereits heute in der Lage sein, offenzulegen, welche Leistungskennzahlen sie anwenden und wie diese auch ein wichtiger Teil der variablen Vergütung des Vorstandes sein können.

Zum anderen benötigt eine gute Corporate Governance auch ein gutes Reporting: Dazu gehört aus Anlegersicht natürlich auch die Darstellung der »Governance Oversight« – wie also Vorstand und Aufsichtsrat diesen Prozess begleiten und überwachen. Als positive Beispiele sind hier *ENI*[10] und *Total*[11] zu nennen, die beide auch über CSR-Ausschüsse verfügen.

---

8 Vgl. European Reporting Lab @EFRAG (2020). *How to improve climate-related reporting.* Brüssel

9 Vgl. Unilever (2019). *Unilever Annual Report and Accounts 2018.* London

10 Vgl. ENI (2019). *Annual Report 2018.* Rom

11 Vgl. TotalEnergies SE (2019). *Total Registration Document 2018.* Paris

Handlungsempfehlungen

Die Best-Practice-Beispiele zeigen, was alles möglich ist und wie weit manche Unternehmen schon fortgeschritten sind. Das allein wird aber nicht ausreichen. Es sind weitere Schritte und Maßnahmen erforderlich, um aus der Kapitalmarktunion eine »nachhaltige Erfolgsstory« zu machen.

Digitalisierung zur Finanzbildung nutzen:
Grundvoraussetzung einer gut funktionierenden Kapitalmarktunion ist, dass die Privatanleger tatsächlich gut informiert und finanziell gebildet werden. Dank der Digitalisierung gibt es jetzt die Chance, das nachhaltig zu erreichen. Der unkomplizierte, kostengünstige und schnelle Zugang zu wichtigen Finanzinformationen weltweit ist dabei ein wichtiger Schritt nach vorn. Was noch fehlt ist die Fortbildung der Verbraucher und (künftigen) Anleger im Hinblick auf nachhaltige Unternehmen und Finanzprodukte, und zwar möglichst von neutraler Seite. Die Deutsche Schutzvereinigung für Wertpapierbesitz (DSW) e. V., die seit über 70 Jahren aktiv Fortbildung der Privatanleger betreibt[12], ist u. a. prädestiniert für diese Aufgabe.

Bessere Qualität beim Anlegerschutz:
Das allein wird nicht ausreichen – auch ein gut funktionierender Anlegerschutz mit klaren Regeln, zugeschnitten auf das jeweilige Anlegerprofil, ist von herausragender Bedeutung. Daneben ist die gute Qualität der unabhängigen Investment-Empfehlungen, beispielsweise über anerkannte Zertifizierungsmaßnahmen für Berater oder ein paneuropäisches Quality-Label für Finanzberater, unabdingbar. Hinzu kommen neben offenen Märkten mit einer Vielzahl kosteneffizienter Finanzdienstleistungen auch transparente, vergleichbare und verständliche Produktinformationen sowie ein einheitliches Bewertungssystem für alle Finanzprodukte.

---

12 Vgl. DSW (2021). *Über uns.* Düsseldorf

Klare EU-Standards für grüne Produkte:

Aus Sicht der Investoren gibt es neben einer guten Rendite (ohne Greenium[13]) entscheidende Faktoren, die für die Produktauswahl ausschlaggebend sind:

- Steckt dort, wo Nachhaltigkeit draufsteht, auch wirklich Nachhaltigkeit drin? Um den Anleger durch den Produktdschungel zu leiten, wäre die Einführung einer Nachhaltigkeitsampel für Anlageprodukte hilfreich.
- Welche Strategie verfolgt der Produktanbieter? Verwendet er Positivkriterien – also eine Strategie des Best-In-Class Ansatzes? Oder arbeitet er mit Ausschlusskriterien, also mit einer Strategie, die beispielsweise keine Investments in die Tabakindustrie vornimmt?
- Wie viel Nachhaltigkeit steckt in einer Anlage? Dafür soll es Nachhaltigkeitslabels geben, die die Transparenz erhöhen und den Anleger die Richtung der Anlage erkennen lassen. Wichtig ist auch die Wirkungsmessung, also welchen Einfluss die Anlage auf realwirtschaftliche Größen hat – das sog. Impact Investing.

Was muss passieren, damit Kapitalmärkte noch stärker dem Ziel gesellschaftlicher und wirtschaftlicher Nachhaltigkeit dienen und neben Umweltstandards auch soziale Komponenten und Aspekte guter Unternehmensführung berücksichtigen? Was muss geschehen, damit nachhaltige Kapitalmärkte »made in Europe« weltweit zum Standard werden?

---

13 Greenium steht für Green und Premium und bezeichnet die grüne Prämie, die Anleger für grüne Investments zahlen sollen.

Mehr Dialog mit den Anlegern in Klimafragen

Nachhaltig wirtschaftende Unternehmen erweisen sich in Krisenzeiten als widerstandsfähiger. Das haben auch die Investoren erkannt und den Druck auf die Unternehmen erhöht. Wer nicht nachhaltig wirtschaftet, wird zunehmend vom Kapitalmarkt abgestraft. Deutlich zeigt sich der steigende Einfluss der Investoren beim Thema Nachhaltigkeit am Beispiel des jüngsten Urteils eines niederländischen Gerichtes bei *Shell*[14]: Der Konzern muss – soweit das Urteil höchstrichterlich bestätigt wird – seine CO_2-Emissionen stärker senken als von der Unternehmensleitung geplant. Ein anderes Beispiel ist der Fall *ExxonMobil.*[15] Der aktivistische Hedge-Fonds Engine No.1 forderte einen Umbau des Konzerns in Richtung auf mehr Nachhaltigkeit. In einem Proxy Fight konnte sich der Fonds dank der Unterstützung anderer (institutioneller) Anleger bei der Besetzung des Boards mit drei neuen Mitgliedern durchsetzen. Dieser Trend wird sich weiter fortsetzen: Die Hauptversammlung wird verstärkt von Fonds, Aktionärsvertretern und Klimaaktivisten genutzt werden, um mit eigenen Vorschlägen den Druck auf die Unternehmen zu erhöhen. Dem können die Unternehmen entgegenwirken, indem sie proaktiv auf Aktionäre/Aktionärsvertreter zugehen und den konstruktiven Dialog suchen.

Mehr Mitwirkung der Aktionäre bei den Klimathemen

Erste Beispiele gibt es bereits von Unternehmen, die die Aktionäre in die Entscheidung über Transformationsprozesse oder die Klimastrategie einbinden, das sogenannte Say on Climate-Vote: Die Aktionärsversammlung 2020 des spanischen Flughafenbetreibers *AENA*[16] war sicher ein gutes Beispiel hierfür. Auch auf der Haupt-

---

14 C/09/571932/HA ZA 19-379, Klimaatzaak tegen Royal Dutch Shell, Urteil vom 26.5.21, Vgl. Rechtbank Den Haag (2021). *Uitspraken – ECLI:NL:RBDHA:2021:5337.* Den Haag

15 Vgl. ExxonMobil (2021). *FORM 8-K/A.* Irving

16 Vgl. Say On Climate (2021). *Case Study AENA.* London

versammlung 2021 des französischen Baukonzerns *Vinci* haben die Aktionäre über den Environmental Transformation Plan[17] des Unternehmens abgestimmt, und Unilever legte seinen Aktionären einen Climate Transition Action Plan[18] vor. Die Einbringung derartiger Tagesordnungspunkte in die Hauptversammlung stärkt die Diskussion zwischen Unternehmen und Anteilseignern und hilft, Letztere in den Transformationsprozess stärker einzubinden.

Welche Prioritäten brauchen wir bei Politik, Regulierung und Finanzinnovationen?

- Aktuell konzentrieren sich alle Diskussionen zum Thema ESG ausschließlich auf das »E«, wie die Taxonomie deutlich macht. Damit werden wir dem Thema ESG aber nicht gerecht. Künftig wird es dringend notwendig sein, auch das »S« und das »G« (i. S. v. Good Governance) ebenso detailliert zu definieren und vor allem dafür zu sorgen, dass alle drei Komponenten gleich stark nebeneinanderstehen.
- Beim Umlenken bestehender und künftiger Investitionen von »braun« auf grün muss der Gesetzgeber klare gesetzliche Rahmenbedingungen zum Beispiel bei der CO_2-Bepreisung schaffen. Dazu gehören auch die begleitende Unterstützung des Transformationsprozesses, vor allem in CO_2-intensiven Wirtschaftsbereichen, und die effiziente Mobilisierung von privatem Kapital für grüne und transitorische Wachstumsmärkte.
- Im Rahmen der Taxonomie ist außerdem zu prüfen, ob aus Sicht der Investoren die richtigen Kennziffern zugrunde gelegt wurden. Unklar ist zum Beispiel, welche Relevanz und welchen Informationswert die Kennziffer OPEX für die Investoren hat. Hinzu kommt, dass weder für die Anleger noch

17 Vgl. Vinci (2021). *VINCI'S environmental transition plan.* Rueil-Malmaison
18 Vgl. Unilever (2021). *Climate Transition Action Plan.* London

für die meisten Gesellschaften klar ist, wie genau dieser Begriff definiert wird, und dass aktuell diese Informationen in der von der EU-Kommission geforderten Granularität häufig noch nicht vorliegen.

- Daneben ist die aus Sicht der Anleger aktuell unzureichende Qualität des Nachhaltigkeitsreportings eine der wesentlichen Herausforderungen auf der EU-Ebene. Hier muss es dem Standardsetzer European Financial Reporting Advisory Group (EFRAG) gelingen, zunächst europaweit einheitliche Standards zu schaffen. Diese sollten umfassen: die Relevanz, die wahrheitsgetreue Darstellung, die Vergleichbarkeit, die Verständlichkeit und die Zuverlässigkeit/Verifizierbarkeit aller Informationen, verbunden mit den wesentlichen Key Performance Indicators.

Anlegermotive und Marktpreise sind der Schlüssel für einen nachhaltigen Finanzmarkt: Einschätzungen aus der Perspektive eines Langfristanlegers

VON CHRISTOPH KESY

Nachhaltigkeitsüberlegungen sind für viele institutionelle Anleger, deren Anlageentscheidungen der Portfoliotheorie folgen, mittlerweile eine Nebenbedingung, aber noch kein zentrales Element der Entscheidung.

Deshalb werden langfristige Vermögensanlagen heute noch nicht in dem notwendigen Umfang für das Thema Nachhaltigkeit mobilisiert.

Die zentrale Voraussetzung für eine Änderung dieses Zustands ist, dass die Kosten aus negativen externen Effekten für die Gesellschaft zukünftig in angemessener Höhe den Gewinn der verursachenden Unternehmen belasten.

Wesentliche Treiber von Investitionen mit Nachhaltigkeitswirkung sind zudem die Etablierung höherer Standards für materielle, in die Zukunft gerichtete Unternehmensinformationen und Ratings in Bezug auf Nachhaltigkeit sowie eine Regulierung, die institutionellen Anlegern mehr Investitionen in langfristige Anlagen mit Nachhaltigkeitswirkung ermöglicht.

Einführende Gedanken

Ökologische und soziale Probleme erfordern eine Transformation der Gesellschaft hin zu mehr Nachhaltigkeit. Für eine erfolgreiche Bewältigung des langfristigen Veränderungsprozesses bedarf es vor allem umfassender realwirtschaftlicher Anpassungen. Enorme Finanzströme müssen zukünftig über den Kapitalmarkt in nachhaltige Investitionen allokiert werden.[1]

In diesem Beitrag wird argumentiert, dass das Zusammenspiel des mikroökonomischen Anlagemotivs langfristig ausgerichteter Investoren mit dem Mechanismus der informationsgetriebenen Marktpreisermittlung die natürliche Triebfeder eines effektiven nachhaltigen Finanzmarktes für Vermögensanlagen bildet. Einzelne konkrete Gestaltungsmaßnahmen sollten stets dahingehend bewertet werden, ob sie diesen Wirkungstreiber positiv oder negativ beeinflussen.[2]

Ein Finanzmarkt für Vermögensanlagen, der auf den ökonomischen Wirkungstreibern Anlagemotiv und Marktpreis basiert, durch treuhänderisch agierende Finanzintermediäre einen hohen Professionalitätsgrad erreicht und von effektiven Maßnahmen der Finanzmarktregulierung und des Gesetzgebers flankiert wird, kann die langfristige Finanzierung der erforderlichen Nachhaltigkeitsinvestitionen am besten gewährleisten.

Im Rahmen der folgenden Überlegungen wird zuerst das Entscheidungskalkül von Anlegern skizziert. Darauf aufbauend werden die Anforderungen an den Beitrag der Finanzintermediäre für das Gelingen eines nachhaltigen Finanzmarktes formuliert. Anschließend erfolgt eine Darstellung der erfolgskritischen Stell-

---

1 Beispielsweise ermittelt die Europäische Kommission über die kommenden zehn Jahre für den öffentlichen und privaten Sektor einen Gesamtinvestitionsbedarf für Maßnahmen in Bezug auf die Klimaneutralität in Höhe von einer Billion Euro. Vgl. Europäische Kommission (2020). *Investitionen in eine klimaneutrale Kreislaufwirtschaft – Der europäische Grüne Deal*. Brüssel

2 Die Kreditvergabe durch Banken wird nicht thematisiert. In diesem Beitrag werden grundlegende Überlegungen für die Gestaltung eines nachhaltigen Finanzmarktes für Vermögensanlagen angestellt.

schrauben des Gesetzgebers bzw. Regulators für die Umlenkung der Kapitalallokation in nachhaltige Anlagen. Der Artikel endet mit einer Einschätzung der aktuellen Situation eines institutionellen Langfristanlegers.

Entscheidungskalkül der Anleger für Investitionen in Nachhaltigkeit

Nachhaltigkeitsüberlegungen werden für Unternehmen immer mehr zu einer Frage des wirtschaftlichen Erfolges, weshalb sie auch in das Entscheidungskalkül von Anlegern einfließen sollten. Seit einigen Jahren reagieren auch die Unternehmensmarktwerte zunehmend sensitiv auf unternehmensspezifische Informationen sowie politische und regulatorische Maßnahmen in Bezug auf dieses Thema.[3]

Private und institutionelle Anleger verfolgen individuelle Anlageziele, gehen dafür entsprechende Risiken ein und erwarten eine adäquate Renditekompensation. Die Gewinnerzielungsabsicht ist das vorherrschende, legitime Entscheidungskalkül für die Kapitalallokation eines freien Kapitalmarktes. Deshalb ist bei den Gestaltungsüberlegungen für einen nachhaltigen Finanzmarkt das Ziel zu verfolgen, dass Anleger ihre Investitionsentscheidungen auch zukünftig nach ökonomischen Prinzipien, das heißt als das Ergebnis einer individuellen Rendite- und Risikoabwägung, treffen können.

Es kommt darauf an, die Vermögensanlagen der langfristig ausgerichteten Anleger für das Thema Nachhaltigkeit zu mobi-

---

3 Anhand der Aktienkurse des börsennotierten Unternehmensuniversums, exemplarisch sichtbar durch den erheblichen Kursverfall von Erdöl- und Erdgasförderunternehmen relativ zu einem steigenden Gesamtmarkt, lässt sich erkennen, dass es auf der Ebene von Unternehmenssektoren aufgrund von reduzierten Erwartungen der Marktteilnehmer im Hinblick auf die zukünftigen Unternehmensgewinne bereits zu ganz erheblichen Verschiebungen der relativen Marktkapitalisierung gekommen ist.

lisieren.[4] Langfristige Anleger verfolgen weitgehend unaufgeregt ihre Anlageziele, z. B. den realen Kaufkrafterhalt des Vermögens, die Finanzierung der Altersversorgung oder von Entsorgungsverpflichtungen, die Vermögensbildung für geplante Investitionen oder zukünftigen Konsum. Sie agieren im Wesentlichen auf der Basis des *prudent investor principle*, folgen bewusst oder intuitiv den Lehren der Portfoliotheorie und möchten ihre moderaten Renditeziele systematisch über die Vereinnahmung langfristiger Risikoprämien erreichen. Langfristige Privatanleger investieren mittels aktiver oder passiver Anlagestrategien meist breit gestreut über unterschiedliche Einzel- und Fondsinvestments vor allem in die Anlageklassen Aktien und Renten. Institutionelle Langfristanleger allokieren darüber hinaus auch in illiquide Anlageklassen, z. B. in Immobilien, Private Equity und Infrastruktur.

Ein wachsender Teil der Anleger hat bereits heute eine Präferenz für nachhaltige Vermögensanlagen entwickelt[5], weniger aufgrund von Erwägungen im Hinblick auf Renditechancen und -risiken, sondern eher aus anders gelagerten Motiven. Beispielsweise ziehen Anleger daraus für sich einen Nutzen nichtfinanzieller Art, andere befürchten Reputationsrisiken für ihre Organisation oder es bestehen regulatorische Transparenzverpflichtungen.[6] Jedoch wird das existierende Reservoir der nachhaltigkeitsmotivierten Anleger mengenmäßig nicht für den erforderlichen Langfristbei-

---

4 Für Anleger, die vor allem auf kurzfristige Kursgewinne ausgerichtet sind, dürfte das Nachhaltigkeitsmotiv auch zukünftig keine systematische Rolle spielen.

5 Exemplarisch dafür steht die Entwicklung des Marktvolumens des europäischen ETF-Marktes für ESG-orientierte ETFs, welches zwischen Januar 2016 und Januar 2021 um mehr als das Zwölffache (von sieben Milliarden Euro auf 85 Milliarden Euro) anstieg. Über diesen Zeitraum erhöhte sich der Anteil der ESG-ETFs am europäischen ETF-Markt von anfänglich unter ein Prozent auf heute acht Prozent. Vgl. Le Sourd, V. und Safaee, S. (2021). *The European ETF Market: Growth, Trends, and Impact on Underlying Instruments.* London

6 Seit der Reform des französischen Finanzmarktrechts durch das Energiewende-Gesetz für grünes Wachstum aus dem Jahr 2015 nimmt beispielsweise Frankreich eine Vorreiterrolle in Bezug auf die ESG-Berichterstattung von Anlegern und Finanzintermediären ein.

trag des Finanzmarktes zur Aufbringung der notwendigen Investitionen ausreichen.

Deshalb müssen zukünftig auch die Vermögensmassen der rein nach Rendite- und Risikoüberlegungen agierenden Anleger mobilisiert werden. Eine notwendige Voraussetzung dafür ist, dass deren Entscheidungen zukünftig noch systematischer und dauerhafter Nachhaltigkeitsüberlegungen miteinschließen. Das ist automatisch der Fall, wenn negative externe Effekte aus einer nicht nachhaltigen Unternehmenstätigkeit, die bislang vollständig oder weitgehend von der Allgemeinheit (z. B. Umweltverschmutzung) oder von Stakeholder-Gruppen (z. B. sehr schlechte Arbeitsbedingungen) getragen werden, zukünftig in einem viel stärkeren Umfang direkt die Gewinne der verursachenden Unternehmen belasten.

Die fortlaufende Schätzung des Gegenwartswerts der zukünftigen Unternehmensgewinne durch die Marktteilnehmer ist und bleibt der Treiber für die Marktpreisbildung eines freien Finanzmarktes. Nachhaltigkeitsüberlegungen wären somit ein zentraler Bestandteil der Marktpreise und damit des Entscheidungskalküls der Anleger. Die von negativen Gewinnaussichten und Bonitätsverschlechterungen betroffenen Eigentümer und Gläubiger dieser Unternehmen würden ihre Wertpapiere veräußern oder Einfluss auf das Unternehmensmanagement ausüben, um eine Nachhaltigkeitstransformation umzusetzen. Aber auch die Aktionäre und Gläubiger anderer Unternehmen würden auf weitere positive Schritte in Richtung Nachhaltigkeit drängen, sobald für ihr Unternehmen dadurch steigende Gewinne (und Aktienkurse) aufgrund einer Verringerung der Kapitalkosten, einer Reduktion der Produktionskosten oder höherer operativer Umsätze zu erwarten sind.

Erschwert wird der Entscheidungsprozess von Anlegern allerdings auch durch das Fehlen einer materiellen standardisierten Informationsbasis. Mit den bislang verfügbaren Daten und Informationen lässt sich für viele Unternehmen nicht mit hinreichender Konfidenz analysieren, wie das tatsächliche Nachhaltigkeitsprofil aussieht. Die Anschlussfrage, ob Unternehmen, die heute Nachhaltigkeitsdefizite aufweisen, zukünftig im Sinne eines größeren »Nachhaltigkeitshebels« sogar Teil der Lösung sein könnten, ist mit dem gegebenen Informationsstand nicht systematisch zu behandeln. Exemplarisch sichtbar wird dieses Dilemma bei den Ratingagenturen, deren Nachhaltigkeitsbewertungen mit unterschiedlichen Daten und Verfahren ermittelt werden und sich als Folge daraus viel zu stark unterscheiden, um als systematische Entscheidungsgrundlage dienen zu können.[7]

Der Beitrag der Finanzintermediäre für einen nachhaltigen Finanzmarkt

Finanzintermediäre, die im treuhänderischen Auftrag ihrer Kunden Gelder anlegen, vor allem Versicherungen, Fondsgesellschaften, Vermögensverwalter und Banken, beeinflussen die Erwartungen der Anleger und entwickeln für sie das Angebot an nachhaltigen Investitionsmöglichkeiten bzw. Finanzprodukten. Sie unterstützen die Informationsverarbeitung und damit die Preisbildung des Finanzmarktes mit aktiven Anlagestrategien, üben einen wirksamen Einfluss auf das Management von Unternehmen aus und können mit den Vermögensanlagen ihrer Anlagekunden einen unmittelbaren Beitrag für die Transformation der Realwirtschaft forcieren.

Die Expertise der Finanzintermediäre, die über Informationen aus dem Marketing und Vertrieb zu den Kunden, den eigentlichen Kapitalanbietern, transportiert wird, bildet für die Anleger eine wichtige Informationsquelle für das Thema nachhaltige Kapitalanlage. Den Finanzintermediären kommt damit die Verantwortung zu, bei ihren privaten und institutionellen Kunden realistische Erwartungen zu bilden. Aktuell besteht die Sorge, dass zu viele Finanzintermediäre die Erwartung wecken, nachhaltige

---

7 Vgl. Dimson, E., Marsh, P. und Staunton, M. (2020). *Divergent ESG ratings*. London

Anlagen seien aus einer Rendite-Risikoperspektive dem Markt systematisch überlegen. Begründet wird dies meist mit in jüngster Zeit beobachtbaren Performancevorteilen bestimmter Nachhaltigkeitsprodukte und -indizes gegenüber den Standard-Marktindizes für Aktien und Anleihen.

Anleger sollten das positive Renditemomentum nachhaltiger Anlagen nicht mit der langfristigen Renditeperspektive verwechseln. Aus der Portfoliotheorie ergibt sich ein in der Gesamtbetrachtung deutlich differenzierteres Bild für die Renditeerwartung, das teilweise im Widerspruch zu der aktuell vorherrschenden Marketingbotschaft steht.

Eine dem Markt überlegene Renditeentwicklung nachhaltiger Vermögensanlagen ist zwar kompatibel mit der Portfoliotheorie, sie lässt sich jedoch nur für einen begrenzten Zeitraum stimmig erklären.[8] Wenn vom Finanzmarkt ein neues Thema mit Gewinnrelevanz für Unternehmen, hier: nachhaltiges Verhalten, antizipiert und in der Folge eingepreist wird, sind anfängliche Kursgewinne bei den Themenvorreitern plausibel.[9] Daraus entsteht Potenzial für ein taktisches Anlegerverhalten, falls die Überzeugung besteht, das Thema Nachhaltigkeit sei heute noch nicht umfassend in den Marktpreisen enthalten.

Der kurzfristige Vorteil wird bei realistischer Betrachtung durch zwei weniger attraktive Performanceeigenschaften geschmälert,

---

8 Vgl. u. a. Pastor, L., Stambaugh, Robert F. und Taylor, Lucian A. (2020). *Sustainable Investing in Equilibrium*. Chicago; Cornell, B. (2020). *ESG Investing: Conceptual Issues*. Los Angeles; Ardia, D., Bluteau, K., Boudt, K. und Inghelbrecht, K. (2020). *Climate Change Concerns and the Performance of Green versus Brown Stocks*. Brüssel

9 Empirische Studien kommen jedoch auch zu dem Ergebnis, dass ein Großteil der beobachteten kurzfristigen Überrenditen von nachhaltigen Aktienanlagen (auch im Pandemiejahr 2020) nicht durch einen Nachhaltigkeitsfaktor selbst, sondern u. a. durch die bekannten Faktoren *Qualität* (Qualitätsunternehmen mit stabilen Gewinnen, starken Bilanzen und guter Unternehmensführung) und *Momentum* zu erklären ist. Vgl. u. a. Madhavan A., Sobczyk, A. und Ang, A. (2020). *Toward ESG Alpha: Analyzing ESG Exposures through a Factor Lens*. San Francisco

die gerade für langfristige institutionelle Anleger von hoher Bedeutung für die Portfoliokonstruktion und somit für die Anlageentscheidungen sind.

Zum einen ist langfristig keine systematische Outperformance von nachhaltigen Anlagen zu erwarten. Irgendwann ist das Thema Nachhaltigkeit in den Marktpreisen hinreichend enthalten, und der Finanzmarkt konvergiert gegen sein neues Gleichgewicht.[10] Es ist dann kaum mehr vorstellbar, dass ein breit über Aktien oder Anleihen von Unternehmen mit geringeren (Nachhaltigkeits-)Risiken und folglich auch niedrigeren Kapitalkosten gestreutes Wertpapierportfolio dauerhaft höhere Renditen für Anleger generieren kann. Eher dürfte aufgrund stärkerer Nachfrage und damit eines hohen Marktpreisniveaus das Gegenteil der Fall sein. Eine systematische positive Risikoprämie für das Thema Nachhaltigkeit steht im Widerspruch zu den zentralen Erkenntnissen der Kapitalmarktforschung.[11]

Zudem stellt eine Anlegerpräferenz für nachhaltige Vermögensanlagen, die von vielen Anlegern auch über Ausschlüsse einzelner Unternehmen und Unternehmenssektoren umgesetzt wird, eine Restriktion des Anlageuniversums dar. Die logische Konsequenz sind geringere Diversifikationsmöglichkeiten.[12] Mit anderen Worten, die berühmte Markowitz-Kurve der Rendite-Risiko-effizienten Portfolien verläuft mit einer Nachhaltigkeitsrestriktion ceteris paribus niedriger als ohne Beschränkungen.

Vor diesem Hintergrund sollten Finanzintermediäre ihren Kunden realistische Rendite- und Risikoerwartungen für ein nachhal-

---

10 Vgl. u. a. Pastor, L., Stambaugh, F. und Taylor, L. A. (2020). *Sustainable Investing in Equilibrium*. Chicago; Pedersen, L. H., Fitzgibbons, S. und Pomorski, L. (2020). *Responsible investing: The ESG-efficient frontier*. Amsterdam

11 Davon unbenommen ist, dass auf der Ebene der Einzelunternehmen ein gutes (schlechtes) Management des Themas Nachhaltigkeit, falls es zu höheren (niedrigeren) Gewinnerwartungen oder geringeren (höheren) Unternehmensrisiken führt, eine Outperformance (Underperformance) für die Anleger bewirkt. Diese positive (negative) Renditedifferenz ist jedoch unternehmensspezifisch und lässt sich nicht verallgemeinern.

12 Vgl. Pedersen, L. H., Fitzgibbons, S. und Pomorski, L. (2020). *Responsible investing: The ESG-efficient frontier*. Amsterdam

tiges Anlageverhalten vermitteln. Marketing und Vertrieb auf der Grundlage einer Extrapolation beobachteter kurzfristiger Performancevorteile bzw. überzogener langfristiger Renditeerwartungen führen auf der Anlegerseite zu finanziellen Enttäuschungen und erschweren die Transformation des Kapitalmarktes in Richtung Nachhaltigkeit. Um die Integrität des Finanzmarktes im Hinblick auf das Thema nachhaltige Vermögensanlagen und die Qualität des Produktangebots an den Finanzmärkten zu sichern, müssen die Marketing- und Vertriebsbemühungen an hohe Qualitätsstandards, z. B. in Bezug auf die Verwendung inhaltlich zutreffender Vergleichs-Benchmarks, gebunden sein.

Finanzintermediäre sollten jedoch vor allem die Kapitalallokation ihrer Kunden in Richtung Nachhaltigkeit mit Produkten verbessern, die auf der Grundlage portfoliotheoretischer Erkenntnisse gestaltet sind und nicht nur einen »Nachhaltigkeitsanstrich« liefern. Das entspricht auch ihrer treuhänderischen Verpflichtung, mit Anlagelösungen für die Kunden stets die beste Leistung bzw. Performance erzielen zu wollen. Wenn die Politik mit sinnvollen Maßnahmen unterstützt, dass negative Externalitäten zukünftig stärker direkt die Gewinne der verursachenden Unternehmen beeinflussen und Nachhaltigkeit dadurch noch mehr zu einem festen Bestandteil der Preisfindung am Finanzmarkt wird, wird es den Finanzintermediären leichter fallen, gute Anlageprodukte für den Finanzmarkt zu entwickeln: Anlageprodukte, die aus einer Diversifikationssicht keine oder nur geringe Effizienzverluste aufweisen, vor allem im Rahmen des aktiven Managements Mehrwert generieren und die Anlageziele der Kunden erfüllen können.

Der Beitrag von Politik und Finanzmarktregulierung für einen nachhaltigen Finanzmarkt

Es ist das Ziel der Politik, Kapitalströme in nachhaltige Investitionen umzulenken. Bei den Überlegungen, wie der Finanzmarkt hierfür zu gestalten ist, und den aktuellen Diskussionen mit den

Finanzintermediären dürfen Anleger nicht vergessen werden. Es sind ihre Finanzmittel, die zukünftig nachhaltiger langfristig investiert werden sollen. Deshalb sind Politik und Regulierung gut beraten, vor allem die Langfristanleger und die ökonomische Preisbildung des Finanzmarktes als Partner zu sehen und mit gezielten gesetzlichen und regulatorischen Maßnahmen intelligent zu unterstützen.

Wie bereits ausgeführt, liegt der politische Schlüssel für eine Kapitalallokation hin zu mehr Nachhaltigkeit darin, negativen Effekten, die von Unternehmen verursacht und bislang von der Gesellschaft getragen werden, nach dem Verursacherprinzip direkte Gewinnrelevanz für die Unternehmen zukommen zu lassen.

- Die wirksamste Maßnahme hierfür ist die Vorgabe eines Rahmens, mit dem die unerwünschten Externalitäten als das zentrale Nachhaltigkeitsproblem einen angemessenen Preis erhalten. Über die informationsgetriebene Marktpreisbildung auf den Aktien- und Rentenmärkten, die von den Marktteilnehmern auch für die Marktwertbestimmung von Unternehmen und Krediten für nichtbörsennotierte Unternehmen herangezogen wird, wären Nachhaltigkeitsüberlegungen automatisch in dem Entscheidungskalkül langfristiger Anleger enthalten.[13]
- Parallel sollte die Politik mit zielgerichteten transparenzfördernden Maßnahmen die Verarbeitung der materiellen Informationen und damit die Qualität der Preisbildungsfunk-

---

13 Die politische Komplexität eines solchen Vorhabens, beispielsweise durch die Vorgabe eines materiellen CO_2-Preises und damit höherer Preise für fossile Energien oder die Sanktionierung menschenunwürdiger Arbeitsbedingungen bei an der Wertschöpfungskette eines Unternehmens beteiligten Drittunternehmen auf der europäischen Ebene, ist enorm. Die Politik muss hierfür erheblichen Widerstand von den betroffenen Unternehmen und deren Eigentümern überwinden und steht in Bezug auf die soziale Abfederung sowie die Einbettung solcher Maßnahmen in die globale Wirtschaft vor einer riesigen Aufgabe.

tion des Marktes unterstützen. Anleger, Finanzintermediäre und Ratingagenturen benötigen vollständigere[14] und vor allem in die Zukunft gerichtete Unternehmensinformationen über Nachhaltigkeit[15] für eine effiziente fortlaufende Ermittlung der Unternehmensmarktwerte und Bonitätseinschätzungen auf der Basis von Gewinnerwartungen.

Sobald negative Externalitäten signifikante Gewinnrelevanz für Unternehmen haben, wird der Markt auf der Basis einer verbesserten Informationslage das Nachhaltigkeitsverhalten von Unternehmen erheblich besser bewerten können. Das bietet der Politik den Vorteil, dass sie nicht selbst versuchen muss (mit einem hohen administrativen Aufwand), die Unternehmen als im Nachhaltigkeitssinne »gut« oder »schlecht« zu klassifizieren.

Eine Bestandsaufnahme der aktuellen Preissysteme für CO_2 und CO_2-Äquivalente, bei welchen Europa eine weltweite Vorreiterrolle einnimmt, zeigt, dass die daraus resultierenden Kosten für den Unternehmenssektor die wahren Kosten der negativen Effekte für die Gesellschaft nicht annähernd reflektieren.[16] Die Preissysteme sind nicht kompatibel mit dem wissenschaftlich fundierten 1,5-Grad-Ziel und können folglich noch nicht zu einer aus Klimasicht hinreichend effizienten Preisbildung und Kapitalallokation führen. Hingegen ist die stetige Verbesserung der Informationslage bereits ein Fokus der Politik. Ausdruck dessen sind die im Jahr 2020 verabschiedete EU-Taxonomie wie auch die Maßnahme für die Mobilisierung von privatem Anlagekapital im Rahmen der UN-Klimakonferenz 2021, dass Unternehmen ihren Investoren zukünftig eine höhere Transparenz über die zukünftigen Risiken

---

14 Z. B. Informationen über die CO_2-Emissionen auf der Ebene Scope 3 gemäß des Greenhouse Gas Protocol Corporate Standard.

15 Z. B. Offenlegung von Maßnahmenplänen und konkrete Zielnennungen für die kommenden Jahre im Rahmen des Lageberichts eines Unternehmens.

16 Beispielsweise existiert das europäische Emissionshandelssystem EU ETS bislang nur für die Wirtschaftssektoren Transport und Immobilien.

und Chancen aus dem Klimawandel im Rahmen der finanziellen Berichterstattung bieten müssen.[17]

Zusätzlich zu der Stärkung der direkten Gewinnwirkung des Themas Nachhaltigkeit durch politische Maßnahmen und eine bessere Informationslage lässt sich der Beitrag zu einer nachhaltigen Wirtschaft mit Maßnahmen steigern, die auf eine Erhöhung der Investitionsvolumina für nachhaltige Vermögensanlagen abzielen.

- Hierfür ist die Bereitstellung einer risikolosen Anlagemöglichkeit durch die Etablierung eines großen, liquiden Rentensegments für nachhaltige Staatsanleihen notwendig.
- Sehr hohes Finanzierungspotenzial besteht in der Mobilisierung des Kapitals von institutionellen Langfristanlegern für chancenreichere, unternehmerische Investitionen mit Nachhaltigkeitswirkung, z. B. in die Anlageklassen Infrastruktur, Private Equity, Venture Capital oder Immobilien. Allerdings zielt die bestehende Finanzmarktregulierung auf die kurzfristige Solvabilität von regulierten Anlegern und Finanzintermediären ab und beschränkt dadurch die Kapitalallokation in genau diese Langfristanlagen. Die Politik steht hier vor einem Zielkonflikt zwischen Solvabilität und der Mobilisierung höherer Vermögensanlagen für Investitionen in Nachhaltigkeit. Es obliegt der Politik, mit klugen Maßnahmen die regulatorisch definierten Risikobudgets für institutionelle Langfristanleger im Sinne von langfristiger Nachhaltigkeit zu erhöhen.

Aktuelle Situation eines institutionellen Langfristanlegers

Die in diesem Beitrag angestellte Betrachtung des Zusammenspiels der Aktivitäten von Anlegern, Finanzintermediären und der Politik bzw. Regulierung zeigt, dass der Finanzmarkt für Vermögens-

---

17 Vgl. UN Climate Change Conference (2021), *COP26 Explained.* Glasgow

anlagen sich positiv in eine nachhaltigere Richtung entwickelt. Sie offenbart aber auch, dass er heute weit davon entfernt ist, den für die Finanzierung des langfristigen Transformationsprozesses hin zu einer nachhaltigen Wirtschaft benötigten Beitrag leisten zu können.

- Es gibt ein erhebliches Defizit in Bezug auf die Informationslage und die Standards für die Beurteilung der Nachhaltigkeit des Verhaltens von Unternehmen.
- Das positive Wirkungspotenzial der aktuellen Konsensmaßnahmen von Anlegern und Finanzintermediären, bestimmte Unternehmen und Unternehmenssektoren aus dem Portfolio auszuschließen und über Stimmrechte und Dialog Einfluss im Sinne der Nachhaltigkeit auf Unternehmen auszuüben, ist naturgemäß begrenzt.
- Zu viele Anlagestrategien und Produkte weisen einen »Nachhaltigkeitsanstrich« auf und werden mit unrealistischen Rendite- und Risikoerwartungen vertrieben.
- Die bisherigen politischen und regulatorischen Maßnahmen unterstützen noch zu wenig, dass negativen Externalitäten eine direkte Wirkung auf Unternehmensgewinne zukommt.

Heute sind Nachhaltigkeitsüberlegungen für zu viele institutionelle Langfristanleger, deren Anlageentscheidungen eine weitgehend rationale und langfristige Rendite-Risikobetrachtung zugrunde liegt, zwar eine Nebenbedingung, aber noch kein zentrales Element der Entscheidung. Im Ergebnis werden langfristige Vermögensanlagen heute noch nicht in dem notwendigen Umfang für das Thema Nachhaltigkeit mobilisiert.

Eine zentrale Voraussetzung für eine grundlegende Änderung dieses Zustands ist, dass zukünftig nach dem Verursacherprinzip die Kosten aus negativen Unternehmenseffekten in angemessener Höhe die Unternehmensgewinne reduzieren und damit Nachhaltigkeitsüberlegungen natürlicher Bestandteil des Entscheidungskalküls langfristiger Anleger werden.

Wenn zusätzlich die Regulierung langfristiger institutioneller Anleger in deutlich höherem Umfang chancenreichere, unternehmerische Investitionen mit Nachhaltigkeitswirkung ermöglichen würde und sich der Standard der materiellen Unternehmensinformationen und Ratings in Bezug auf Nachhaltigkeit hinreichend verbessert, werden auch Langfristanleger, die ihr Vermögen vorwiegend nach Rendite-Risikoüberlegungen allokieren, in einem deutlich stärkeren Umfang auf Anlagen mit echter Nachhaltigkeitswirkung setzen.

Ethisch motivierte Investoren als Vorreiter von Sustainable Finance: Wie ein wertorientierter Asset-Manager Nachhaltigkeit umsetzt

VON RICHARD BÖGER UND HELGE WULSDORF

Ethisch motivierte Investoren haben der Sustainable-Finance-Diskussion wegweisende Impulse gegeben. Sie sind damit Motor einer Entwicklung, die jetzt richtig an Fahrt gewinnt.

Die christlichen Kirchen haben sich aufgrund ihrer Verantwortung für Mensch, Gesellschaft und Schöpfung als Pioniere nachhaltiger Investments erwiesen, lange bevor das Thema auf den Kapitalmärkten angekommen ist.

Die ethische Wertorientierung des Investors ist ein Mehrwert, der in der Sustainable-Finance-Diskussion bislang wenig zum Tragen kommt.

Nachhaltigkeit hat sich in der Geldanlage als strategischer Risikoansatz etabliert. Von den ethisch motivierten Investoren wird sie zudem gezielt als Instrument der Profilbildung und Reputation eingesetzt.

Die Kirchen stehen wie kaum ein anderer Akteur für ethische Wertvorstellungen, die für ihre Tätigkeitsfelder – und damit auch für ihre Finanzen – handlungsleitend sind. Als katholische Kirchenbank ist die Bank für Kirche und Caritas eG (BKC) Teil dieser christlichen Wertegemeinschaft. Sie weiß sich in ihrem Verantwortungsbereich christlichen Werten verpflichtet und leistet mit deren Umsetzung in der Geldanlage ihren Beitrag zu einer

Weltgestaltung aus dem christlichen Glauben. Die BKC hat sich ihre Verantwortung für eine zukunftsgerechte Welt früh bewusst gemacht. Lange bevor Nachhaltigkeit auf den Kapitalmärkten salonfähig war, hat die BKC vor nahezu zwei Jahrzehnten schon für ihre Eigenanlagen auf der Basis christlicher Wertorientierung einen ethisch-nachhaltigen Kriterienfilter entwickelt. Als erste Kirchenbank legt sie seitdem die ihr treuhänderisch anvertrauten Kundenvermögen nachhaltig an.

Ausgehend von einer ausgewiesen christlichen Wertorientierung handelt die BKC mit dem Selbstverständnis eines ethischen Investors. Das heißt, die Begründung für ihre ethisch-nachhaltigen Anlagekriterien findet sie in den ethischen Wertaussagen kirchlicher Soziallehre. Sie weiß nur zu gut, dass jedem Investment ethische Fragestellungen implizit sind. Deshalb gibt es für sie weder ein ethikfreies Investment noch ein wertneutrales oder wirkungsfreies. Schließlich »hat jede wirtschaftliche Entscheidung eine moralische Konsequenz«.[1] Die im nachhaltigen Investment gängige Praxis normbasierter Geldanlagen, zu denen etwa der UN Global Compact, die Menschen- und ILO-Arbeitsrechte oder andere international anerkannte Standards und Konventionen zählen, steht für Werte, die kirchliche Vermögensverwalter im Rahmen ihrer wertbasierten Investments anhand normativer Grundlagen aus Theologie und Kirche legitimieren.

Die Kirchen als Avantgarde nachhaltigen Investments

Letztlich sind es kirchliche Investoren, die immer wieder Pioniere und Treiber des ethisch-nachhaltigen Investments gewesen sind. Aus ihrer Verantwortung für Mensch, Gesellschaft und Schöpfung sind sie sich der Folgen und Wirkungen ihrer Geldanlagen bewusst und legen hierüber Rechenschaft ab. Für sie ist es eine

---

1 Vgl. Sekretariat der Deutschen Bischofskonferenz (2009). *Enzyklika Caritas in Veritate von Papst Benedikt XVI. (Verlautbarungen des Apostolischen Stuhls Nr. 186)*. Bonn

Frage der Glaubwürdigkeit, an ihre Auswahl von Geldanlagen noch strengere Maßstäbe anzulegen als wirtschaftliche Akteure.[2] Die Kirchen sind mit ihren Investments »Avantgarde«[3], weil sie die Nachhaltigkeit ihrer Geldanlagen schon seit Jahrzehnten auf der Grundlage ihrer christlichen Wertorientierung ethisch reflektieren und profil- und identitätsstiftend umsetzen. Dabei stellen kirchliche Investments keine »Sonderwelt« dar, sondern zeichnen sich durch große Schnittmengen mit weltgesellschaftlich anerkannten Anforderungen an nachhaltige Geldanlagen aus.

Gleichwie andere ethisch motivierte Investoren agiert die BKC auf den internationalen Kapitalmärkten und muss sich dem Spannungsfeld zwischen »dem ethisch Gewollten und dem finanziell Vertretbarem«[4] stellen. Normative Referenzrahmen hierfür sind auf katholischer Seite die Orientierungshilfe »Ethisch-nachhaltig investieren« und auf evangelischer der »Leitfaden für ethisch-nachhaltige Geldanlage in der evangelischen Kirche«. Die BKC bringt ihre ethischen Abwägungsprozesse in ihrem Nachhaltigkeitsfilter zum Ausdruck, der die Grundlage für ihre Investitionsentscheidungen bildet. Mittlerweile sind Wertfragen in der Geldanlage nicht nur ein exklusives Thema der Kirchenbanken, sondern auch von Stiftungen, Family Offices, Pensionskassen, Wealth Management und auf Nachhaltigkeit spezialisierten Finanzinstituten.[5] Der Stellenwert wertgebundener beziehungsweise wertbewusster Geldanlagen dürfte weiter an Bedeutung gewinnen, da viele Investoren nicht nur bei der nachhaltigen

---

2 Vgl. Kirchenamt der Evangelischen Kirche in Deutschland & Sekretariat der Deutschen Bischofskonferenz (1997), *Für eine Zukunft in Solidarität und Gerechtigkeit.* Hannover, Bonn

3 Vgl. Bassler, K. und Wulsdorf, H. (2016). *Ethisch-nachhaltige Geldanlage: Die Positionen der evangelischen und katholischen Kirche.* Dortmund

4 Vgl. Deutsche Bischofskonferenz & Zentralkomitee der deutschen Katholiken (2015). Ethisch-nachhaltig investieren. *Eine Orientierungshilfe für Finanzverantwortliche katholischer Einrichtungen in Deutschland.* Bonn

5 Vgl. beispielhaft den vom Bundesverband Deutscher Stiftungen und der BKC herausgegebenen Stiftungsradar.

Zweckverwirklichung ihrer Geschäftsmodelle ihre individuellen Werte umgesetzt wissen wollen, sondern zunehmend auch bei der Ertragserwirtschaftung. Sie wollen ganzheitlich agieren und ethische Kontroversen zwischen den beiden Zielen Ertragsverwendung und Ertragserwirtschaftung möglichst verhindern.

Wertorientierung als Mehrwert für eine nachhaltige Entwicklung

Wie handelt ein ethisch motivierter Investor? Die BKC sieht in ihren ethisch-nachhaltigen Geldanlagen neben der finanziellen Rendite einen »Mehr-«Wert für Mensch, Gesellschaft und Schöpfung. Ihre jahrzehntelange Erfahrung zeigt, dass sich qualitativ hochwertige Nachhaltigkeitsstrategien nicht nur mit einem Baustein oder einer Strategie des nachhaltigen Investments umsetzen lassen. Für sie ist klar, dass gerade die Kombination einzelner Bausteine und Umsetzungsstrategien ökonomisch sinnvoll ist, wohlwissend, dass solch eine ethisch-nachhaltige Anlagestrategie zugleich intellektuell herausfordernd ist.[6]

Seine Wertorientierung drückt der ethische Investor zunächst in ESG-Ausschlusskriterien aus, die er aus seinen individuellen Wertvorstellungen und moralischen Grundhaltungen ableitet. Für die BKC ist der Mensch ethischer Ausgangs- und Zielpunkt ihres Nachhaltigkeitsfilters, dessen Ausschlusssystematik sich anhand folgender drei Felder entfaltet: der Mensch als Einzelperson, in der Gesellschaft und mit der Schöpfung. Neben klassisch katholischen Kriterien wie Abtreibung, nidationshemmende Verhütung, Pornografie und embryonale Stammzellenforschung zählen hierzu beispielsweise Menschen- und Arbeitsrechtsverletzungen, Klima- und Biodiversitätszerstörungen sowie Korruption, Geldwäsche und Steuerhinterziehung.

Mit dem Baustein Positiv-/Negativ-Screening werden zusätz-

---

6 Vgl. BKC Paderborn (2021). *Nachhaltige Geldanlagen*. Paderborn

lich zu den Ausschlüssen solche Investitionsobjekte ermittelt, die unter Nachhaltigkeitsgesichtspunkten eine bessere Performance erzielen als vergleichbare. Er lässt sich mit verschiedenen Strategien, etwa Best-in-Class, Best-in-Universe oder Best-in-Progress umsetzen. Am weitesten verbreitet und von fast allen Asset-Managern inzwischen angewandt ist ESG-Integration, bei der finanzielle und ESG-Kriterien im Investmentprozess zusammengeführt werden. Ziel ist es, diejenigen Investitionsobjekte herauszufiltern, die aufgrund ihrer unterdurchschnittlichen Nachhaltigkeitsperformance erhöhte finanzielle Risiken bergen.

Engagement ist der dritte Baustein des ethisch-nachhaltigen Investments. Mit ihm soll dahingehend aktiv Einfluss auf Investitionsobjekte genommen werden, dass sie zu verbesserten Nachhaltigkeitsleistungen motiviert werden. Dies geschieht durch die Ausübung von Stimmrechten (Vote) und durch direkte Dialoge mit den Investitionsobjekten (Voice), zu den neben Unternehmen unter anderem auch Staaten gehören. Um eine möglichst hohe Schlagkraft und Effizienz zu erzielen, betreibt die BKC Engagement in dreifacher Weise. Für einen Teil der bankeigenen Anlagen hat die Bank einen externen Dienstleister beauftragt. Gezielte Stimmrechtsausübungen und Unternehmensdialoge werden gemeinsam mit dem von der BKC mitgegründeten europäischen Investorennetzwerk Shareholders for Change (SfC) durchgeführt. Überdies führt die BKC einige Engagementaktivitäten auch allein durch. Ihr jeweiliges Vorgehen hält sie in der BKC-Engagementrichtlinie fest.

Ethisch-nachhaltiger Anlageprozess als strategischer Risikoansatz

Ethisch-nachhaltige Geldanlagen sind für die BKC kein Selbstzweck. Mit ihnen nimmt sie ihre Verantwortung für eine nachhaltige Entwicklung aus christlicher Perspektive auf den Kapitalmärkten wahr und wird zugleich ihrer Sorgfaltspflicht für die treuhänderische Verwaltung ihr anvertrauter kirchlich-caritativer Vermögen gerecht. Als ethische Investorin versteht sie Nachhaltigkeit als einen strategischen Risikoansatz, mit dem sich nicht nur finanzielle und Nachhaltigkeitsrisiken steuern lassen, sondern auch Reputationsrisiken, die sich aufgrund ihrer christlichen Wertorientierung ergeben. Nachhaltigkeit dient ihr somit vor allem dazu, ihr Profil als Kirchenbank zu schärfen. Schließlich will sie sich nicht in widersprüchliches Handeln verstricken, indem sie in aus christlicher Sicht ethisch-kontroverse Geschäftsmodelle oder -aktivitäten investiert.

Um die wesentlichen Nachhaltigkeitsrisiken steuern und minimieren zu können, ist eine passgenaue Kombination der einzelnen Bausteine des ethisch-nachhaltigen Investments im Sinne individueller Wertorientierung erforderlich. Mit Ausschlüssen sollen Risiken verhindert werden. Das heißt, sie sichern die Reputation und das Profil der Kirchenbank. Zudem verhindern sie negative Nachhaltigkeitswirkungen und reduzieren damit finanzielle Risiken. Positiv-/Negativ-Screening sortiert Risiken aus, indem positive Nachhaltigkeitswirkungen gefördert und negative verhindert werden. Die Strategie ESG-Integration optimiert das Rendite-Risiko-Profil durch die Berücksichtigung von Nachhaltigkeitsrisiken. Dies wird auch mit Engagement verfolgt. Für die BKC trägt dieser Baustein überdies aktiv zur Profilbildung der Bank als ethisch-nachhaltige Investorin in der Innen- und Außenwahrnehmung bei.

Reputation als unverzichtbarer Beitrag zur Nachhaltigkeitsprofilbildung

Für die europäische Sustainable-Finance-Regulatorik ist der Risikobegriff ein zentraler. Nachhaltigkeitsrisiken werden dort speziell unter finanziellen Gesichtspunkten betrachtet. Offenzulegen ist, wie sich solche Risiken negativ auf den Wert einer Geldanlage auswirken können. Zweifelsohne können Reputationsfragen, die sich aufgrund der individuellen Wertorientierung ergeben, auch negative finanzielle Wirkungen für den ethischen Investor haben. Es zeigt sich jedoch, dass der Reputationsaspekt in der Risikodebatte nur am Rand beleuchtet wird, obwohl das »BaFin Merkblatt zum Umgang mit Nachhaltigkeitsrisiken« Reputationsrisiken als einen wesentlichen Aspekt von Nachhaltigkeitsrisiken definiert. Gerade wertorientierte Investoren, zu denen die Kirchenbanken zählen, treten hier mit einem umfassenderen Nachhaltigkeitsverständnis an als die meisten Finanzmarktakteure. Dies sollte sich verstärkt in der Risikobewertung durch die Regulatorik widerspiegeln.

Eine Wertegemeinschaft, egal ob politisch, religiös oder weltanschaulich motiviert, stärkt ihr Profil und ihre Glaubwürdigkeit, wenn sie ihr Vermögen entsprechend ethisch-nachhaltig anlegt. Obschon vieles, was die Kirchenbanken konzeptionell auf den Weg gebracht haben, inzwischen Standard ist, sind die Kirchen mit Blick auf verantwortungsbewusste Investments Handelnde der ersten Stunde. Sie sind zusammen mit gemeinnützigen Akteuren im Allgemeinen und sozialwirtschaftlichen im Speziellen ein wichtiger Hebel für die Mobilisierung von Kapital zum Erreichen von Nachhaltigkeitszielen. Mit ihrem wertorientierten Fokus können und werden sie der Sustainable-Finance-Diskussion weiter wichtige Impulse geben.

7.

Dienstleister: Marktinfrastrukturanbieter und Finanzintermediäre

ESG-Daten-Regulierung zwischen gut gedacht und gut gemacht

VON MAXIMILIAN HORSTER

Zuverlässige ESG-Daten sind das Fundament für nachhaltige Kapitalmärkte. Mit diesen Daten entwickeln nachhaltige Investoren ihre Strategien.

Regulatoren weltweit befassen sich mit der Frage, wie kluge Regulierung im Zusammenhang mit diesen Daten aussehen könnte. Dies ist ein möglicher Kipppunkt: Falsch umgesetzte Regulatorik könnte zu Ergebnissen führen, die der regulatorischen Intention zuwiderlaufen.

Regulierung droht die ESG-Wirkung von Finanzmarktaktivität auf die Realwirtschaft mit dem ESG-Risiko von realwirtschaftlicher Aktivität auf die Finanzmärkte zu verwechseln. Die Regulatorik sollte sich mit der Vorgabe eines sinnvollen Rahmens für Innovation und verbesserte Ansätze befassen – und nicht mit der Entwicklung einer eigenen Methodik oder Anbieterselektion. Das derzeitige mangelnde Verständnis für Konstruktion und Anwendung von ESG-Ratings könnte zu schädlichen und kontraproduktiven regulatorischen Maßnahmen führen.

Kluge Regulatorik treibt differenziert ESG-Verständnis in die Finanzmärkte, resultiert in ESG-gebildeten Marktteilnehmern und fördert dabei die positive Konkurrenz zukunftsweisender Ideen und Ansätze.

Die Finanzindustrie ist ein entscheidender Katalysator für die Realwirtschaft, um wichtige gesellschaftliche Ziele zu erreichen. Diese *Theory of Change* stand hinter den zarten Anfängen der ESG-Bewegung seit den 1980er Jahren und wurde noch vor zehn Jahren außerhalb einer kleinen Nische von missionsfokussierten Investoren – meist aus dem Kirchen- und Stiftungsbereich – kaum wahrgenommen. Heute scheint diese Idee Realität zu werden. Dies ist besonders im Bereich Klimawandel zu spüren: Es gibt kaum noch einen Regulator und Investor auf diesem Globus, der nicht über den Klimawandel, seine Auswirkungen und die Rolle der Finanzmärkte in diesem Zusammenhang nachdenkt.

Investoren nutzen bereits Hunderttausende nichtfinanzieller Datenpunkte, um Umwelt- und Sozialauswirkungen und damit verbundene Risiken von Investitionen zu messen, ihre Investitionen neu zu positionieren und durch Lösungen für Investorenengagement und die Wahrnehmung von Stimmrechten zu handeln. Die hierzu notwendigen Daten und Werkzeuge stellen wir sogenannten ESG-Daten- und Serviceanbieter zur Verfügung: Hunderte von Analysten bewerten weltweit Tausende von Unternehmen bezüglich ihrer Nachhaltigkeit. Im Fall von ISS ESG ist der vor über 25 Jahren in München entwickelte Ansatz in seiner Weiterentwicklung heute führend in der Welt.

Tatsächlich scheint die Finanzindustrie heute eine wichtige Rolle für die Realwirtschaft zu spielen, um den Klimawandel zu bekämpfen und andere ESG-getriebene gesellschaftliche Ziele zu erreichen. Und in der Tat setzt sich Politik weltweit mit dem Thema ESG-Investieren auseinander. Eine riesige regulatorische Chance der Finanzmärkte zum Erreichen gesamtgesellschaftlicher Ziele liegt vor uns, und es mangelt – weltweit! – nicht an gutem Willen und Enthusiasmus. Allerdings: Gut gemeint ist nicht gut gemacht. Viele erste Schritte verdienen hier Lob, andere Entwicklungen zeigen deutlich die Gefahr, dass das Richtige erstrebt und das Falsche erreicht wird. So gibt es eine Reihe großer Herausforderungen, die potenziell dazu führen könnten, dass die künftigen

ESG-Entwicklungen in die falsche Richtung abgleiten oder sogar den gewünschten Resultaten entgegenwirken. Im Folgenden sollen drei große Bereiche beleuchtet werden, die derzeit Gefahr laufen, den intendierten regulatorischen Zielen entgegenzustehen.

Erster Fehler: Verwechslung von Risiko und Wirkung

Regulatorik und Finanzmarktteilnehmer meinen oft unterschiedliche Dinge, wenn sie über ESG sprechen.[1] Oft ist das regulatorische Ziel, eine Veränderung der Realwirtschaft mithilfe der Finanzindustrie zu erreichen: Wie können Investitionen das Klima beeinflussen? Investoren hingegen sehen ESG oft primär als Risiko: Wie beeinflusst das Klima Rendite und Risiko?

Die Einführung der Pariser Klimaabkommen angelehnten Benchmark und der sogenannten Transition Benchmarks der EU sind ein Beispiel: Als Aktienindizes sollen sie Investoren helfen, Klimarisiken zu vermeiden. Aber sie führen – anders als von der Europäischen Kommission intendiert – zu keinerlei Reduktion von Treibhausgasemissionen in der Realwirtschaft. Sie haben somit keine Wirkung: Eine Aktie wird am Sekundärmarkt gehandelt und kann nur deshalb verkauft werden, weil sich ein Käufer findet. Folglich kann der Verkauf »dreckiger« Aktien zwar ein Portfolio, aber nicht die Wirtschaft dekarbonisieren. Risiko wurde somit adressiert, denn Investoren sind nicht mehr in ein von Umweltthemen finanziell negativ betroffenes Unternehmen investiert. Dennoch wurde in der Realwirtschaft keine Wirkung erzielt.

Kluge Regulierung differenziert daher zwischen Risiko und Wirkung. Je nachdem, was die Regulatorik erreichen möchte, sollte sie ihre Maßnahmen immer mit dem intendierten Ziel abgleichen. Dazu zählt auch, anlageklassenspezifisch zu entscheiden. Wirkung in Aktienmärkten kann beispielsweise durch Stimm-

---

1   Vgl. Horster, M. (2021). *10 Lessons From 10 Years of Helping Investors to Tackle Climate Change*. Institutional Shareholder Services. New York

rechtswahrnehmung und Engagement erreicht werden: Wenn Investoren bei Jahreshauptversammlungen per Abstimmung ihre Klimaverantwortung systematisch wahrnehmen und im Gespräch mit Unternehmen ihr Klimaerwartungen formulieren, kann dies zu einer echten Veränderung beitragen – im Gegensatz zum Verkauf einer Aktie. Private-Equity- und Venture-Capital-Investoren können indes eine entscheidende Rolle in der Entwicklung und Skalierung klimafreundlicher Technologien spielen. Die Kreditvergabe von Banken unter Nachhaltigkeitskriterien wiederum kann über neu ausgerichtete Kapitalkosten durchaus einen realwirtschaftlichen Einfluss haben.

Zweiter Fehler: Regulierung von methodischen ESG-Ansätzen

Eine weitere regulatorische Dimension zielt darauf ab, die passenden Ansätze zur Beurteilung von ESG-Risiken zu entwickeln. Doch leider verschwimmt hier oft die richtige regulatorische Einsicht, den Rahmen für eine gesunde Konkurrenz von Ansätzen zu schaffen, mit dem nicht zielführenden Wunsch, als Regulator einfach selbst eine Methodik auszuwählen und diese zu fördern.

Da es konkurrierende Methoden zur Messung von ESG gibt, sind Investoren oft ratlos und beginnen mit der Messung mit dem Tool oder der Methode, die gerade in Reichweite ist. Gleichzeitig gibt es in der heutigen regulatorischen Debatte immer wieder Überlegungen, von staatlicher Seite gewisse methodische Ansätze zu verordnen oder gar eigene Tools zur kostenlosen Verfügung zu stellen. Die kostenlose Nutzung solcher Tools, so die Überlegung, würde Hemmschwellen für Investoren senken, sich mit Nachhaltigkeitskriterien auseinanderzusetzen. Investoren nutzen diese dann (immerhin auf Kosten der Steuerzahler) meist, ohne sich umfassend zu Hintergründen zu informieren. Ein Beispiel hierfür ist die sogenannte PACTA-Methodik (Paris Agreement Capital Transition Assessment), die beispielsweise in der Schweiz

Finanzmarktteilnehmern kostenlos zur Verfügung steht. Im Ergebnis wird dann viel gemessen, oft ohne ein klares Verständnis davon, was genau gemessen wird, warum und ob diese Messung im jeweiligen Kontext Sinn ergibt und wie ein Investor daraufhin handeln kann. Zwar wurde eine Messung erreicht, aber oftmals kein tieferes Verständnis.

Ein umsichtiger Ansatz sollte die umgekehrte Reihenfolge wählen: Investoren sollten zunächst wissen, was sie herausfinden möchten, den Markt nach dem besten Ansatz befragen und diesen anwenden. Kluge Regulierung fördert hier echte Auseinandersetzung mit konkurrierenden Ansätzen, statt selbst ESG-Methoden zu entwickeln oder zu verordnen.

Dritter Fehler: Regulierung von Ratingresultaten

Ein ähnlicher potenzieller Fallstrick ergibt sich, wenn Regulierung versucht zu regeln, wie ESG-Datenanbieter und Dienstleister ihre Ratings konstruieren sollten. So hat sich in den letzten zwei Jahren eine – aus Expertensicht sonderbare – Meinung in die ESG-Diskussion eingeschlichen: Die korrekte Beobachtung, dass unterschiedliche ESG-Ratings zu unterschiedlichen Aussagen für dieselben Unternehmen kommen, wird skurrilerweise als Beleg gesehen, dass die Ratings wahlweise falsch sein müssen oder regulatorisch harmonisiert werden müssten. Das entspricht der Beobachtung einer Autobahn, auf der unterschiedliche Fahrzeuge fahren, und der Conclusio, dass künftig alle Fahrzeuge gleich aussehen sollten.

Diese Argumentation ist stark von der Welt der Kreditratings getrieben, verkennt aber, dass diese beiden Ansätze nicht vergleichbar sind: Ein Kreditrating beantwortet eine einzige, immer gleiche Frage: Kann das Unternehmen meinen Kredit zurückzahlen? Ein Kreditrating wird zudem vom bewerteten Unternehmen in Auftrag gegeben und bezahlt. Ein ESG-Rating wird nur vom Investor gezahlt, das Unternehmen wird bewertet, ob es dies möchte oder nicht – es fließt kein Geld. Damit sind ESG-Ratings nicht nur unabhängiger als Kreditratings, sie verfolgen auch ein völlig anderes Ziel. Der Anspruch, dass ESG-Ratings sich im Ergebnis gleichen müssen, verkennt Ansatz und Anwendungsbereich.

ESG-Ratings beantworten Hunderte von Fragen aggregiert in einen Score. Von Fragen zur Diversität in der Geschäftsführung und Belegschaft über Klimafreundlichkeit der Produkte bis hin zur Einhaltung von Arbeitsstandards und anderen Normen. Somit müssen sich ESG-Ratings unterscheiden, denn ihnen liegen unterschiedliche Annahmen und Fragestellungen zugrunde, die mittels Hunderter Indikatoren beantwortet werden. Investoren, die seit Jahren mit ESG-Ratings arbeiten, verstehen dies und wollen es nicht anders – die Gegenstimmen kommen meist von Investoren und Lobbyisten, die sich mit ESG-Integration nur am Rande befasst haben. Es gibt ESG-Ratings mit Betonung auf Transparenz, auf Performance, auf Risiko, auf Wirkung etc. Bei ISS ESG haben wir allein vier Ratings, inklusive einem Sustainable Development Goal (SDG) Impact Assessment, das sich besonders auf Unternehmensprodukte fokussiert, einem Carbon Risk Rating, das nur Klimathemen betrachtet, einem reinen Transparenzrating sowie einem holistischen ESG-Rating. Jedes dieser Ratings beantwortet eine andere Fragestellung der Investoren, die diese Diversifizierung schätzen. Wir beobachten sogar eine gegenläufige Entwicklung: Je tiefer Investoren das Thema ESG angehen, desto mehr ersetzen sie vorgefertigte Ratings mit ihren eigenen, aus unterliegenden Indikatoren selbst zusammengestellten und gewerteten Sichtweisen von ESG-Themen. Diese ESG-Spezialisierung von Investoren ist mehr im Sinne der derzeit diskutierten Regulatorik als ein »Tick the Box«-Ansatz, der gedankenlos ein staatlich verordnetes Rating übernimmt.

Fehlgeleitete Regulierung würde hier daher präskriptiv verlangen, wie ein Ratingdesign auszusehen hat, und damit wichtige Innovations-, Diversitäts- und ESG-Integrationsanforderungen zerstören. So wie eine Regierung keine wettbewerbsfähigen Autos bauen kann – wie die automobilen Erzeugnisse der DDR eindrucksvoll beweisen –, so kann sie auch keine zukunftsfähigen

ESG-Ansätze vorgeben. Eine kluge Regulierung von ESG-Daten- und Serviceanbietern hingegen fokussiert sich auf Transparenz in der Methodik sowie einen *Code of Conduct,* der Interessenkon- flikte vermeidet und Qualität sichert. Damit wird nicht nur die notwendige Operationalisierung, sondern auch die aktive Aus- einandersetzung von Finanzmarktteilnehmern mit unterschied- lichen Ansätzen sichergestellt.

Fazit

In den letzten Jahren hat die Investmentbranche eine eindrucks- volle ESG-Transparenz erreicht. Wenn gute ESG-Berichterstat- tung das Ziel war, ist die Welt entscheidend vorangekommen: Neben Transparenzinitiativen wie der Global Reporting Initiative (GRI), dem UN Global Compact, dem Sustainability Accounting Standards Board (SASB) gibt es allein für Klimatransparenz über 60 anlegerorientierte und noch mehr unternehmensfokussier- te Reportingsysteme – und fast monatlich kommen neue hinzu. Aber: Die Berichterstattung ist aus regulatorischer Sicht nur ein Mittel zum Zweck. Das erklärte Ziel der Regulatorik ist ja zumeist, die Realwirtschaft zu ändern – etwa hin zum Erreichen der glo- balen Klimaziele.

Für den Finanzmarkt bedeutet dies eine mögliche Änderung der Investitionspraktiken – und so bleibt die Investorenwelt hinter den Erwartungen zurück. Ein typisches Beispiel: Trotz aller be- merkenswerten Reportingbemühungen folgen weniger als drei Prozent aller ETFs weltweit einer ESG-Logik.[2] Sicher, diese Zahl lag vor 2018 unter einem Prozent, also gibt es ein eindrucksvolles Wachstum. Aber angesichts des Ausmaßes der Herausforderung und der politischen Bekenntnisse fühlt sich das für das Jahr 2021 etwas wenig an.

---

2   Vgl. ETFGI (2021). *ETFGI reports assets invested in ETFs and ETPs listed around the world reach a new record of US$8.30 trillion at the end of February 2021.* London

Oft wird der Mangel an Daten als Hauptgrund für die Untätigkeit der Investoren angeführt – das ist eine ziemlich überraschende Behauptung in Zeiten der ESG-Datenflut und des maschinellen Lernens sowie der künstlichen Intelligenz, die die Datenexplosion potenziell beschleunigen. Tatsächlich sind es wohl eher der Fokus auf Berichterstattung und die weiter andauernden Diskussionen zu unterschiedlichen Methodiken, die dazu führen, dass die Finanzindustrie zwar ESG-transparenter, aber nicht unbedingt ESG-kompatibler wird.

Wenn es um die Wirkung in der realen Welt geht, erkennen die Finanzmärkte und ihre Regulatoren allerdings langsam, dass unterschiedliche Kapitalformen unterschiedliche Hebel zur tatsächlichen Entfaltung von Wirkung in der Realwirtschaft bieten. Bei den traditionell im Fokus stehenden Aktieninvestitionen setzt sich langsam durch, dass Stimmrechtsausübung und der Austausch mit dem Management (sogenanntes Engagement) zielführend sein können. Fremdfinanzierung ermöglicht wiederum ganz andere Möglichkeiten: Wenn der Zugang zu Kapital an ESG-Bedingungen geknüpft ist, kann dies ein Hebel sein, um die Klimatransformation von Unternehmen im Austausch für weniger kostspieliges Kapital sicherzustellen. Die Sprösslinge der Green-Bond-Welt – Green Lending und Sustainability Linked Bonds – haben das Potenzial, ein solcher Katalysator der Transformation zu werden.

Was werden wir sehen, wenn wir aus der Zukunft auf die frühen 2020er Jahre zurückblicken? Wird dieser Moment wirklich der Kipppunkt für Investoren gewesen sein, solch immense ESG-Themen wie den Klimawandel anzugehen? Sicherlich, es war ein Moment großer Dynamik, des guten Willens und des Geistes. Wird der Schwung groß genug gewesen sein, stand hinter dem guten Willen auch Konsequenz, und führte das Momentum zu greifbaren Veränderungen? Der Regulierungswille entfaltet sich kraftvoll – dennoch besteht derzeit die Gefahr, dass er wenige oder sogar negative Ergebnisse hervorbringt, anstatt die beabsichtigte Wirkung zu erzielen.

Zielorientierte Regulierung, umsichtige Organisation des notwendigen methodischen Wettbewerbs, Regulation von Rahmenbedingungen statt von Analyseergebnissen: Das sind drei der Bereiche, die darüber entscheiden werden, ob die Finanzwelt auf ein Jahrzehnt vorbereiten kann, das Ländern, Unternehmen und Menschen enorme Veränderungen und Umstellungen abverlangen wird. Nur dann kann jene Theory of Change der 1980er Jahre, die ESG begründet hat, den Beweis antreten, dass die Finanzindustrie ein entscheidender Katalysator für die Realwirtschaft ist, um die wichtigen gesellschaftlichen Ziele unseres Landes und der Welt voranzutreiben.

Index- und Analytics-Anbieter

VON HOLGER WOHLENBERG

Nachhaltigkeitsindizes und -risikomodelle sind entscheidende Katalysatoren, um Vermögenswerte in nachhaltige Anlageformen zu lenken.

Während Neuanlagen zunehmend mit nachhaltigen Benchmarks gesteuert werden, schichten Investoren ihre passiven Anlagen noch nicht wesentlich in nachhaltige Indexprodukte um.

Steuerrecht, nationale Substandards und fehlende Offenlegungen verlangsamen den Übergang zu nachhaltigen Investments.

Zumindest in Europa sollten sich Regulierungsbehörden eng abstimmen und europäische Industrieteilnehmer in die aktive Governance miteinbeziehen.

Die Rolle von Indizes und Analytics im nachhaltigen Investieren

Indizes und Analytics spielen zunehmend eine tragende Rolle auf den Kapitalmärkten, mit einem Schwerpunkt bei Kapitalanlagen. Der Investmentprozess erfordert vermehrt die Einbindung von Daten und Tools, sei es bei der Definition der Anlagestrategie oder im Bereich der Portfoliokonstruktion, der Risikoüberwachung und des Performancereportings. Seit den Anfängen der modernen Portfoliotheorie haben Fortschritte in Wissenschaft und Technik den Investitionsprozess verstärkt datengetrieben und softwareunterstützt werden lassen. Entscheidungen basieren auf intelligenten Lösungen, wie z. B. Multi-Asset-Klassen-Portfolio-Optimierung, Faktor- und Risikomodellen, Performanceindikatoren, Szenarioanalysen und Stresstests.

Bei *aktiven Asset-Managern* wählen die Anlageausschüsse Indizes als Benchmarks aus, an denen sich die Entscheider ausrichten müssen. Performance- und Risikoanalysen unterstützen sie bei der Identifizierung von Unterschieden gegenüber der gewählten Benchmark. Diese Analysen und Modelle bilden die Grundlage für die permanente Optimierung der Portfolios und die daraus resultierenden Anlageentscheidungen.

Alternativ dazu investieren *passive* Anleger direkt in bestimmte Indizes, Fondsvehikel oder handelbare Produkte wie z. B. ETFs. Für nichtnachhaltige Indizes hat sich diese Art des Investierens stark ausgebreitet und macht mittlerweile 20 Prozent des europäischen und 40 Prozent des US-amerikanischen Anlagemarktes aus.[1] Je nachdem, wie die Produkte den Index nachbilden, gewährleisten Analytics und Modelle die Präzision und Effizienz der Replikation. Zusätzlich liegen Indizes auch Derivateprodukten wie Futures und Optionen zugrunde, um ein effizientes Hedging und Risikomanagement von unerwünschter Exposition zu ermöglichen.

Schließlich werden Aktienindizes und Analytics häufig als Kommunikationsmittel eingesetzt, z. B. um die Nachhaltigkeitsperformance von bestimmten Anlagestrategien darzustellen.

Indizes und Analytics haben Sustainable-Investment-Strategien von Anfang an begleitet. Der frühe Ansatz des Socially Responsible Investment führte zu reduzierten Versionen bestehender Benchmarks, wie dem STOXX 600 ESG-X. Durch den Ausschluss von Unternehmen, die bestimmte Normen nicht einhalten oder in kontroverse Aktivitäten verwickelt sind, ermöglichen diese Indizes Anlegern, ihre Nachhaltigkeitsrisiken zu mindern und ihre

---

1   Vgl. BCG (2021). *Global Asset Management 2021, The $100 Trillion Machine.* Boston Consulting Group. Boston. S. 8

Werte zu verwirklichen. Das gesteigerte Interesse an ESG führte dann zu Indizes, die Ausschluss- und *Einschluss*kriterien kombinieren. Der Investitionsanteil an Best-in-Class-ESG-Unternehmen wird erhöht, was es Anlegern ermöglicht, den Übergang zu nachhaltigeren Geschäftsmodellen zu fördern. Allerdings basieren inklusionsorientierte Indizes immer noch auf traditionellen, marktrepräsentativen Benchmarks und optimieren ihre Werte nur innerhalb zulässiger Abweichungstoleranzen. Daher entstehen jetzt vermehrt neue Lösungen, die es engagierten Anlegern ermöglichen, reale positive gesellschaftliche Beiträge zu erzielen: Solche *»Impact«*-Indizes sind von bestehenden Benchmarks entkoppelt oder können erheblich von ihnen abweichen, um die gewünschte Nachhaltigkeitswirkung zu erzielen.

Die Entwicklung von Sustainable Investment Analytics ist ein wichtiger ergänzender Faktor für die vollständige Integration von Nachhaltigkeit in den Investitionsprozess. Sie liefert Antworten auf zentrale Fragen, wie zum Beispiel: Wie kann man mögliche Anlageuniversen analysieren und dabei die Nachhaltigkeitskriterien angemessen berücksichtigen? Wie lässt sich die Gesamtportfolioperformance sowohl unter Berücksichtigung der Finanz- als auch der Nachhaltigkeitsleistung optimieren? Wie kann man nachhaltigkeitsbezogene Portfoliorisiken messen, vorhersagen, managen und berichten? Nachhaltigkeitsbezogene Analytics gehen weit über bloße Scores hinaus, um Metriken für Investitionsentscheidungen zu liefern. Sie erfordern ausgefeilte Modellierungstools, um die entsprechenden neuen mehrdimensionalen Wechselwirkungen zu erforschen, die aus dem Zusammenspiel von Risiko, Rendite und Impact entstehen.

Modellierung und Optimierung sind daher die wichtigsten Instrumente zur Erzielung der besten Nachhaltigkeitsleistung unter der Einhaltung finanzieller Zielsetzungen.

Marktanteil und Erfolg nachhaltiger Indizes und Analytik-Dienstleistungen

Seit Beginn der 2000er Jahre hält das Phänomen der Nachhaltigkeit auch in der Investmentindustrie Einzug. Vor allem Asset-Owner nahmen Nachhaltigkeitskriterien in ihre Investment Policies auf. Der Fokus lag dabei zuerst auf dem Ausschluss von nicht nachhaltigen Unternehmen aus den selbstdefinierten Anlageuniversen, was sich aber ständig auch in Richtung Inklusion und Impact weiterentwickelt. Derzeit vergeben viele Asset-Owner Mandate an aktive Asset-Manager, die an optimierte Benchmarks aus Nachhaltigkeit, Performance und Risiko geknüpft sind. Gemäß der GSIA werden in Europa ca. 50 Prozent der verwalteten Vermögenswerte unter Einbeziehung zumindest einzelner Nachhaltigkeitskriterien angelegt und verwaltet.[2]

Nachhaltige passive, indexbasierte Investmentprodukte haben sich bisher nicht durchgesetzt. Im ersten Quartal 2021 waren nur etwas über 200 Milliarden Euro Assets in nachhaltigen ETFs investiert.[3] Diese wachsen zwar im Vergleich zu ihren traditionellen Alternativen fünfmal so stark, repräsentieren aber nur zwei Prozent aller passiven Investments.[4] Dabei lässt sich beobachten, dass sich die Mittelzuflüsse noch wenig aus dem Verkauf nicht nachhaltiger ETFs speisen – eine eventuelle Umschichtung von Assets steht also noch am Anfang. An Alternativen mangelt es nicht, da Index- und ETF-Anbieter mittlerweile Produkte für vielerlei Regionen, Strategien und Themen anbieten.

Sowohl aktive als auch passive Manager benötigen Analytics zum Management ihrer Holdings. Die traditionellen Anbieter von Performance- und Risikoanalysen wie z. B. Bloomberg, BlackRock oder MSCI bieten entsprechende Modelle an. Genutzt werden sie

---

2 Vgl. Global Sustainable Investment Alliance (2018): *2018 Global Sustainable Investment Review*, S. 9

3 Vgl. Track Insights ESG Observatory: www.trackinsight.com/en/esg-observatory (letzter Abruf am 15. Juli 2021)

4 Vgl. UNCTAD (2021). *ESG ETFs 2021*. Genf. S. 6–8

allerdings vor allem für Reportingzwecke und regulatorisch vorgeschriebene Risikomanagementaufgaben, wie z. B. Stresstests. Vorhandene Modelle konnten Nachhaltigkeitstreiber noch nicht als Performance- oder Risikofaktoren isolieren. Der Einsatz von Analytics zur Optimierung von Portfolien baut vor allem noch auf Nachhaltigkeitsscores von Datenanbietern auf und weniger auf statistisch ermittelten Faktormodellen.

Beschleuniger und Entschleuniger – Lehren aus der jüngsten Praxis

Obwohl ein großer Teil der Asset-Owner und -Manager bereits Nachhaltigkeitsdaten in seine Anlageentscheidungen einbezieht, ist noch keine wirkliche Umschichtung von Vermögenswerten zu nachhaltigen Benchmarks zu beobachten. Das Regulierungsumfeld spielt bei der Geschwindigkeit der Kapitalmarktmigration an vielen Fronten eine große Rolle. Im Analytics- und Indexing-Umfeld wurden in jüngster Zeit unter anderem vier Treiber identifiziert, die die Geschwindigkeit der Vermögenszuflüsse in nachhaltige Kapitalmarktprodukte beeinflussen: Produktwirtschaftlichkeit, Standards und Labels, Transparenz der Emittenten sowie Methodengestaltung.

Produktwirtschaftlichkeit

Die aktuellen Zuflüsse in nachhaltige Anlagevehikel nutzen vor allem die freiwerdende Liquidität. Asset-Owner veräußern noch nicht in nennenswertem Umfang bestehende Bestände, um sie in nachhaltige Vehikel umzuschichten. Auch die Anbieter von Fondsprodukten bremsen nur selektiv den Vertrieb nicht nachhaltiger Angebote. Mit dem zunehmenden Wettbewerb von und um passives sowie quantitatives Investieren stehen Vermögensverwalter und Produktanbieter unter wachsendem Kostendruck. Die Umschichtung von Vermögenswerten würde nicht nur Transaktionskosten verursachen, sondern auch Kapitalertragssteuern auslösen, die das für Reinvestitionen zur Verfügung stehende Kapital reduzieren. Diese Kosten können weder durch erhöhte Preise noch durch eine verbesserte Portfolioperformance kompensiert werden.

Standards und Labels

Während Europa die Führung übernimmt bei der Entwicklung der umfassendsten Agenda für nachhaltiges Investieren, geht die unkoordinierte Verbreitung nationaler Nachhaltigkeitslabels zulasten der Markttransparenz, der Kosten und der Liquidität für Index- und Fondsanbieter.

Die Vergabe von Fondslabels zielt zwar darauf ab, den Endinvestoren eine bestimmte Sustainability-Qualität zu garantieren. Allerdings unterscheiden sich die Labels in Umfang, Bewertung und Gewichtung. Dies führt zu Unterschieden in den angewandten Ausschluss- und Portfoliokonstruktionskriterien. Es ist unmöglich, ein nachhaltiges Anlageprodukt zu entwickeln, das alle Labels erfüllt und den gesamten europäischen Markt anspricht. Der Grad ihrer Vielfalt ist in untenstehender Abbildung dargestellt.

Darüber hinaus befinden sich die meisten Labels zwangsweise in einem kontinuierlichen Iterationsprozess mit dem Ziel, sich an die sich schnell entwickelnden EU-Verordnungsgrundlagen anzupassen.

Hauptmerkmale von Labels, freiwilligen Standards und Vorschriften, die überprüft werden

Name	Region/ Land	Typ	Haupt- fokus	Produktdesign- Kriterien
EU Paris Aligned Benchmark	EU	Regulierung	Klima	Mehr als nur Ausschluss
EU Climate Transition Benchmark	EU	Regulierung	Klima	Mehr als nur Ausschluss
EU Ecolabel (inoffiziell)	EU	Regulierung	Umwelt – Generell	Nur Ausschluss

Name	Region/ Land	Typ	Haupt- fokus	Produktdesign- Kriterien
FNG-Siegel für nachhaltige In- vestmentfonds	Deutschland, Österreich, Lichtenstein, und die Schweiz	Label	Nach- haltigkeit – Generell	Mehr als nur Ausschluss
ESG-Zielmarkt – Typologie für nachhaltige Fi- nanzinstrumente	Deutschland	Freiwilliger Standard	Nach- haltigkeit – Generell	Mehr als nur Ausschluss
Umweltzeichen	Österreich	Label	Nach- haltigkeit – Generell	Nur Ausschluss
Towards Sustai- nability	Belgien	Label	Nach- haltigkeit – Generell	Mehr als nur Ausschluss
SRI Label	Frankreich	Label	Nach- haltigkeit – Generell	Mehr als nur Ausschluss
AMF Doctrine	Frankreich	Freiwilliger Standard	Nach- haltigkeit – Generell	Mehr als nur Ausschluss
Greenfin Label	Frankreich	Label	Umwelt – Generell	Mehr als nur Ausschluss
LuxFLAG ESG Label*	Luxemburg	Label	Nach- haltigkeit – Generell	Nur Ausschluss
Nordic Swan Ecolabel	Dänemark, Finnland, Island, Norwegen und Schweden	Label	Nach- haltigkeit – Generell	Nur Ausschluss

* Andere LuxFLAG Labels existieren für Microfinance, Klima und Umwelt, sind aber nicht Teil dieser Analyse

Das Fehlen eines gemeinsamen Verständnisses der europäischen Märkte darüber, was ein nachhaltiges Anlageprodukt ausmacht, könnte zu großen Nachteilen führen:

- Die Finanzmarktteilnehmer müssen höhere Kosten tragen – die Fragmentierung der Investitionen verhindert Skaleneffekte auf der Anbieterseite.
- Produkte werden regelmäßig nach Ad-hoc-Anforderungen und -Erwartungen überarbeitet, was erhebliche Kosten verursacht und die Transparenz weiter verschlechtert.
- Erhebliche Netto-Neuzuflüsse werden weiterhin in Investitionen fließen, die keinen sinnvollen Beitrag zu dringenden Zielen wie dem Erreichen der SDGs oder dem Erreichen von Netto-Null-Emissionen leisten.

Transparenz der Emittenten
Unternehmen veröffentlichen nur in begrenztem Maße Nachhaltigkeitskennzahlen. In Abwesenheit solcher Veröffentlichungen müssen sich Anbieter von Anlageprodukten auf modellierte Daten stützen, die auf nicht notwendigerweise realitätsnahen Outside-in-Annahmen basieren. Mehrere aktuelle Initiativen zielen derzeit darauf ab, Unternehmen zur Offenlegung nichtfinanzieller Kennzahlen zu verpflichten. Sei es die angestrebte Standardisierung im Rahmen der Initiative der IFRS Foundation, die von nationalen Regulatoren in Großbritannien und Neuseeland vorangetriebene verpflichtende TCFD-Berichterstattung oder eine breitere verpflichtende Offenlegung im Rahmen der anstehenden CSRD in Europa. Solche Offenlegungen sind wesentliche Voraussetzung für qualitativ hochwertigere, nachhaltige Anlageprodukte, die bei Investoren Akzeptanz finden.

Allerdings stoßen Finanzdienstleister bei der Einhaltung nachhaltiger Investmentstandards an starke Grenzen, wenn die verfügbaren Daten zu oberflächlich sind. Nur eine doppelte Materialität – also die Dokumentation der Auswirkungen der Unternehmensaktivität auf Umwelt und Gesellschaft – kann einen ganzheitlichen Ansatz für die Nachhaltigkeitsleistung garantieren und nicht eingepreiste negative gesellschaftliche Externalitäten berücksichtigen. Darüber hinaus ist eine globale Angleichung der Offenlegungsstandards förderlich, um die Benchmarks nicht auf den kleinsten gemeinsamen Nenner der Offenlegungsanforderungen in den verschiedenen Märkten zu beschränken.

Methodengestaltung

Um die Komplexität zu reduzieren und Greenwashing zu verhindern, haben Regierungen und Regulierungsbehörden Governance-Gremien und Verfahren installiert, um methodische Standards und Richtlinien zu schaffen. Ergebnisse daraus sind die Paris Aligned Benchmarks (PAB), die Climate Transition Benchmarks (CTB) oder die EU-Taxonomie. Während Standards in diesen Bereichen für die Marktakzeptanz unerlässlich sind, müssen die Methoden einen guten Proxy für das darstellen, was sie messen sollen. Außerdem müssen die für die Berechnung benötigten Daten zu vertretbaren Kosten verfügbar sein. Es ist entscheidend, solche Methoden mit einem Verständnis für die Marktpsychologie, das Interesse der Marktteilnehmer, die Mechanik von Finanzprodukten und die Verfügbarkeit und Machbarkeit der erforderlichen Datensätze zu entwickeln.

Leider haben PABs und CTBs erhebliche Mängel. Sie verlassen sich beispielsweise auf ein Verhältnis der Treibhausgasintensität zum Unternehmenswert – THG zu EVIC –, was zu einer Fehlallokation von Kapital führen kann, da die Volatilität und Größe des EVIC die Klimaleistung überlagert. Das Verhältnis der physikalischen Intensität (THG/Einheit des Produkts oder der Dienstleistung) nach Sektor wäre geeigneter, um Dekarbonisierungspfade aufzuzeigen.

Solche Konstruktionsmängel können den Zufluss von Vermögenswerten in entsprechende Produkte erheblich behindern.

Bislang haben PAB- und CTB-ETFs keine nennenswerten Investitionen angezogen.

Regulatorische Möglichkeiten zur Verbesserung von Nachhaltigkeitsindizes und Analytics

Alle vier genannten Treiber rund um Indexierung und Analytics sind in erheblichem Maße dem Einfluss der Regulierungsbehörden ausgesetzt. Bei sorgfältigem Einsatz kann die Regulierungsbehörde dazu beitragen, Indizes und Analytics zu nutzen, um Europa an der Spitze der nachhaltigen Kapitalmärkte zu halten:

Anreize für den Wechsel zu Nachhaltigkeit schaffen. Stärkere regulatorische Anreize sind nötig, um den Wechsel zu nachhaltigen Anlagen zu katalysieren. Bankenaufsichtsbehörden erwägen bereits Klima-Stresstests, Unterstützungs- und Bestrafungsfaktoren sowie die Anpassung von Abschlägen auf Sicherheiten. Zusätzliche Maßnahmen sollten Folgendes adressieren:

1. eine größere Toleranz des Tracking-Errors bei Anlageportfolien, die auf nachhaltige Performance abzielen,
2. Anreize für die Umstellung auf nachhaltige Benchmarks, wie z. B. Steuerneutralität für die damit verbundenen notwendigen Transaktionen
3. breitere Möglichkeiten für Asset-Owner, in Aktien, Immobilien, Infrastrukturprojekte und private Assets zu investieren, um den nachhaltigen Wandel zu unterstützen.

Darüber hinaus müssen die Anreize für Anbieter von nachhaltigen Indizes und Analytics zur Einführung attraktiver Produkte erhalten bleiben. Die Finanzmarktteilnehmer werden weiterhin Marktinnovationen und nachhaltigkeitsbezogene F&E-Investitionen unterstützen, wenn sie die Preishoheit für ihre Produkte, einschließlich Indizes und zugehöriger Datensätze, behalten.

Europäische Standards und Labels harmonisieren. Die europäische Regulierungsagenda für nachhaltiges Investment ist beispiellos. Sie kann ähnliche Regulierungen weltweit beeinflussen und zu einem konsistenten und umfassenden gleichen Wettbewerbsumfeld führen. Um dies zu erreichen, muss europäische Politik ihre verschiedenen Arbeitsgruppen über Regulierungsbereiche hinweg (SFDR, CSRD, MIFID, Taxonomy) konsolidieren oder zumindest harmonisieren. Zusätzlich muss sie eine Vorreiterrolle bei der Konvergenz der zahlreichen Nachhaltigkeitsstandards übernehmen, die von Regulierungsbehörden und Verbänden auf nationaler Ebene herausgegeben werden und zu einem Flickenteppich von Interpretationen der europäischen Regeln führen.

Standards zur Offenlegung der doppelten Wesentlichkeit anführen. Damit Investoren wirkungsvolle Entscheidungen mithilfe von Analytics und Risikomodellen treffen können, müssen Unternehmen deutlich mehr von sich preisgeben. Obwohl die EU die Offenlegung von Daten zum Bestandteil ihrer Nachhaltigkeitsagenda gemacht hat, kann der Umfang der offenzulegenden Daten für die Entwicklung von wirksamen Nachhaltigkeitsindizes, -analytics und -modellen trotzdem nicht ausreichen. Um gute Ergebnisse zu erzielen, müssen idealerweise historische Zeitreihen von Daten verfügbar sein. Deshalb sollten die verpflichtenden Angaben so früh wie möglich und so umfangreich wie möglich sein und sich nicht nur auf Klimafaktoren oder Posten beschränken, die sichtbar mit der Bewertung eines Unternehmens verbunden sind. Die europäischen Regulierungsbehörden könnten einen Präzedenzfall schaffen, indem sie die doppelte Wesentlichkeit (Double Materiality) in einem breiteren Kontext und mit einer langfristigen Perspektive definieren. Der European Single Access Point (ESAP) für finanzielle und nichtfinanzielle Informationen kann dabei eine wichtige Rolle einnehmen. Er sollte ein möglichst breites Spektrum an Daten enthalten und auch für Nicht-EU-Unternehmen offen sein.

Europäische Indexanbieter in Standardisierungsgremien miteinbeziehen. Nachhaltigkeit ist ein globales Thema. Um eine Führungsrolle zu übernehmen, muss Europa mit einer Stimme sprechen, große europäische Akteure müssen sich entlang der Wertschöpfungskette für Investitionen zusammenschließen, Regulierungsbehörden und Marktteilnehmer müssen zusammenarbeiten. Index- und Analytics-Anbieter sind ein wichtiges Bindeglied zwischen Marktteilnehmern, Datenanbietern und Regulierungsbehörden. Allerdings sind die europäischen Indexanbieter z. B. nicht direkt mit der EU Sustainable Finance Plattform verbunden, was ihre Möglichkeiten einschränkt, zur Verbesserung dieser Methoden beizutragen und damit verbundene Anlageprodukte für Investoren attraktiver zu machen. Sie sollten Teil der offiziellen Regulierungs- und Standardentwicklungsgremien werden, um eine Marktwirkung zu gewährleisten.

Die richtigen Prioritäten setzen – Globale Standards und Technologie erhöhen die Messbarkeit

VON REBECA MINGUELA

Die Nachfrage nach ESG-Daten wächst rasant. Doch insbesondere im Bereich Soziales und Governance stecken Datensätze, Methodik und Analytik in den Kinderschuhen. Technologie kann aber schon heute zahlreiche Lücken wirksam überbrücken. Sie wird nur zu selten angewandt.

Gemeinsame Standards können helfen. Europa ist mit seiner Regulierung Vorreiter – doch andere Wirtschaftsräume folgen schnell. Europa sollte sich daher zügig für international einheitliche Berichtsstandards einsetzen. Allein sie erlauben produktive Skalierbarkeit.

Hier setzt Clarity AI an. Als einzige vollständig technologiegetriebene Plattform für nachhaltige Analysen und Reportings kann Clarity AI die Qualität und Verfügbarkeit von Nachhaltigkeitsdaten erhöhen und transparente und wissenschaftlich fundierte Methoden bereitstellen, die Investoren nach ihren Risikopräferenzen und Werten kalibrieren können. So können nachhaltige Investitionen schnell zum Mainstream werden.

Allein diese Quantifizierung ermöglicht eine sinnvolle Priorisierung von Nachhaltigkeitsinitiativen von Unternehmen und Investoren, die einen immer größeren Einfluss auf die Welt haben können.

Die Nachfrage nach einer einheitlicheren Nachhaltigkeitsberichterstattung ist in den letzten Jahren vor allem mit Blick auf Klimathemen stark gestiegen. Soziale und Governance-Aspekte gewinnen allmählich an Zugkraft, werden aber vergleichsweise noch vernachlässigt. Dies steht im Widerspruch zu der Bedeutung, die diese Faktoren für alle gesellschaftlichen Stakeholder haben. Unsere Erfahrung bei der Quantifizierung der Auswirkungen verschiedener Nachhaltigkeitsdimensionen, für die wir uns auf Untersuchungen von Institutionen wie der OECD, der ILO, der EPA und der IEA stützen, zeigt, dass die Auswirkungen von sozialen und Governance-Faktoren auf die globale Wirtschaft und das Leben bis 2030 höher sein werden als die aller Umweltthemen zusammen. Daher sollten die Spieler am Finanzmarkt diese Realität anerkennen und entsprechende Prioritäten setzen.

Soziales und Governance: Datensätze, Methodik und Analytik in den Kinderschuhen

Doch selbst wenn Investoren in der Lage sind, die Bedeutung von sozialen und Governance-Themen zu erkennen, stehen sie bei der Umsetzung noch vor mehreren Herausforderungen. Erstens ist die Datenverfügbarkeit für soziale Faktoren immer noch gering. Der Abdeckungsgrad für Sozial- und Governance-Daten (z. B. Geschlechterdiversität, Mitarbeiterunfälle und Unabhängigkeit des Boards) ist immer noch sechs- bis achtmal geringer als für Klimadaten, obwohl er nach unseren Beobachtungen in den letzten drei Jahren um etwa 70 Prozent gestiegen ist. Zweitens befinden sich die Methoden und Standards für Soziales und Governance noch in der Entwicklung. Die europäische Sozialtaxonomie ist noch im Entwurfsstadium, und andere Initiativen, wie die internationalen Standards für die Nachhaltigkeitsberichterstattung der IFRS Foundation, decken zunächst nur Klimathemen ab. Schließlich, und das ist der wichtigste Punkt, fehlt es den Investoren an den notwendigen Instrumenten, um eine nahtlose Nachhaltigkeitsanalyse und -berichterstattung von Portfolios durchzuführen und um auf die Bedürfnisse des Marktes und neue regulatorische Entwicklungen flexibel und konsequent zu reagieren.

In diesem Zusammenhang spielt Technologie eine wichtige Rolle innerhalb des Nachhaltigkeitsökosystems, da Investoren mit zunehmenden Anforderungen an die Integration und Berichterstattung der Nachhaltigkeitsdimension ihrer Portfolios zu kämpfen haben. Nachhaltigkeitsrohdaten sind immer noch enorm selten und unzuverlässig, da es derzeit keine verpflichtenden Berichtsanforderungen gibt. Infolgedessen ist künstliche Intelligenz für die Datenerfassung von zentraler Bedeutung geworden. Sie trägt dazu bei, die Zuverlässigkeit der gemeldeten Daten und die Abdeckung der nicht berichtenden Unternehmen zu erhöhen, und zwar nicht nur durch standardmäßige Schätzmodelle des maschinellen Lernens, sondern auch durch die Nutzung von NLP für die Bewertung von Vorfällen in Echtzeit und andere innovativere Datenquellen und Schätztechniken (z. B. Satellitenbilder für die Analyse von Klima, Abholzung und Biodiversität, unstrukturierte Daten aus Jobbörsen und professionellen sozialen Netzwerken für die Schätzung sozialer Metriken usw.).

Darüber hinaus mangelt es den aktuellen Nachhaltigkeitsratings, selbst wenn Unternehmensdaten verfügbar sind, an Objektivität, Transparenz und Legitimität, da sie aus einem manuellen und undurchsichtigen Ansatz zur Nachhaltigkeitsanalyse resultieren. Daher ist ein wissenschaftlicher Ansatz für die Nachhaltigkeitsanalyse erforderlich, bei dem Themen korrekt quantifiziert und priorisiert werden und datenwissenschaftliches Fachwissen herangezogen wird, um bei der Analyse der riesigen Datenmenge zu helfen, die jetzt verfügbar ist und nur noch zunehmen wird. Noch wichtiger ist, dass den Investoren die analytischen Werkzeuge fehlen, um umfassende Nachhaltigkeitsbewertungen durchzuführen. Dieses Vakuum wird derzeit durch rudimentäre manuelle Ansätze behoben, aber diese Lösungen sind nicht skalierbar. Mit der Einführung neuer Vorschriften werden die Anleger mit einer zunehmenden Komplexität zu kämpfen haben, und die Dienstleister müssen cloudbasierte Technologien sowie Saas-Tools nutzen, um Lösungen zu schaffen, die wirklich skalierbar sind und sich in bestehende Anlageplattformen, Robo-Advisors, webbasierte Apps, mobile Apps und Zahlungsplattformen integrieren lassen.

Europa ist Vorreiter bei Regulierung und Standards

Wo steht Europa? Zweifelsohne ist unser Kontinent weiterhin Vorreiter bei der Regulierung von Nachhaltigkeitsdaten und schreitet viel schneller voran als andere hochentwickelte Märkte. Die Europäische Kommission hat die Diskussion über die Nachhaltigkeitsberichterstattung bisher angeführt, und die in Europa entwickelten Regulierungsinitiativen beeinflussen auch andere Länder. Über die Regulierungen zur SFDR- und EU-Taxonomie hinaus zeigt die kürzlich vorgeschlagene Richtlinie zur Nachhaltigkeitsberichterstattung von Unternehmen (Corporate Sustainability Reporting Directive oder CSRD) die unbestrittene Führungsrolle der Europäischen Union: Sie würde es großen börsennotierten und nicht börsennotierten Unternehmen zur Pflicht machen, umfassend über Umwelt- und Sozialthemen zu berichten. Europa ist jedoch nicht allein unterwegs, und andere Regionen holen auf. Um einige Beispiele zu nennen: Die US-Börsenaufsichtsbehörde Securities and Exchange Commission hat im März eine öffentliche Konsultation gestartet, um ihre Regulierung der Offenlegung des Klimawandels zu evaluieren, die australische Securities & Investments Commission verlangt bereits, dass die Direktoren von Unternehmen die Risiken des Klimawandels offenlegen, die Monetary Authority of Singapore verlangt von börsennotierten Unternehmen jährliche Nachhaltigkeitsberichte, und die neuseeländische Regierung plant, ab 2023 für börsennotierte Unternehmen eine Berichterstattung im Einklang mit der

TCFD zu verlangen. Darüber hinaus legen die G7-Staaten den Zeitplan fest, um TCFD-Angaben für Unternehmen verpflichtend zu machen, was ein Schritt in die richtige Richtung ist, aber es werden auch globale Rahmenwerke für alle anderen Bereiche benötigt. Europa ist auch führend in der Entwicklung von Nachhaltigkeitsmethoden, wie die europäische Taxonomie für Umweltthemen und die aktuelle Entwicklung eines Entwurfs für eine Sozialtaxonomie und eine Taxonomie für signifikant schädliche Aktivitäten zeigen.

Diese Beispiele verdeutlichen, dass Europa bereits eine Vorreiterrolle bei der Arbeit an Standards für die Nachhaltigkeitsberichterstattung einnimmt. Damit nachhaltige Kapitalmärkte »made in Europe« jedoch wirklich zum weltweiten Standard werden, muss Europa die Problematik angehen, dass verschiedene Regionen derzeit ihre eigenen Taxonomien entwickeln und dies das Risiko birgt, den nachhaltigen Investmentmarkt weiter zu fragmentieren. Initiativen wie die International Platform on Sustainable Finance sind als erster Schritt zu begrüßen, um sicherzustellen, dass andere Länder und Regionen die von Europa bereits geleistete Arbeit nutzen und die unaufhaltsame Tendenz zur Übernahme regionaler Denkweisen vermeiden, die die Entwicklung eines globalen Rahmens behindert. Gleichzeitig muss eine engere und agilere Zusammenarbeit zwischen dem privaten und dem öffentlichen Sektor etabliert werden, da globale Unternehmen und Investoren als Katalysator für die Übernahme europäischer Standards in anderen Regionen dienen könnten.

Darüber hinaus muss die europäische Führung einen Schritt weiter gehen und Einfluss auf Initiativen nehmen, die die Legitimität haben, international anerkannte Rahmenwerke zu entwickeln, wie z. B. die Nachhaltigkeitsberichtsstandards der IFRS Foundation. Selbst wenn sich, wie einige befürchten, die erste Reihe von Standards als lockerer und weniger ehrgeizig als die europäischen herausstellen würde, sollte sich Europa weiterhin einbringen und als Leuchtturm für weitere Errungenschaften dienen. Um dies zu erreichen, wird ein objektiver, wissenschaftlicher Ansatz, der sich nicht dem politischen Druck beugt, sicherstellen, dass die EU ihre erworbene Legitimität nie verliert.

Europa muss auch durch Innovation vorangehen. Regulatorische Standards sind der Ausgangspunkt, reichen aber nicht aus, wenn Investoren keinen Zugang zu den notwendigen Technologieplattformen erhalten, die eine breite Einführung nachhaltiger Investitionen skalierbar und realisierbar machen. Daher muss die EU führende Technologieunternehmen durch Innovationszuschüsse unterstützen, die auf den EU Green Deal abgestimmt sind, und Möglichkeiten für mehr Sichtbarkeit, Engagement und Zusammenarbeit bieten.

Clarity AI ist führender Technologieanbieter für Impact-Lösungen

In diesem Zusammenhang und als führende Technologieplattform für Nachhaltigkeits- und Wirkungsmessung und -reporting hat Clarity AI große Unterstützung von europäischen Investoren, wie der Deutschen Börse, und von der Europäischen Kommission durch die Programme Horizon 2020, ENISA, Neotec und Impact Growth erhalten. Nach den Erfahrungen von Clarity AI ist die Unterstützung durch europäische Institutionen und Unternehmen noch ausbaufähig, und es bestehen noch erhebliche Barrieren, die uns daran hindern, weiter zu wachsen und unsere Kunden zu bedienen. Erstens muss Europa, wie bereits erwähnt, mit internationalen Initiativen zusammenarbeiten, die auf eine global abgestimmte Nachhaltigkeitsberichterstattung abzielen, und eine regionale Denkweise vermeiden: Diese würde nur zu einer Verdoppelung regionaler Initiativen und zu mehr Verwirrung führen. Zweitens: Unser Finanzsystem muss sich weiterentwickeln und agiler werden. Unserer Ansicht nach sind die europäischen Finanzinstitute groß, stark reguliert und nicht digitalisiert und

verlassen sich meist auf veraltete Systeme, die ihre Geschwindigkeit einschränken. Darüber hinaus gibt es im Finanzsektor eine
gewisse Zurückhaltung und Skepsis gegenüber der Fähigkeit, soziale, Governance- und Umweltthemen zu quantifizieren. Dies
ist etwas verwirrend und widersprüchlich, wenn man bedenkt,
dass sowohl Finanz- als auch Risikoanalysen auf einer Vielzahl
von Annahmen und Schätzungen beruhen wie Inflation oder
Bruttoinlandsprodukt, NPV oder VAR, um nur einige zu nennen.
Schließlich ist die Skalierung eines Unternehmens in Europa trotz
der insgesamt guten Talente auf dem gesamten Kontinent immer
noch eine Herausforderung, die auf die zahlreichen Barrieren zurückzuführen ist, die sich daraus ergeben, dass es sich nicht um
einen einheitlichen Markt handelt (verschiedene Ebenen der Bürokratie, unterschiedliche Sprachen, keine vollständige Mobilität
der Arbeitskräfte usw.).

Die Mission von Clarity AI ist es, gesellschaftliche Auswirkungen
auf die Märkte zu bringen und der führende Technologieanbieter
für Impact-Lösungen zu werden. Als einzige vollständig technologiegetriebene Plattform für nachhaltige Analysen und Berichte
versucht Clarity AI

- die Qualität und Verfügbarkeit von Nachhaltigkeitsdaten zu
  erhöhen
- transparente und wissenschaftlich fundierte Methoden und
  Frameworks bereitzustellen, die Investoren nutzen und anpassen können, um ihre Risikopräferenzen oder persönlichen Werte und Überzeugungen widerzuspiegeln; und
- diese verbesserten Analysen und Methoden über eine
  cloudbasierte Technologieplattform für Nachhaltigkeitslösungen bereitzustellen, um Investoren skalierbare Tools zur
  Verfügung zu stellen, damit die Annahme nachhaltiger Investitionen schnell zum Mainstream werden kann.

Unserer Erfahrung nach versuchen Investoren immer noch, den besten Weg zu finden, um die verschiedenen Herausforderungen zu meistern, wenn es darum geht, etwas zu bewirken und die Vorschriften einzuhalten und gleichzeitig gute finanzielle Erträge zu erzielen. Die meisten unserer Kunden haben sich in der Vergangenheit mit langwierigen, manuellen Prozessen herumgeschlagen und sind zu der Erkenntnis gelangt, dass Skalierbarkeit, Geschwindigkeit und Flexibilität unerlässlich sind, um den sich schnell ändernden Marktanforderungen gerecht zu werden. Daher bietet Clarity AI mehrere Frameworks, um Investitionen aus unterschiedlichen Blickwinkeln zu analysieren, z. B. finanzielles Risiko in Verbindung mit einer Nachhaltigkeitsbewertung, Auswirkungen gemäß den Zielen für nachhaltige Entwicklung der Vereinten Nationen, Klimaauswirkungen und Carbon-Footprint-Analyse, Task Force on Climate-related Financial Disclosures (TCFD), EU-Taxonomie und Sustainable Finance Disclosures Regulation (SFDR) Reporting.

Darüber hinaus ist der Hauptbeitrag von Clarity AI leichter zu verstehen, wenn man ein konkretes Beispiel analysiert, wie z. B. das regulatorische Reporting. Investoren haben geäußert, dass das manuelle Aggregieren disparater Rohdatensätze und das Entwirren zweifelhafter Ratingansätze, die nicht transparent und untereinander vergleichbar sind, nicht skalierbar ist. Es hindert sie letztlich daran, die Offenlegungsvorschriften zu erfüllen. Clarity AI konzentriert sich auf die Lösung dieser Herausforderungen und hilft Investoren bei der schnellen und skalierbaren Umsetzung nachhaltiger Anlagerichtlinien und Reportingprozesse. Für die Regulierung (am Beispiel der SFDR) sind die wichtigsten Ergebnisse die Breite, Vollständigkeit und Qualität der Daten. Eine Multi-Provider-Sicht und die Durchführung von Zuverlässigkeitsalgorithmen sind daher der Schlüssel, um die beste Datenqualität mit der höchsten Abdeckung zu bieten. Es ist auch sehr wichtig, Investoren Metriken anzubieten, die vollständig mit der angegebenen SFDR-Definition übereinstimmen.

Darüber hinaus benötigen alle Investoren über die spezifischen Anforderungen für jeden einzelnen Anwendungsfall hinaus umfassende Lösungen, die es ihnen ermöglichen, nicht nur eine Gesetzgebung wie die SFDR einzuhalten, sondern auch alle anderen Gesetzgebungen wie die EU-Taxonomie oder TCFD oder ihre internen nachhaltigen Anlagerichtlinien, Mandate etc. Das Wertversprechen von Clarity AI dreht sich genau um diese Themen: Wir bieten eine Technologieplattform für Nachhaltigkeit, die Investoren mit hochwertigen Analysen, einer umfassenden Datenabdeckung, transparenten und objektiven Rahmenbedingungen und skalierbaren Technologietools ausstattet.

Vom Ziel zur Umsetzung: Priorisierung erfordert Quantifizierung

Wie geht es weiter? Wir glauben, dass der Klimawandel und das Ziel unserer Gesellschaft, die sogenannte Klimaneutralität zu erreichen, eine starke Triebfeder für eine breitere Diskussion über soziale und ökologische Themen sind. Ein ehrgeiziges Ziel zu haben, ist jedoch nur der Anfang. Wir müssen auch einen Weg finden, um alle Umwelt-, Sozial- und Governance-Themen richtig zu priorisieren, damit wir die Klimaneutralität schnell und effektiv erreichen können. Wir sind davon überzeugt, dass wir den Stein erst wirklich ins Rollen bringen, wenn wir Nachhaltigkeitsfragen quantifizieren können. Nur dann werden wir in der Lage sein, Prioritäten zu setzen, die begrenzten Ressourcen erfolgreich einzusetzen und das Ziel der Klimaneutralität zu erreichen.

Um weitere Anreize zu schaffen und Innovationen im europäischen unternehmerischen Ökosystem zu fördern, sollte sich der Gesetzgeber zweifellos auf die Vollendung des Europäischen Binnenmarktes konzentrieren. Damit schnell wachsende Tech-Unternehmen in großem Umfang wachsen können, müssen die bürokratischen Hürden, die die Expansion in andere europäische Länder einschränken, beseitigt werden. Weiche Barrieren, wie

Sprachbarrieren und sinnvolle Aktienanreizpläne, müssen ebenfalls mit der richtigen Bildungs- und Steuerpolitik angegangen werden.

In Bezug auf die globale Landschaft für nachhaltige Investitionen ist es wichtig, dass die Europäische Kommission sich in Zusammenarbeit mit globalen Standardsetzern auf die Bereitstellung klarer regulatorischer Richtlinien für Investoren und Unternehmen konzentriert, um sicherzustellen, dass die Datenverfügbarkeit erhöht wird und klare Rahmenwerke geschaffen werden. Dies ist unerlässlich, damit Investoren und Unternehmen ihre Nachhaltigkeitsinitiativen effektiv umsetzen, nachverfolgen und messen können und die Themen und Aktivitäten priorisieren, die einen immer größeren Einfluss auf die Welt haben können.

ESG – drei Buchstaben, die auch die Derivatebörsen verändern

VON MICHAEL PETERS

Derivatebörsen leisten einen wertvollen Beitrag beim Übergang zu einer nachhaltigeren Kapitalallokation.

Sie sind hoch regulierte Handelsplätze. Die Preisfindung findet für alle transparent in einem zentralen Orderbuch statt. Alle Geschäfte sind über das zentrale Clearinghaus abgesichert.

Mit Derivaten lassen sich Risiken absichern. Gleichzeitig bieten sie eine sinnvolle Erweiterung der Anlagemöglichkeiten.

ESG-Derivate verbinden Renditen mit Nachhaltigkeitsleistung. Sie tragen so dazu bei, Kapital in nachhaltige Investitionen umzulenken, und ebnen so den Weg zur mehr Nachhaltigkeit.

Dabei spielen ESG-Indizes eine zentrale Rolle. Zugrunde liegende Datenkonzepte und Indexmethodologien werden sich rasant weiterentwickeln.

Benötigt wird ein stabiles, klar definiertes und dennoch flexibles Rahmenwerk, das ein einheitliches Verständnis aller Beteiligten von Nachhaltigkeit widerspiegelt und praktikabel umsetzbar ist.

So wird ESG zu gelebter Marktpraxis mit entsprechenden Auswirkungen auf die Realwirtschaft.

ESG steht für die existenzielle und grundlegende Transformation unserer Wirtschaft zu mehr Nachhaltigkeit bei Umwelt, Sozialem und Unternehmensführung. Die Politik stellt bereits die Weichen, und an den Kapitalmärkten sind nachhaltige Finanzanlagen im Trend. Dennoch hat die Transformation gerade erst begonnen; der eigentliche Prozess liegt noch vor uns. Welche Rolle spielen Derivatebörsen bei diesem Transformationsprozess?

Mit dem EU Action Plan for Sustainable Finance hat die EU bereits 2018 eine Strategie zur Förderung nachhaltiger Investitionsentscheidungen festgelegt, die 2019 durch den EU Green Deal ergänzt wurde, eine Wachstumsstrategie, mit der Europa bis 2050 zum ersten klimaneutralen Kontinent werden soll. Die EU-Kommission rechnet in diesem Kontext mit Investitionen in Höhe von 1 Billion Euro über die nächsten zehn Jahre.

Die Kapitalströme sollen auf eine nachhaltigere Wirtschaft ausgerichtet werden. Finanzmarktteilnehmer sollen nachhaltige Anlagemöglichkeiten identifizieren und die relevanten Risiken managen, die sich aus dem Klimawandel und dem Übergang zu einer nachhaltigeren Wirtschaft ergeben. Gleichzeitig erwarten Investoren Transparenz bei ESG-Kriterien und langfristige Wertschöpfung von den mandatierten Asset-Managern.

Welchen Beitrag können Derivatebörsen bei dieser gigantischen Transformation leisten, und welche systemrelevante Position übernehmen sie bereits heute?

Derivatebörsen: hoch regulierte Handelsplätze zur Risikotransformation

Der börsliche Handel von Derivaten ist hoch reguliert und untersteht der staatlichen Aufsicht. Er läuft vorwiegend über elektronische Handelssysteme ab. Gehandelt werden nicht Aktien oder Anleihen, sondern standardisierte Lieferverträge (Kontrakte), die einen Risikotransfer zwischen Marktteilnehmern ermöglichen. Die Teilnehmer einer Derivatebörse unterliegen strikten Zulassungsvoraussetzungen in Bezug auf Regulierung, Kapitalanforderungen, Risikomanagement und Abwicklung. Zusätzlich erfolgt die Preisfindung für das jeweils gehandelte Instrument im zentralen, elektronischen Orderbuch. Dies ermöglicht in Abgrenzung zum außerbörslichen, intransparenten Over-the-Counter-(OTC)-Handel eine optimale und für alle Teilnehmer gleiche Preistransparenz.

Zusätzliche Sicherheit durch Clearinghäuser

Im Unterschied zum außerbörslichen Handel werden die aus dem börslichen Handel resultierenden Positionen zentral über ein Clearinghaus, den sogenannten zentralen Kontrahenten (Central Counterpart – CCP), verrechnet. Nach Geschäftsabschluss zwischen Käufer und Verkäufer garantiert es die Erfüllung aller eingegangenen Positionen. Das Zahlungs- und Lieferrisiko ist beim börslichen Derivatehandel weitgehend minimiert. Zur Absicherung bewertet das Clearinghaus laufend das Risiko aller offenen Positionen und verlangt mindestens täglich entsprechende Sicherheitsleistungen vom jeweiligen Käufer bzw. Verkäufer auf Basis der aktuellen Kursentwicklungen.

Regulatoren messen der Rolle der Clearinghäuser und den Vorteilen des zentralen Clearings seit der Finanzkrise 2008 eine besondere Bedeutung bei. Bei der zur Gruppe Deutsche Börse gehörenden Derivatebörse Eurex übernimmt die Eurex Clearing AG diese Funktion. Die Besonderheit von Eurex Clearing ist, dass sie das Risiko aller Positionen laufend in Echtzeit (real-time) überwacht. Selbst innerhalb eines Handelstages können so jederzeit Sicherheitsleistungen nachgefordert werden, sofern das Risiko nicht ausreichend abgedeckt ist. Eurex Clearing hat auch den Status einer regulierten Bank und kann damit jederzeit auf die Kreditfazilitäten der EZB zurückgreifen.

Breites Spektrum an Optionen und Futures

Bei Derivate-Geschäften geht es um Transaktionen, die erst in der Zukunft zu einem vorher bestimmten Termin erfüllt werden, daher spricht man auch von Terminbörsen. Das Geschäft wird aber bereits in der Gegenwart abgeschlossen. Hierbei unterscheidet man zwischen Futures und Optionen.

Ein Future begründet ein Geschäft zur Lieferung bzw. Abnahme eines bestimmten Basiswertes (z.B. Wertpapiere, Zinsen oder Währungen). Fälligkeitstag, Menge und Ausgestaltung des Basiswertes sind fest definiert. Eine Option begründet nur das Recht zum Kauf bzw. Verkauf eines bestimmten Basiswertes. Beide sind jeweils in allen Merkmalen wie Kontraktgröße, Größe der kleinsten Preisbewegung oder Liefertermin standardisiert und haben daher stets eine feste Laufzeit. Ohne diese Spezifikationen wäre ein liquider Terminhandel nicht umsetzbar.

Der Preis des Kontraktes ist über die Laufzeit eng an die Entwicklung des zugrunde liegenden Basiswertes gekoppelt. Das heißt Derivate können die mit dem zugrunde liegenden Finanzinstrument verbundenen Zahlungen liefern. Institutionelle Anleger wie z.B. Pensionsfonds können so Investments eingehen oder Zusatzrenditen erzielen, ohne dass sie das Basisinstrument, z.B. Aktien, tatsächlich besitzen müssen. Umgekehrt können sie sich durch entsprechende Positionen gegen Preisbewegungen absichern, z.B. gegen Zins- und Währungsrisiken.

Eine Derivatebörse stellt auch zukunftsbezogene Informationen über die zugrunde liegenden Rohstoffe, Wertpapiere oder Vermögenswerte bereit. Dies trägt letztlich zu mehr Transparenz des Gesamtmarktes bei. Derivate sind also ein fester Bestandteil des Kapitalmarktes. Welchen Beitrag leisten sie nun bei der Transformation zu einer sozial und ökologisch nachhaltigen Wirtschaft?

ESG-Derivate ebnen den Weg zu mehr Nachhaltigkeit

Emittenten und Investoren, die durch Investitionen zu der notwendigen Kapitalbeschaffung für die Transformation beitragen, müssen die damit verbundenen Preis-, Zins-, Währungs- und andere Risiken absichern.

Neue ESG-Derivate, die Renditen mit Nachhaltigkeitsleistung und -auswirkung verknüpfen, um Kapital in nachhaltige Investitionen umzulenken, gewinnen an Bedeutung. Sie spiegeln das veränderte Verhalten der Anleger wider, Nachhaltigkeitsaspekte bei ihren Investments zu berücksichtigen. Große Indexanbieter wie beispielsweise STOXX Qontigo oder MSCI haben ihre Leitindizes um entsprechende ESG-Varianten ergänzt, zu denen Eurex die passenden Derivate gelistet und handelbar gemacht hat. Dieser Trend wird sich fortsetzen.

ESG-Indizes: vom reinen Ausschlussverfahren zum integrierten Rating

Bei ESG-Indizes werden z. B. nach einem Ausschluss- oder Screeningverfahren Unternehmen herausgefiltert, die bestimmte Nachhaltigkeitskriterien nicht erfüllen, beispielsweise Unternehmen mit sehr schweren Verstößen gegen internationale Normen, z. B. Prinzipien des UN Global Compact. Dazu zählen Unternehmen mit hohem Umsatzanteil in den Bereichen Stromgewinnung aus thermischer Kohle oder Kohleabbau oder Förderung von Erdöl und Erdgas mittels nichtkonventioneller Methoden (z. B. Fracking). Zusätzlich werden Unternehmen ausgeschlossen, die Tabakprodukte oder Rüstungsgüter handeln oder produzieren.

Andere Indizes gehen über die standardmäßigen negativen Ausschlüsse hinaus und verfolgen eine aktive Strategie der positiven ESG-Integration, d. h. es werden Unternehmen ausgewählt und gegebenenfalls übergewichtet, die ein besonders hohes ESG-Rating haben.

Für Unternehmen sind diese Verfahren ein hoher Anreiz, ihre Geschäftsmodelle anzupassen und mit Blick auf E, S und G zu überprüfen. Denn nur so stellen sie sicher, dass sie im Index verbleiben bzw. über ein hohes Rating eine größere Gewichtung erzielen. So bleiben sie als Anlageobjekte attraktiv und werden von Investoren als Einzelwerte oder Bestandteil eines Index gekauft.

Aufgabe einer Derivatebörse ist es, diesen Prozess zu begleiten und die passenden Derivate zur Verfügung zu stellen und handelbar zu machen. Große Portfoliomanager wie Pensionsfonds richten ihre Portfolios häufig an sogenannten Benchmark-Indizes wie z. B. dem DAX oder – auf europäischer Ebene – dem STOXX Europe 600 aus. Anstelle des klassischen Index bevorzugen sie jetzt die ESG-Variante als Richtschnur für die Zusammenstellung des Portfolios und als Messlatte für die zu erzielende Rendite.

Eurex – weltweit führend bei ESG-Derivaten

Eurex hat als eine der ersten Terminbörsen liquide und kosteneffiziente Derivate zum Management von ESG-Anlagemandaten und ihrer Risiken entwickelt. Mit 21 Produkten auf globale, europäische und regionale ESG-Indizes und ausstehenden Kontrakten im Wert von über 4 Milliarden Euro sind wir heute weltweiter Marktführer (Stand Ende August 2021).

Erste ESG-Futures auf STOXX Europe 600 ESG-X, Low Carbon- und Climate Impact-Indizes wurden im Februar 2019 erfolgreich eingeführt und zogen schnell weitere Produkte nach sich. Dabei haben wir unser Angebot anfangs auf Europa konzentriert, aber bereits Anfang 2020 in Kooperation mit den Indexanbietern STOXX und MSCI Inc. auf globale Märkte ausgedehnt.

Die Auswahlmethodiken entwickeln sich rasant weiter

Die Kontrakte der ersten Phase basieren mehrheitlich auf einfachen und klaren Ausschlussverfahren. STOXX schließt beispielsweise Unternehmen aus, die nach Ansicht des ESG Research- und Datenanbieters Sustainalytics nicht dem Global Standards Screening (GSS) entsprechen, unter anderem Aspekten in Bezug auf Menschen- und Arbeitsrechte, Umwelt, Geschäftsethik und Korruptionsbekämpfung.

Ende 2020 haben wir mit der Einführung zusätzlicher ESG-Derivate einen weiteren großen Schritt gemacht. Sie basieren erstmals auf einem ESG-Index, der ESG-Ratings als Teil des Auswahlprozesses berücksichtigt. Die im Mai 2021 eingeführten ESG Index Futures verbinden solche Ratings mit einem gleichzeitig um 30 Prozent reduzierten Exposure gegenüber CO_2 und anderen Treibhausgasen.

Mit weiteren innovativen ESG-Lösungen wird Eurex die Nachfrage nach neuen nachhaltigen Anlagestrategien erfüllen. Dabei muss jeder Kontrakt das nachhaltige Investmentbedürfnis unserer Kunden bzw. der Gesellschaft abbilden, um den entsprechenden Impact auf das Investitionsverhalten auszulösen. Dies unterliegt einem ständigen Wandel. Deshalb steht bei der Entwicklung neuer ESG-Produkte unsere Sorgfaltspflicht (Due Diligence) besonders im Fokus. Wir stimmen uns mit allen relevanten Stakeholdern ab, um ihre Methodik zu verstehen und sicherzustellen, dass neue ESG-Produkte für unsere Kunden den relevanten Mehrwert in Bezug auf Nachhaltigkeit sicherstellen.

Derivatebörsen sind Teil eines breiten Eco-Systems

Derivatebörsen stehen also im Zentrum des Kapitalmarktes, in dem es neben den eigentlichen Marktteilnehmern noch weitere Teilnehmer gibt, die für das Funktionieren des Marktes erforderlich sind, nämlich der CCP, die Banken, Broker, Asset-Owner/-Manager und Clearing-Mitglieder, Index- und Datenanbieter oder nationale und internationale Regulatoren.

Um die Nachfrage nach neuen, nachhaltigen Anlagestrategien anzustoßen oder zu bedienen und in der Realwirtschaft die richtigen Impulse setzen können, kommt es entscheidend auf Art und Ausgestaltung dieser ESG-Derivate an. Investoren ist einerseits wichtig, auf schon bekannte und bewährte Benchmarks aufzubauen. Andererseits müssen wir bei der Auswahl der Basiswerte unserer Derivate jedoch alle Spielräume nutzen, um nicht nur das E, sondern auch das S und das G abzubilden.

Nachhaltige Finanzmärkte brauchen klar definierte Rahmenbedingungen

Börslich gehandelte ESG-Derivate leisten dank ihrer Zukunftsorientierung und ihrer Transparenz in einem hoch regulierten Umfeld einen wertvollen Beitrag beim Übergang zu einer nachhaltigeren Kapitalallokation mit entsprechenden Auswirkungen auf die Realwirtschaft. Die für ESG-Derivate notwendigen Datenkonzepte und Indexmethodologien werden sich in den nächsten Jahren rasant weiterentwickeln. Eurex wird hier in enger Abstimmung mit allen Beteiligten weiterhin innovative Lösungen anbieten, um nachhaltige Anlagestrategien zu unterstützen. Eine entscheidende Rolle spielt dabei das Zusammenspiel mit den politischen Entscheidungsträgern sowie den Regulierungsbehörden. Wir brauchen einen stabilen, klar definierten und dennoch flexiblen Rahmen. Dieser sollte ein einheitliches Verständnis aller Beteiligten von Nachhaltigkeit widerspiegeln und die Aspekte Umwelt, Soziales und gute Unternehmensführung ganzheitlich betrachten. Gleichzeitig sollten diese Vorgaben sinnvoll und praktikabel umsetzbar sein. So wird die Entwicklung von ESG als gelebte Marktpraxis weiter vorangetrieben. Daher begrüßen wir die Maßnahmen auf nationaler wie auch europäischer Ebene, solch ein entsprechendes Rahmenwerk zu erarbeiten.

Die EEX Group – globaler Handelsplatz für nachhaltige Energie- und Umweltmärkte

VON PETER REITZ UND ROBERT GERSDORF

Energie- und Umweltmärkte wie der Emissionshandel und der Strommarkt für erneuerbare Energien sind die Leitmärkte einer nachhaltigen Transformation von Gesellschaft und Wirtschaft.

Die EEX Group hat Best Practices für die CO_2-Bepreisung mittels Emissionshandel und für die Marktintegration und Finanzierung erneuerbarer Energien entwickelt.

Die nachhaltige Transformation bringt neue grüne Commodities, wie grünen Wasserstoff, hervor.

Um privates Kapital für nachhaltige Investitionen zu mobilisieren, sollte die Politik Energie- und Umweltmärkte stärken.

Energie- und Umweltmärkte als Leitmärkte der nachhaltigen Transformation

Wir stehen am Beginn einer Epoche der Nachhaltigkeit. Das Pariser Klimaschutzabkommen war die Zäsur. Der europäische Green Deal ist ein weiterer Meilenstein. Europa will bis 2050 klimaneutral werden. Andere Weltregionen und Länder setzen sich ähnliche Ziele. So auch Deutschland. Im Eindruck des jüngsten Beschlusses des Bundesverfassungsgerichts zum deutschen Klimaschutzgesetz soll Deutschland bereits 2045 klimaneutral werden.

Das gesellschaftliche Aushandeln und politische Entscheiden von Zielen ist das eine. Die Zielerreichung ist schwieriger. Auf die Umsetzung und die dafür nötigen Instrumente kommt es an. Die Ziele erfordern eine umfassende Transformation aller Gesellschafts- und Wirtschaftsbereiche. Menschen müssen ihren Lebensstil und Wirtschaftsakteure ihre Art zu produzieren und zu handeln hinterfragen. Es bedarf enormer Investitionen, um diese Transformation umzusetzen, z. B. durch den Einsatz neuer, klimaneutraler Technologien. Und für Investitionen braucht es Kapital – staatliches und privates Kapital gleichermaßen. Investoren agieren in der Regel an Märkten – an Kapitalmärkten, aber auch an für die Transformation unmittelbar relevanten Waren- bzw. Commoditymärkten. Das sind vor allem die Energie- und Umweltmärkte. Im Strommarkt etwa bei der Finanzierung erneuerbarer Energien und ihrer Integration in das Energiesystem. Oder beim Emissionshandel als marktbasiertes Instrument, mit dem klimaschädliches Verhalten in Form von CO_2-Emissionen einen Preis bekommt.

Nachhaltige Energie- und Umweltmärkte füllen das E – »Environment« – in den ESG-Kriterien mit Leben. Sie fungieren als Bindeglied zwischen der Realwirtschaft mit Investitionen in neue klimafreundliche Technologien einerseits und dem Finanzmarkt und Investoren auf der Suche nach nachhaltigen Anlagemöglichkeiten andererseits.

Die Einhaltung des Ziels des Pariser Klimaschutzabkommens, die Erderwärmung auf deutlich unter zwei Grad Celsius, möglichst auf 1,5 Grad Celsius, zu begrenzen, erfordert im Kern zwei Dinge. Erstens eine umfassende Dekarbonisierung aller Gesellschafts- und Wirtschaftsbereiche. Und zweitens eine CO_2-neutrale Energieversorgung. Es gibt zwei komplementäre Ansätze, die als erfolgversprechend gelten: die Emissionsminderung mittels einer CO_2-Bepreisung einerseits, kombiniert mit einer CO_2-neutralen Energieversorgung basierend auf erneuerbaren Energien andererseits.

Erneuerbare Energien werden nicht auf den Stromsektor begrenzt bleiben, sondern grüner Strom wird zunehmend als Primärenergie eingesetzt, um fossile Brennstoffe zu ersetzen. Das führt zu einer Elektrifizierung und damit Kopplung von Sektoren, z. B. durch Elektrofahrzeuge für den Transport, elektrische Wärmepumpen zum Heizen und den Einsatz klimaneutraler Grundstoffe wie grüner Wasserstoff für Industrieprozesse. Dafür werden ein deutlicher Zubau erneuerbarer Energien und entsprechende Investitionen nötig sein. Dem Strommarkt kommen bei dieser Entwicklung zwei wesentliche Aufgaben zu. Zum einen werden über den kurzfristigen physischen Strommarkt (Spotmarkt) die Erzeugung und der Verbrauch von Strom kontinuierlich synchronisiert. So entsteht über das Preissignal der Energiebörse ein Anreiz, Strom dann zu nutzen, wenn besonders viel davon produziert wird und dessen Preis besonders gering ist. Dadurch ergeben sich Investitionsanreize für neue, flexible Technologien (wie z. B. Speicher). Zum anderen fungiert der Stromterminmarkt als längerfristiges Absicherungsinstrument. Damit unterstützen die hier handelbaren Finanzinstrumente die Finanzierung neuer und zunehmend erneuerbarer Kapazitäten zur Stromerzeugung.

Die EEX Group als Handelsplatz für nachhaltige Energie- und Umweltmärkte

Die Unternehmensgruppe EEX Group[1] ist mit ihren globalen Energie- und Rohstoffbörsen einer der weltweit engagierten Börsenbetreiber für nachhaltige Energie- und Umweltmärkte. Wir als Teil der EEX Group sind überzeugt, dass Märkte bestmöglich geeignet sind, um die nötigen Investitionen für Klimaschutz auszulösen. Das passiert über das Preissignal von Märkten, wodurch nachhaltige Ressourcen bestmöglich allokiert werden, sodass dort

---

1 Die Trägergesellschaft ist die in Leipzig ansässige European Energy Exchange AG (EEX). Die EEX ist wiederum Teil der Gruppe Deutsche Börse

investiert wird, wo es ökonomisch am sinnvollsten ist. So lassen sich wirtschaftliches Handeln und ökologische Verantwortung zusammenführen.

Die EEX Group steht für Best Practices in den für die nachhaltige Transformation besonders maßgeblichen Marktsegmenten Emissionshandel, erneuerbare Energien und grüner Wasserstoff.

Best Practices der EEX Group für CO_2-Bepreisung und Emissionshandel

Die EEX ist seit dem Start des europäischen Emissionshandelssystems im Jahr 2005 einer der zentralen Handelsplätze für Emissionsberechtigungen (EUAs). Insbesondere organisiert sie im Auftrag aller europäischer Mitgliedstaaten und der Europäischen Kommission die europäische Auktionsplattform (Primärmarkt), über die Emissionsberechtigungen in den Markt gegeben werden. Hinzu kommt ein Sekundärmarkt, auf dem die EUA frei gehandelt werden können. Zusätzlich zu den Handelsmärkten in Europa bietet die EEX Group über ihre US-Tochterbörse Nodal Exchange den Handel von Emissionsrechten für verschiedene Regionen in den Vereinigten Staaten an.[2] Und in Neuseeland hat die EEX gemeinsam mit der neuseeländischen Börse NZX einen Auktionshandel für neuseeländische Emissionsrechte aufgebaut, der im März 2021 gestartet ist. Neben eigenen Emissionsmärkten unterstützt die EEX Group auch den Aufbau neuer Emissionsmärkte weltweit durch Beratungsleistungen, so auch in der Entwicklungsphase des chinesischen Emissionshandels, der zum Jahresbeginn 2021 gestartet ist.

In den meisten Fällen kommt der Emissionshandel bisher in den Sektoren Energie und Industrie zum Einsatz. Vor dem Hintergrund der benötigten umfassenden Dekarbonisierung ist der nächste Schritt eine Ausweitung des Emissionshandels auf weitere Sektoren – insbesondere Transport und Wärme. Deutschland ist hier mit

---

2 Aktuell bietet Nodal Exchange den Handel von Californian Carbon Allowances sowie Regional Greenhouse Gas Initiative (RGGI) Allowances an.

seinem 2021 gestarteten nationalen Emissionshandel für Brennstoffemissionen ein Vorreiter. Die Einführung erfolgt schrittweise zunächst über eine Festpreisphase, die später durch ein Handelssystem mit freier Preisbildung abgelöst wird. Für die Festpreisphase wird zunächst die EEX eine Verkaufsplattform organisieren. Die Erfahrungen aus dem deutschen Emissionshandel dürften wertvoll sein für eine spätere Ausweitung des europäischen Emissionshandels auf weitere Sektoren bzw. bei der Integration nationaler Instrumente in einen umfassenderen europäischen Emissionshandel.

Neben verpflichtende Emissionsmärkte treten freiwillige Initiativen, um bisher nichtverpflichteten Wirtschaftsbereichen eigeninitiativ eine CO_2-Bepreisung oder Möglichkeiten zur CO_2-Kompensation zu geben. Der Ansatz, den eigenen CO_2-Fußabdruck mittels CO_2-Gutschriften (Credits) zu kompensieren und im Gegenzug Klimaschutzprojekte vor allem in Entwicklungs- und Schwellenländern zu fördern, ist nicht neu. Bisher fehlte es aber an einheitlichen Standards sowie robuster und damit glaubhafter Zertifizierung der Gutschriften. Das soll sich ändern. Initiiert vom UN-Sonderbeauftragten für Klimaschutz und Klimafinanzierung, Mark Carney, hat sich die Task Force on Scaling Voluntary Carbon Markets (TSVCM) entwickelt, um ein vertrauenswürdiges Rahmenwerk für freiwillige Kohlenstoffmärkte zu definieren, auf dessen Basis sich ein transparenter und liquider Handel mit CO_2-Gutschriften entwickeln soll. Auch die EEX engagiert sich im Rahmen der TSVCM und arbeitet an einem eigenen Handelsangebot für den freiwilligen Kohlenstoffmarkt.

Best Practices der EEX Group für Marktintegration und Finanzierung erneuerbarer Energien

Der Paradigmenwechsel, auf erneuerbare Energien zu setzen, betrifft auch den Energiehandel. Es entstehen neue Risiken genauso wie neue Chancen. Das führt zu veränderten Anforderungen an die Handelsprodukte in diesen Märkten, um erneuerbare Energien sowohl physisch in den Strommarkt zu integrieren als auch ihre Finanzierung über den Strommarkt und ohne staatliche Förderung[3] zu erreichen.

Die EEX Group ist hier in der Rolle eines Katalysators für die Energiewende.[4] Wir haben Marktstandards entwickelt, um die steigenden und stark schwankenden Strommengen aus erneuerbaren Energien sicher in das Energiesystem integrieren zu können. Das heißt konkret: Heute wird im börslichen Spotmarkt Strom im Viertelstundentakt gehandelt, bis fünf Minuten vor tatsächlicher Lieferung, und zwar 365 Tage, 24 Stunden rund um die Uhr.

Bisher wurden die meisten erneuerbaren Energien über Förderinstrumente wie das deutsche EEG finanziert. Angesichts gesunkener Technologiekosten erneuerbarer Energien sowie der nötigen zusätzlichen Mengen erneuerbarer Stromerzeugung spielt die marktbasierte Finanzierung eine zunehmend größere Rolle. Dabei trifft die Suche der Erneuerbaren-Erzeuger nach einer geeigneten Finanzierung auf die steigende Nachfrage nach grünem Strom für die Industrie oder grünen Anlageopportunitäten für Investoren. Staatliche Förderung wird obsolet und durch privates Kapital ersetzt. In diesem Kontext werden Strombezugsverträge für die Finanzierung von Erneuerbaren-Projekten, sogenannte Power Purchase Agreements – kurz PPA – eine wichtige Rolle einnehmen. Auch das ist aus Börsensicht relevant: Risiken, die sich aus solch langfristigen bilateralen Verträge ergeben, lassen sich an der Energiebörse über Standardprodukte adäquat absichern. Das betrifft Marktrisiken ebenso wie das Ausfallrisiko einer der Vertragsparteien, was bei langfristigen Verträgen von besonderer Relevanz ist. Hier bietet die EEX mit ihrem Stromterminmarkt und ihrem Clearinghaus European Commodity Clearing (ECC) die Möglichkeit, diese PPA-Risiken zu besichern. Um der Langfristigkeit der Projektfinanzierungen und der PPA-Laufzeiten stärker Rechnung zu tragen, erweitert die

---

3 Z. B. in Deutschland über das Erneuerbare-Energien-Gesetz (EEG)

4 Die zur EEX-Gruppe gehörende Europäische Strombörse EPEX SPOT organisiert den Stromspotmarkt, die EEX den Stromterminmarkt.

EEX den Handelshorizont am Stromterminmarkt von bisher sechs Jahren auf bis zu zehn Jahre. Diese Best Practices des Strommarkts gelten weltweit als Vorbild für eine marktbasierte Energiewende. Der EEX ist es zuletzt gelungen, ihr Marktmodell eines geclearten Stromterminmarkts nach Japan zu exportieren und sich dort in nur einem Jahr zur führenden Strombörse zu entwickeln.

Die EEX Group entwickelt Best Practices für den Handel mit grünem Wasserstoff

Die Transformation des Energiesystems bringt auch gänzlich neue nachhaltige Commodities hervor, wie aus erneuerbaren Energien erzeugter grüner Wasserstoff. Als zukünftige »Energiewende-Commodity« kann grüner Wasserstoff eines Tages den bisherigen globalen Stellenwert von Erdgas und Öl einnehmen. Viele Länder und Regionen – darunter auch Deutschland und die EU – haben bereits Wasserstoffstrategien mit ambitionierten Zielmarken für die Produktion oder den Import grünen Wasserstoffs. Noch arbeiten Politik, Regulierer und Marktakteure an den konkreten Rahmenbedingungen für einen Markthochlauf. Europa, und allen voran Deutschland, hat es mit seiner Innovationskraft selbst in der Hand, eine Vorreiterrolle einzunehmen und der Anwendung von grünem Wasserstoff zur Dekarbonisierung weltweit zum Durchbruch zu verhelfen. Damit sich ein Handelsmarkt für Wasserstoff entwickelt, braucht es auch hier aussagekräftige Preissignale und passende Produkte – für Produzenten und Verbraucher genauso wie für Investoren. Die EEX arbeitet bereits mit Marktakteuren aus allen Gruppen daran, einen transparenten und liquiden Handel für grünen Wasserstoff zu entwickeln.

Fazit und Handlungsempfehlungen, damit Märkte die nachhaltige Transformation bestmöglich unterstützen

Märkte ermöglichen Umweltschutzinvestitionen (Green Finance), indem sie wirtschaftliches Handeln und ökologische Verantwortung zusammenführen. Vor allem nachhaltige Commoditymärkte in den Bereichen CO_2 und erneuerbare Energien sind »Enabler« der nachhaltigen Transformation.

Klimafreundliche Investitionen brauchen ein CO_2-Preissignal. Der Emissionshandel hat sich dafür bewährt. Als Cap-and-Trade-basiertes Mengeninstrument erreicht er Reduktionsziele treffsicher zu den niedrigsten Kosten. Daher ist der Emissionshandel das Mittel der Wahl auch für andere Sektoren jenseits der bislang verpflichteten.

Das gilt in besonderem Maße für Investitionen in erneuerbare Energien. Dank gesunkener Technologiekosten braucht es kaum noch staatliche Förderung, und sie können sich marktbasiert finanzieren. Damit das in noch größerem Maßstab gelingt, müssen die Rahmenbedingungen stimmen. Entscheidend sind ausreichend Flächen und schnelle Genehmigungen. Dann sorgt der Markt für den effizientesten Ausbau der Erneuerbaren.

Um die grüne Elektrifizierung und damit die Sektorenkopplung voranzutreiben, muss das Preissignal gestärkt werden. Dafür müssen marktfremde Bestandteile des Strompreises wie Umlagen, Abgaben und Steuern reduziert werden. Konkret sollte die EEG-Umlage nicht mehr über die Stromrechnung, sondern über den Bundeshaushalt finanziert werden. Weitere Steuern und Umlagen, die den Strompreis belasten, müssen auf den Prüfstand.

Perspektivisch wird grüner Wasserstoff ein wichtiger Baustein für die Erreichung der Klimaziele werden. Ein organisierter und transparenter Wasserstoffmarkt an der Börse sollte ein zentraler Bestandteil für das Hochlaufen einer Wasserstoffwirtschaft sein. Dafür ist wichtig, dass Politik und Regulierung sich nicht nur auf Infrastruktur und finanzielle Förderung konzentrieren, sondern das Entwickeln eines echten Handelsmarktes unterstützen – auch im Sinne der Gewinnung privaten Kapitals für Investitionen.

Sustainable Finance ist gekommen, um zu bleiben

VON JULIE BECKER

Investoren spiegeln zunehmend ihre Werte in der Art und Weise wider, wie sie investieren. ESG-Faktoren werden dabei immer wichtiger.

Allgemein akzeptierte Definitionen und harmonisierte Standards und Vorgaben für die Berichterstattung sind entscheidend für das Wachstum von Sustainable Finance.

Sensibilisierung und Wissen über nachhaltige Finanzen sowie strukturierte Nachhaltigkeitsdaten gehören heute zu den wichtigsten Treibern für Sustainable Finance.

Die Luxembourg Green Exchange ist die weltweit führende Plattform für nachhaltige Finanzen und der Referenzplatz für viele deutsche Emittenten nachhaltiger Wertpapiere.

Als neutrale Marktteilnehmer haben Börsen die Pflicht, die Agenda für nachhaltige Finanzen zu fördern und dazu beizutragen, Kapitalflüsse in nachhaltige Entwicklungsprojekte umzulenken.

Sustainable Finance hat in den letzten Jahren erheblich an Bedeutung gewonnen. Die Covid-19-Pandemie hat den Fokus auf Nachhaltigkeit im Jahr 2020 weiter verstärkt. Die weitreichenden Folgen der sozioökonomischen Krise haben ein neues Gefühl der Dringlichkeit dafür geschaffen, wie wir globale Herausforderungen wie den Klimawandel und soziale Ungerechtigkeit am besten bewältigen.

Globale Probleme erfordern gemeinsame Antworten und kollektives Handeln, und deshalb muss die Finanzwelt Teil der Lösung sein. Wenn wir die in den Zielen für nachhaltige Entwicklung der Vereinten Nationen (UN SDGs) und dem Pariser Klimaabkommen definierten Zielsetzungen erreichen wollen, müssen wir massive Kapitalmengen mobilisieren und diese Kapitalströme in Investitionsprojekte lenken, die positive ökologische und/oder gesellschaftliche Resultate bringen. Der Ausbau von Sustainable Finance wird daher entscheidend sein.

Investieren mit Werten

Investoren wollen zunehmend wissen, wohin ihr Geld fließt und welche Auswirkungen ihre Investition auf zukünftige Generationen und den Planeten hat. Sie wollen, dass ihre Investition neben der finanziellen Rendite auch einen positiven Beitrag zur Umwelt oder zur Gesellschaft leistet. Aspekte von Environmental, Social und Governance (ESG) sind bei Investoren daher einmal mehr in den Mittelpunkt gerückt. Sie drängen zunehmend auf Veränderungen, denn das Klimarisiko wird zum Anlagerisiko, und Vermögensverwalter und Anleger werden die Unternehmen, in die sie investieren, dafür auch wirklich zur Verantwortung ziehen. Ein eindrucksvolles Beispiel dafür ist die Aktionärsrevolte beim US-Ölgiganten ExxonMobil in diesem Frühjahr, bei der aktivistische Aktionäre in Ermangelung einer ihrer Ansicht nach ehrgeizigen Klimastrategie Änderungen im Vorstand des Unternehmens erzwangen. Außerdem wurde im Jahr 2020 der CEO von Rio Tinto entlassen, nachdem das Eisenerzbergbauunternehmen eine 46 000 Jahre alte heilige Stätte der Aborigines in Australien zerstört hatte, was zu einem öffentlichen Aufschrei und heftiger Kritik der Investoren geführt hatte.

Genauso wie Verbraucher bewusster mit den Produkten umgehen, die sie kaufen, und Mitarbeiter sich stärker auf den Sinn und Zweck und die gesellschaftlichen Auswirkungen der Unternehmen konzentrieren, für die sie arbeiten, spiegeln auch Investoren zunehmend ihre Werte in der Art und Weise wider, wie sie investieren. Diese Veränderung des Anlegerverhaltens hat dazu beigetragen, dass ESG-Anlagestrategien verstärktes Interesse erfahren. Um fundierte Entscheidungen treffen zu können, benötigen Investoren Zugang zu vollständigen, aussagekräftigen und vergleichbaren Daten und Informationen, die es ihnen ermöglichen zu verstehen, inwieweit Unternehmen ESG-Faktoren und -Risiken berücksichtigen und Fortschritte auf ihrem Weg zur Nachhaltigkeit machen. Daher ist es äußerst wichtig, Investoren für das Thema Sustainable Finance zu sensibilisieren und ihr Wissen zu stärken, um den Kapitalfluss in nachhaltige Investitionen zu steigern.

Die Investorennachfrage nach Sustainable Finance ist groß. Das zeigt sich auch an der rekordverdächtigen Überzeichnung einiger aktueller Anleiheemissionen von historischer Tragweite. Die erste soziale Anleihe in Höhe von 17 Milliarden Euro im Rahmen des SURE-Programms der EU im vergangenen Jahr war 13-fach überzeichnet, während die erste staatliche Nachhaltigkeitsanleihe in Europa, eine 1,5-Milliarden-Euro-Anleihe des Großherzogtums Luxemburg im Jahr 2020, zehnfach überzeichnet war. Diese außergewöhnliche Reaktion der Investoren wird hoffentlich andere motivieren, diesem Beispiel zu folgen und Investitionen in den Kohlebergbau und die Kohlestromerzeugung zu beschränken. Ein Beispiel dafür gab es kürzlich in Südkorea, als Samcheok Blue Power, ein Tochterunternehmen des Stahlriesen Posco, versuchte, eine 3-jährige Anleihe in Höhe von 100 Milliarden Won (rund 75 Millionen Euro) für den Bau eines neuen Kohlekraftwerks zu begeben, jedoch keine einzige Anfrage erhielt!

Abstimmung von Definitionen und Standards

Damit Sustainable Finance wachsen kann, sind allgemeingültige Definitionen sowie harmonisierte Standards und Berichtsrahmen unerlässlich. Wir müssen eine gemeinsame Sprache dafür definieren, was grün und was sozial ist, wenn es um Investitionen geht.

Die EU-Taxonomie-Verordnung ist in dieser Hinsicht eine sehr positive Entwicklung, da sie hilft zu klären, welche wirtschaftlichen Aktivitäten wesentlich zu einem oder mehreren der sechs in der Taxonomie definierten Umweltziele beitragen, wie z. B. zur Eindämmung des Klimawandels und zur Anpassung an den Klimawandel. Gleichzeitig stellt sie sicher, dass keinem der anderen Ziele wesentlich geschadet wird. Auf diese Weise bietet die EU-Taxonomie einen allgemeinen Rahmen, den Investoren nutzen können, um sicherzustellen, dass sie durch ihre Investitionen zu einer sinnvollen und messbaren Verbesserung der Umwelt beitragen. Die EU-Taxonomie bildet die Grundlage für den kommenden EU Green Bond Standard (EU GBS), der als Goldstandard für die Emission grüner Anleihen angesehen wird. Einige Emittenten haben bereits erklärt, dass sie ihre Richtlinien für grüne Anleihen an den Entwurf des EU GBS oder die EU-Taxonomie angepasst haben, wie z. B. E.ON, Daimler und BASF. Dies verdeutlicht das starke Engagement der Marktteilnehmer, die strengsten Anforderungen zu erfüllen und die Integrität des Marktes für nachhaltige Finanzierungen zu erhalten.

China, Kanada, Japan, Malaysia, Indonesien und andere Länder entwickeln ihre eigenen grünen Taxonomien. Um eine Zersplitterung der Ansätze und Definitionen zu vermeiden, die Integrität des Marktes zu gewährleisten und Vertrauen zu schaffen sowie nachhaltige Finanzinstrumente für Investoren verständlich zu machen, ist es wichtig, all diese Taxonomien zu analysieren, abzubilden und schließlich zu harmonisieren, aber vor allem, ein Höchstmaß an Transparenz für Investoren zu gewährleisten. In diesem Zusammenhang begrüßen wir die Bemühungen der International Platform on Sustainable Finance zur Harmonisierung der grünen Taxonomien in China und Europa. Der nächste, aber sicherlich nicht letzte Schritt wird darin bestehen, eine soziale Taxonomie zu definieren, an der Investitionen ausgerichtet werden können, die eine positive soziale Wirkung erzielen sollen.

Neben gemeinsam vereinbarten Definitionen für nachhaltige Anlageprojekte und -prozesse ist es wichtig, universelle Standards und harmonisierte Berichtsrahmen zu etablieren, die eine Vergleichbarkeit ermöglichen und eine hohe Qualität bei der Offenlegung und Berichterstattung sicherstellen. In diesem Bereich gibt es viele positive Entwicklungen, wie z. B. die Task Force on Climate-related Financial Disclosures, das Sustainability Accounting Standards Board oder die kontinuierliche Arbeit der International Financial Reporting Standards Foundation zur Nachhaltigkeitsberichterstattung. Auf Ebene der Europäischen Union werden die Offenlegungsverordnung (SFDR) und der jüngste Vorschlag der Europäischen Kommission für eine Richtlinie zur Nachhaltigkeitsberichterstattung von Unternehmen, die die Richtlinie zur nichtfinanziellen Berichterstattung abändert, eine entscheidende Rolle dabei spielen, das Vertrauen der Anleger in nachhaltige Instrumente zu stärken und damit das Wachstum von Sustainable Finance zu fördern.

Dank des ehrgeizigen EU Green Deals und des schnell fortschreitenden regulatorischen Rahmens, der ihn unterstützt, ist Europa heute die weltweit führende Region für Sustainable Finance.

Erschließung von nachhaltigem Kapital

Die Luxemburger Börse gründete 2016 die Luxembourg Green Exchange (LGX) als Beitrag zu den UN SDGs und dem Pariser Abkommen. LGX ist die weltweit erste und führende Plattform, die sich vollständig nachhaltigen Wertpapieren widmet. LGX hilft, nachhaltiges Kapital zu erschließen, nachhaltige Investitionen zu erleichtern und dazu beizutragen, die Kapitalströme auf eine nachhaltige Entwicklung auszurichten.

Nachhaltige Anleihen dienen der Finanzierung grüner oder sozialer Projekte in Bereichen wie erneuerbare Energien, Energieeffizienz, kohlenstoffarmer Verkehr, Biodiversität, Nahrungssicherheit, Bildung, Gesundheit und bezahlbarer Wohnraum.

Emittenten von nachhaltigem Fremdkapital sind eine vielfältige Gruppe, die mehrere Sektoren umfasst, darunter Staaten und supranationale Institutionen, multilaterale Entwicklungsbanken, Kommunen, Finanzinstitute und Unternehmen.

Sustainable Finance ist in vielerlei Hinsicht eine transparente Finanzform. Emittenten, deren Wertpapiere an der LGX geführt werden, müssen international anerkannte Standards für nachhaltige Wertpapiere einhalten und sich zu strengen Offenlegungs- und Berichtskriterien verpflichten, sowohl vor als auch nach der Emission. Wir stellen alle relevanten Unterlagen kostenlos auf unserer Website zur Verfügung, sodass Anleger fundierte Anlageentscheidungen treffen und überprüfen können, ob die Emittenten ihre Verpflichtungen einhalten. Dank dieser Zulassungskriterien profitieren die auf LGX geführten Wertpapiere von einer hohen Sichtbarkeit.

Unterstützung und Förderung von Marktentwicklungen

Ursprünglich war LGX eine Plattform, die sich ausschließlich auf grüne Anleihen konzentrierte. Im Jahr 2017 erweiterten wir den Umfang um Sozial- und Nachhaltigkeitsanleihen und im darauffolgenden Jahr kamen grüne, soziale und ESG-basierte Fonds hinzu. Im Jahr 2020 öffneten wir unsere Plattform für »sustainability-linked«-Unternehmensanleihen, also Anleihen, die an unternehmensweite Nachhaltigkeitsziele gebunden sind. Dieses schnelle Wachstum von Umfang und Produktpalette verdeutlicht, wie wir LGX anpassen, um Marktentwicklungen zu reflektieren und zu unterstützen.

Zum 31. Mai 2021 zählt LGX 1011 grüne, soziale und nachhaltige Anleihen und sustainability-linked-Unternehmensanleihen. Diese Anleihen haben insgesamt 524 Milliarden Euro für spezifische grüne und soziale Projekte aufgebracht und unterstützen eine nachhaltige Entwicklung auf der ganzen Welt. Auch die internationale Dimension von Sustainable Finance wird auf LGX gut abgebildet, welche 186 Emittenten aus 41 Ländern umfasst.

Das starke Wachstum im Bereich der nachhaltigen Finanzen, das 2020 weltweit zu beobachten war, hat sich auch im Jahr 2021 fortgesetzt. In den ersten fünf Monaten des Jahres wurden nachhaltige Wertpapiere im Wert von 129 Milliarden Euro an unserer Börse notiert und auf LGX geführt. Dies entspricht einem Anstieg von 35 Prozent in Bezug auf die Anzahl neuer Wertpapiere und einem Wachstum von 104 Prozent, bezogen auf den durch diese neuen Wertpapiere aufgenommenen Betrag im Vergleich zum gleichen Zeitraum im Jahr 2020. Dies ist ein sehr positiver Trend, und wir glauben, dass er sich in den kommenden Monaten und Jahren fortsetzen und beschleunigen wird.

Deutsche Emittenten, die grün werden

LGX zählt 23 deutsche Emittenten, die zusammen 110 Wertpapiere mit einem Gesamtvolumen von 61,5 Milliarden Euro auf die Plattform gebracht haben. Einer der aktivsten dieser Emittenten ist die von CBI ausgezeichnete deutsche Förderbank KfW mit 32 Wertpapieren, die 29 Milliarden Euro für grüne Projekte aufbringen. Allein im Jahr 2020 emittierte die KfW 14 grüne Anleihen mit einem Volumen von rund 8,3 Milliarden Euro. Diese Anleihen finanzieren Klima- und Umweltschutzprojekte, unterstützen die UN SDGs 7, 11 und 13 und tragen nach eigenen Angaben zur Vermeidung von rund 1,49 Millionen Tonnen Treibhausgasemissionen pro Jahr bei. Nach Schätzungen der KfW werden durch die Erlöse der Anleihen 100 000 Arbeitsplätze pro Jahr geschaffen oder gesichert. 93 Prozent der eingeworbenen Mittel wurden in Projekte mit Standort in Deutschland investiert.

Im vergangenen Jahr haben sich Unternehmen zunehmend mit dem Thema Sustainable Finance angefreundet und nutzen verstärkt LGX als Plattform. Ein Beispiel hierfür ist Adidas mit seiner Nachhaltigkeitsanleihe über 500 Millionen Euro. Mit dieser Anleihe verpflichtet sich Adidas, 15 bis 20 Millionen Paar Schuhe aus recyceltem Plastikmüll von Stränden und Küstenregionen zu produzieren. Auch die Automobilindustrie hat sich 2020 im Bereich Sustainable Finance positioniert: Volkswagen brachte seine erste grüne Anleihe in Höhe von zwei Milliarden Euro an unsere Börse. Daimler folgte mit der Emission einer grünen Anleihe in Höhe von zwei Milliarden Euro, um die Herstellung von Elektrofahrzeugen zu fördern.

Vorreiterposition der EU unterstützen

Die Covid-19-Pandemie hat die soziale Dimension in den Vordergrund gerückt und zu einem steilen Anstieg bei der Emission von sozialen Anleihen geführt. So stiegen die Neuemissionen von sozialen Anleihen an unserer Börse im Jahr 2020 um mehr als 1000 Prozent im Vergleich zu den Neuemissionen von sozialen Anleihen im Jahr 2019. Zu den sozialen Anleihen, die im Jahr 2020 an die LGX gebracht wurden, gehörten die Anleihen, die im Rahmen des EU-Programms SURE ausgegeben wurden, das Arbeitsplätze und Arbeitnehmer in der gesamten Europäischen Union schützt. Bis Juni 2021 hatte die Europäische Kommission 89,6 Milliarden Euro im Rahmen des EU-SURE-Programms aufgebracht.

Mit der NextGenerationEU Recovery and Resilience Facility wird die Europäische Union weiterhin ein aktiver Emittent bleiben. In den nächsten fünf Jahren wird die Europäische Kommission 800 Milliarden Euro zu aktuellen Preisen an den Kapitalmärkten aufnehmen und diese Mittel als Zuschüsse und Darlehen an die Mitgliedstaaten weiterleiten, um eine gemeinsame Erholung von der Krise zu unterstützen. Im Juni 2021 haben wir die erste und damit historische 20-Milliarden-Euro-Anleihe im Rahmen des NextGenerationEU-Konjunkturprogramms an der Luxemburger Börse notiert. Diese Anleihe ist die größte institutionelle Euro-Anleihe mit einer einzigen Tranche, die jemals ausgegeben wurde. Die Europäische Kommission hat sich darüber hinaus verpflichtet, bis zu 250 Milliarden Euro des NextGenerationEU-

Konjunkturprogramms als grüne Anleihen aufzunehmen, um die Klimawende in ganz Europa zu unterstützen.

Angesichts ihres Umfangs und ihrer Größenordnung erhöht die NextGenerationEU die Attraktivität Europas als Investitionsstandort und kurbelt die Kapitalmarktaktivitäten in der gesamten Region an. Das stärkt den europäischen Binnenmarkt und die internationale Rolle des Euro. Mit seinem starken Fokus auf die Unterstützung grüner Projekte wird das Konjunkturprogramm eine neue Dynamik für grüne Finanzierungen schaffen.

Von der Produktebene zum gesamten ESG-Profil der Emittenten

Investoren berücksichtigen zunehmend das gesamte ESG-Profil, die Nachhaltigkeitsstrategie und den Transformationsplan eines Emittenten. Ein vollständiges und glaubwürdiges ESG-Profil von Emittenten könnte bald eine Voraussetzung für den Zugang zu den Kapitalmärkten werden und die Kapitalkosten stark beeinflussen. Einige Unternehmen sind bereits in umweltfreundlichen Sektoren wie erneuerbare Energien oder kohlenstoffarmer Transport tätig. Da diese Unternehmen nicht unbedingt gekennzeichnete Anleihen ausgeben, sind sie bei verantwortungsbewussten Investoren weniger bekannt.

Aus diesem Grund haben wir Anfang des Jahres den Bereich Climate Bonds-LGX Climate-Aligned Issuers (CAI) auf LGX eingerichtet. Dieser neue Bereich enthält Unternehmen, die mindestens 75 Prozent ihrer Einnahmen aus klimafreundlichen Aktivitäten erzielen, und ermöglicht es Anlegern, ungenutzte Möglichkeiten im breiteren klimafreundlichen Anlageuniversum zu identifizieren, die über gekennzeichnete Anleihen hinausgehen. Das Angebot an nachhaltigen Wertpapieren ist nach wie vor unzureichend, und Climate-Aligned Issuers kann dazu beitragen, den Bereich der nachhaltigen Anlagen zu erweitern und die Nachfrage der Anleger zu befriedigen.

Emittenten, die in der CAI-Sektion enthalten sind, werden von der Climate Bonds Initiative durch einen eingehenden Screening-Prozess, Recherchen und eine detaillierte Analyse der Einnahme-ströme, der Geschäftsaktivitäten und der ausstehenden Schulden ermittelt und notieren darüber hinaus ihre Wertpapiere an unse-rer Börse. Eines der in dieser Rubrik vorgestellten Unternehmen ist die Deutsche Bahn. Die Aktivitäten der Deutschen Bahn und folglich auch ihre 53 Anleihen werden von der Climate Bonds In-itiative als zu 99 Prozent klimafreundlich eingestuft.

Wissens- und Datenlücken schließen

Mangelndes Wissen und fehlende Bildung im Bereich der nach-haltigen Finanzen sowie der begrenzte Zugang zu strukturierten Nachhaltigkeitsdaten sind zwei der aktuell größten Hindernisse für Sustainable Finance. Um diese Lücke zu schließen, haben wir im Jahr 2020 die LGX Academy und den LGX DataHub ins Leben gerufen.

Über die LGX Academy bieten unsere Experten für Sustainable Finance Kurse für Finanzprofis und Studenten an. Die LGX Aca-demy hilft den Teilnehmern, ihr Wissen über nachhaltige Finanz-prinzipien, Standards und Labels, Produkte, geltende Vorschriften und beste Praktiken am Markt zu erweitern. Unsere Dozenten stellen praktische Fallstudien und Beispiele aus dem Markt zur Verfügung, die es den Teilnehmern ermöglichen, die Auswirkun-gen auf ihre tägliche Arbeit zu verstehen.

Der LGX DataHub ist eine einzigartige, zentralisierte Daten-bank mit strukturierten Nachhaltigkeitsdaten, die mittlerweile mehr als 3200 nachhaltige Anleihen abdeckt, was nahezu dem gesamten Universum der börsennotierten nachhaltigen Schuld-papiere weltweit entspricht. Der LGX DataHub ermöglicht es An-legern und Vermögensverwaltern, die ökologischen oder sozialen Auswirkungen verschiedener Wertpapiere vollständig zu verste-hen und zu vergleichen, und stellt ihnen die Daten zur Verfügung, die sie benötigen, um nachhaltige Anlagestrategien aufzubauen und über diese Investitionen zu berichten.

Darüber hinaus haben wir in Zusammenarbeit mit dem deutschen Indexanbieter Solactive AG den Solactive LGX Green Bond Impact Index eingeführt. Dieser Index bietet Anlegern eine aussagekräftige Benchmark zu grünen Anleihen, mit der sie die Performance solcher Anleihen verfolgen können.

All diese Initiativen wurden von den Vereinten Nationen gewürdigt, als die Luxemburger Börse den UN Global Climate Action Award 2020 für die Gründung von LGX und unseren Beitrag zur Beschleunigung klimafreundlicher Investitionen erhielt.

Börsen haben die Pflicht zu handeln

Die Finanzwirtschaft muss die Realwirtschaft unterstützen und im Zentrum der Lösung für unsere globalen Herausforderungen stehen. Als neutrale Marktteilnehmer spielen Börsen in diesem Zusammenhang eine entscheidende Rolle, indem sie die Wissens- und Datenlücke schließen, nachhaltige Instrumente und Emittenten hervorheben, Transparenz für Investoren schaffen und letztendlich Kapitalströme zu nachhaltigen Entwicklungsprojekten umlenken.

Indem sie Wirkung und Zweck in den Mittelpunkt der Kapitalmärkte stellen, können Börsen die Agenda für nachhaltige Finanzen vorantreiben, den Übergang zu einer kohlenstoffarmen und widerstandsfähigeren Wirtschaft beschleunigen und dazu beitragen, eine grünere und inklusivere Welt zu schaffen.

Beyond ESG – der systematische Ansatz des Green and Sustainable Finance Cluster Germany

VON KRISTINA JEROMIN UND KARSTEN LÖFFLER

Ein nachhaltiges Finanzsystem ist eine tragende Säule des Wandels zu einem zukunftsfähigen globalen Wirtschaftssystem.

Das Green and Sustainable Finance Cluster Germany arbeitet vor allem an zwei Schlüsselstellen: erstens mit Finanzmarktakteuren an konkreten Lösungen, um die Klimakompatibilität von Portfolios zu erreichen; zweitens engagiert es sich über den Sustainable-Finance-Beirat der Bundesregierung und die EU Platform on Sustainable Finance in Bezug auf die Verbesserung der regulatorischen Rahmenbedingungen.

In Kombination mit einem guten Verständnis für die neue Normalität in den Unternehmensleitungen kann sehr schnell sehr viel erreicht und damit Kapital zunehmend für nachhaltige Zwecke mobilisiert werden.

Ein nachhaltiges Finanzsystem ist eine tragende Säule des Transformationsprozesses zu einem zukunftsfähigen globalen Wirtschaftssystem. Denn weder die Erreichung der Sustainable Development Goals der Vereinten Nationen noch die Umsetzung der Klimaziele von Paris sind ohne einen umfassenden Wandel auch des Finanzsystems zu realisieren. Der Finanzsektor ist deshalb so wichtig, weil hier wichtige Entscheidungen über die (globalen) Kapitalflüsse stattfinden. Denn ausreichend

Kapital ist erforderlich, um den nachhaltigen Wandel zu finanzieren.

Damit dieser Wandel gelingt, sind alle Facetten des Finanzsystems in ihrer Komplexität in den Blick zu nehmen. Anders als teilweise im aktuellen Diskurs suggeriert, geht es um mehr als um die Steigerung des Angebots von Finanzprodukten und -services, die mit dem Attribut ESG versehen sind. Denn um sicherzustellen, dass es dem deutschen und europäischen Finanzstandort gelingt, seine Wettbewerbsfähigkeit und Standortattraktivität aufrechtzuerhalten und sogar auszubauen bedarf es eines systemischen Ansatzes. Nachhaltigkeit muss zum grundlegenden Steuerungselement für alle Finanzierungen und Finanzinvestitionen werden. Nur so können Risiken ganzheitlich abgebildet und alle externen Kosten internalisiert werden.

Auf diese Weise kann es gelingen, das ökonomisch Sinnvolle mit dem sozial-ökologisch Gebotenen zu vereinen und das Fundament für eine tatsächlich zukunftsfähige und -fördernde volkswirtschaftliche Wertschöpfung zu legen. Komplexe Herausforderungen wie diese erfordern Dialog, Kooperationen, gezielten Wissensaufbau und effiziente Befähigungsstrukturen.

Dafür wurde das Green and Sustainable Finance Cluster Germany[1] gegründet. Es ist 2018 aus dem Zusammenschluss der Accelerating Sustainable Finance Initiative der Deutschen Börse und dem vom hessischen Wirtschaftsministerium initiierten Green Finance Cluster Frankfurt hervorgegangen. Seine Zielsetzung ist die Bündelung der Aktivitäten im Feld Sustainable Finance, um eine effizientere Nutzung der Finanzmarktexpertise im Bereich Nachhaltigkeit zu erreichen. Im Mittelpunkt steht deshalb die gemeinschaftliche Entwicklung umsetzungsorientierter Handlungsansätze.

---

1 Website: www.gsfc-germany.com

Wissensaufbau und Befähigung als Kernelemente für einen erfolgreichen Wandel

Das Erarbeiten von anwendungsorientierten Nachhaltigkeitslösungen für Finanzmarktakteure wird im Cluster großgeschrieben. Die Anforderungen der Regulierungs- und Aufsichtsbehörden wie auch des Marktes haben einen Paradigmenwechsel in Form der Erweiterung des Verständnisses von Risiken, aber auch der Chancen angestoßen.

Festmachen lässt sich dies zum Beispiel an der Selbstverpflichtung einer Reihe wichtiger deutscher Finanzinstitute, ihre Portfolios klimaneutral und im Einklang mit den Pariser Klimazielen zu gestalten. Das bedeutet, dass die mit Finanzinvestitionen oder Krediten verbundenen CO_2-Emissionen bis auf netto null zur Mitte des Jahrhunderts reduziert werden sollen. Um dieses strategische Ziel zu unterstützen, hat das Green and Sustainable Finance Cluster Germany die Net Zero Banking Alliance Germany gegründet, um vorwettbewerbliche Grundlagen und Steuerungsansätze für klimaneutrale Investitions- und Kreditportfolios zu entwickeln.

Dazu werden Ansätze zur Messung der Ausrichtung von Kreditportfolios an Paris-kompatiblen Transformationspfaden in Form eines strategischen Steuerungsansatzes entwickelt. Dieser verbindet übergeordnete Klimaziele und das operative Bankgeschäft einerseits und definiert Mindestanforderungen für Klimaszenarien zur Steuerung von Kreditportfolios im Rahmen der Klimaselbstverpflichtung andererseits.

Damit unterstützt das Cluster Finanzmarktakteure, den Risiken durch den anstehenden Wandel und damit letztlich auch den physikalischen Herausforderungen zu begegnen. Dies wirkt sich positiv auf die Wettbewerbsfähigkeit aus, denn in der Begleitung von Unternehmen und Privatpersonen im Wandel liegen immense wirtschaftliche Chancen, die aktiv genutzt werden sollten.

Weitere Aktivitäten betreffen zum einen Umsetzungsansätze für die Integration der Empfehlungen der Task Force on Climate-related Financial Disclosures zur Berücksichtigung von klimabezogenen Risiken in Strategie, Risikomanagement und Berichtswesen. Zum anderen arbeitet das Cluster an der großen Herausforderung der Verbesserung der Qualität und Verfügbarkeit von nachhaltigkeitsbezogenen Daten. Im Schulterschluss mit der sogenannten Realwirtschaft kommt es darauf an, zu einem realistischen Verständnis über entscheidungsrelevante Datenpunkte zu kommen, die perspektivisch in die Kreditvergabe- und Investitionsprozesse in der Finanzindustrie einbezogen werden. Gegebenenfalls könnte die Nutzung von künstlicher Intelligenz und maschinenbasiertem Lernen hierbei unterstützen. Aus diesem Grund ist das Cluster assoziierter Partner des vom Bundesministerium für Wirtschaft und Energie geförderten Financial Big Data Clusters.

Angesichts der vielen noch ungelösten Fragestellungen ist es besonders wichtig, mit ausreichender Geschwindigkeit zu agieren. Dazu sollten sich Bundes- und Landesregierungen sowie die Finanzindustrie zusammentun, um für die Verstetigung dessen zu sorgen, womit der Sustainable-Finance-Beirat der Bundesregierung begonnen hat: dem Entwickeln konkreter Lösungen für drängende Fragestellungen.

Finanzmarktregulierung schafft die Rahmenbedingungen zur Erreichung der Ziele

Wesentliche Elemente der für den Finanzmarkt in Deutschland relevanten Regulierung werden auf europäischer Ebene entwickelt. Deutschland hat als größter Mitgliedstaat der EU eine bedeutende Rolle, sich auf allen Ebenen aktiv in die dort stattfindende Arbeit einzubringen. Dies nicht zuletzt auch deswegen, um den Transfer von Wissen und Perspektiven in beide Richtungen zu befördern und die Besonderheiten des deutschen Wirtschaftssystems wie z. B. den starken industriellen Kern und die Bedeutung kleiner und mittlerer Unternehmen mitzudenken.

Regulierung darf dabei kein Selbstzweck sein, sondern fördert im besten Fall die Kräfte des Marktes. Die Rahmenbedingungen müssen inhaltlich und zeitlich so gesetzt werden, wie sie für die Erreichung der übergeordneten politischen Ziele notwendig sind – im Finanzsektor, aber auch darüber hinaus.

Deshalb befasst sich das Green and Sustainable Finance Cluster Germany intensiv mit ausgewählten Fragen der Regulierung, die ein nachhaltiges Finanzsystem unterstützt.

So war das Cluster auf europäischer Ebene an der Entwicklung der EU-Klima-Taxonomie über seine Mitgliedschaft in der Technical Expert Group on Sustainable Finance (TEG) beteiligt. Damit unterstützt das Cluster die Umsetzung einer Empfehlung der EU High-Level-Expert-Group von 2018, ein gemeinsames Verständnis über nachhaltige ökonomische Aktivitäten zu schaffen. Dies soll es vor allem auch Finanzmarktteilnehmern erleichtern, Aktivitäten als nachhaltig zu identifizieren, ohne selbst in umfangreiche Analysekapazitäten investieren zu müssen. Mittlerweile ist das Cluster als Mitglied der EU Platform on Sustainable Finance, die die Arbeit der TEG weiterführt, in die Weiterentwicklung der EU-Taxonomie involviert.

In Deutschland war das Cluster über sechs seiner Akteure intensiv mit der Entwicklung der Empfehlungen des Sustainable-Finance-Beirats der Bundesregierung für eine deutsche Sustainable-Finance-Strategie befasst. Der Beirat wurde von den beiden Geschäftsführenden des Clusters geleitet.

Shifting the Trillions: Unternehmensleitungen als Beschleuniger

Wie oben bereits gesagt: Die Finanzmarktakteure spielen eine wichtige Rolle bei der nachhaltigen Kapitalallokation. Dafür wird eine solide Datengrundlage benötigt. Ebenso kommt es aber auch darauf an, dass das Verständnis für die neue Normalität auf allen Ebenen in Finanzinstituten weiter ausgebaut wird, vom Aufsichtsrat über den Vorstand bis hin zu den Mitarbeiterinnen und Mitarbeitern. Über entsprechende Anreize und eine Vorbildrolle (*tone from the top*) kann sehr schnell viel erreicht werden: »Redirecting private capital flows towards more environmentally sustainable investments«[2], wie es die EU-Kommission formuliert, oder »Shifting the Trillons«, so der Titel der 31 Empfehlungen des Sustainable-Finance-Beirats der Bundesregierung.[3]

2 Vgl. Europäische Kommission (2021). Kommission legt neue Strategie vor, um das Finanzsystem der EU nachhaltiger zu gestalten, und schlägt neuen europäischen Standard für grüne Anleihen vor. Pressemitteilung vom 6. Juli. Brüssel. Abrufbar unter https://ec.europa.eu/commission/presscorner/detail/de/ip_21_3405 (letzter Abruf am 19. Juli 2021)

3 Vgl. Sustainable-Finance-Beirat der Bundesregierung (2021). *Shifting the Trillions. Ein nachhaltiges Finanzsystem für die Große Transformation.* Berlin

Ohne einen gemeinsamen Kapitalmarkt kein erfolgreicher Green Deal in Europa

VON CHRISTIAN SEWING

Die Transformation zu einer nachhaltigen Wirtschaft bringt einen gigantischen Investitionsbedarf mit sich.

Dafür brauchen wir einerseits starke europäische Banken, andererseits einen deutlich leistungsfähigeren Kapitalmarkt – inklusive gemeinsamer Standards für nachhaltige Finanzierungen.

Wir Banken können vor allem dann Teil der Lösung sein, wenn wir Unternehmen auf dem Weg in eine grüne Ökonomie begleiten – statt ganze Branchen von vornherein von den Finanzierungsmärkten abzuschneiden.

Die Summe sollte aufhorchen lassen: 2020 emittierten Banken in Europa für ihre Kunden grüne Anleihen in Höhe von 143 Milliarden Euro. Das waren nicht nur 30 Prozent mehr als im Vorjahr und doppelt so viel wie im Jahr 2018. Damit entfielen auf Europa auch 60 Prozent des Weltmarkts – und im ersten Halbjahr 2021 haben wir diesen Anteil in einem weiterhin schnell wachsenden Markt gehalten. Während unser Kapitalmarkt sonst oft im Schatten des amerikanischen steht, sind wir also mit Abstand die führende Region, wenn es darum geht, Umweltprojekte zu finanzieren.

Das ist ein wichtiges Signal. Denn das Coronavirus hat nicht nur unseren Alltag verändert, sondern zwei disruptive Trends beschleunigt, die einen gigantischen Investitionsbedarf mit sich bringen. Zum einen führt die Digitalisierung weiterhin zu tiefgreifenden Veränderungen in der Wertschöpfungskette unserer

Unternehmen. Zum anderen, und dieser Faktor wiegt noch weitaus schwerer, haben wir mit dem Kampf gegen den Klimawandel wohl die größte Aufgabe in der jüngeren Geschichte der Menschheit vor uns. Klimaneutralität im Jahr 2050 ist das richtige Ziel – aber bislang nicht mehr als eine Ambition. Damit diese Ambition auch zur gewünschten Wirkung führt, braucht es Kapital – viel Kapital.

Anders als bei der Digitalisierung ist die Ausgangslage für Deutschland und Europa beim Thema Nachhaltigkeit im internationalen Vergleich noch gut. Wir müssen uns beim Klimaschutz zurzeit nicht hinter den USA und China verstecken und haben in vielen Bereichen sogar eine Vorreiterrolle inne. Wir haben in Europa eine hohe Expertise für Umwelttechnologien, und Banken und Kapitalmarkt sind bereit, diese zu finanzieren. Diesen Wettbewerbsvorteil gilt es zu verteidigen, was in einem schnell wachsenden Markt alles andere als trivial ist. Andere Länder holen schnell auf, allen voran die Vereinigten Staaten. Nachhaltigkeit bringt große Herausforderungen mit sich. Aber eben auch enorme Chancen – für Unternehmen, ganze Volkswirtschaften und damit auch für uns Banken. Es geht um unsere »Licence to Operate«. Nur Banken, die sich dem nachhaltigen Wirtschaften verschreiben, werden über kurz oder lang Kunden, Umsätze und Vertrauen erhalten und hinzugewinnen können. Wir als Deutsche Bank sehen uns besonders gut positioniert: Denn als globale Universalbank können wir weltweit die Anlageprodukte schaffen, nach denen Investoren so intensiv suchen – und das nach weltweit gültigen, glaubwürdigen Standards.

Als Standort wiederum werden wir den unumkehrbaren Trend zu einer nachhaltigeren Wirtschaft nur dann optimal nutzen, wenn wir konzertiert handeln. Beim diesjährigen Bankentag sagte EU-Kommissionspräsidentin Ursula von der Leyen, dass Politik, Wirtschaft und Finanzindustrie Partner sein müssten, um die Zukunftsaufgaben zu stemmen. Dem kann ich nur voll und ganz zustimmen, und die Pandemie hat dies noch einmal besonders unterstrichen: Im Kampf gegen die wirtschaftlichen Folgen haben Politik, Unternehmen und Finanzwirtschaft gezeigt, wie erfolgreich wir sein können, wenn wir gemeinsam entschlossen agieren und die Räder ineinandergreifen. Inzwischen ist es Konsens, dass Banken Teil der Lösung waren: Wir waren es, die Unternehmen mit liquiden Mitteln versorgt haben, als der Kapitalmarkt zu war.

Allerdings können wir uns nicht einzig auf die Banken verlassen, wenn es darum geht, die Transformation der Wirtschaft zu finanzieren. Denn die Summen, die es dafür braucht, sind gigantisch. Allein die EU will für ihren Weg zu einer grüneren Wirtschaft eine Billion Euro an öffentlichen und privaten Mitteln mobilisieren. Hinzu kommen große soziale Programme – und auch diese müssen finanziert werden. So hat die Europäische Union über ihr SURE-Anleiheprogramm, zu dem auch wir als Deutsche Bank beigetragen haben, inzwischen fast 90 Milliarden Euro am Kapitalmarkt aufgenommen. Mit den Erlösen soll der Kampf gegen die Arbeitslosigkeit finanziert werden.

Auch für Deutschland lautet die drängende Frage in der anstehenden Legislaturperiode also: Wie können wir die ökonomischen und sozialen Folgen der Pandemie überwinden und trotzdem die Transformation der Wirtschaft finanzieren? Und vor allem: Wer soll diesen Wandel finanzieren?

Die Steuerzahler können dies nicht allein leisten, sie sollten es auch nicht. Die Staatsschulden sind in vielen Ländern in die Höhe geschnellt, zudem könnten künftig wieder steigende Zinsen den finanziellen Spielraum der öffentlichen Hand weiter begrenzen. Und die Zeiten, in denen Notenbanken allzu bereitwillig Staatsanleihen auf dem Sekundärmarkt aufkaufen, werden auch irgendwann enden müssen. Ebenso wenig können die Banken die Transformation alleine durch Kredite finanzieren. Zumal die Regulierung seit der Finanzkrise darauf abzielt, die Risiken im Bankensektor eher zu verringern und die Bilanzen zu verkleinern.

Wir müssen also das ganze Spektrum an Finanzierungsmöglichkeiten ausschöpfen. Ich sehe deshalb vier wichtige Voraussetzungen, damit die nachhaltige Transformation der europäischen Wirtschaft gelingen kann.

Erstens: Wir brauchen eine möglichst leistungsfähige Kreditwirtschaft. Unsere Branche hat in der Krise bewiesen, dass sie handlungsfähig ist und Teil der Lösung sein kann. Doch um den Kapitalbedarf der Zukunft zu stemmen, müssen die Banken profitabler werden, als sie es heute sind. Dabei sind wir als Branche zuallererst selbst gefragt. Die Institute müssen mit dem fortfahren, was sie seit Jahren mit sichtbarem Erfolg tun: selbst digitaler und nachhaltiger werden, technologisch aufrüsten, Kosten reduzieren. Das setzt voraus, dass sie kontinuierlich ihre Geschäftsmodelle anpassen und sich auf die Bereiche konzentrieren, in denen sie den meisten Wert für ihre Kunden schaffen können.

Gleichzeitig kommt es auch auf die Rahmenbedingungen an. Wir sollten uns zum Beispiel fragen, ob es wirklich sinnvoll ist, in dieser schwierigen Phase für die Wirtschaft den gemeinsamen Abwicklungsfonds in Europa noch weiter zu füllen als ursprünglich geplant – was mit entsprechend höheren Abgaben für die Banken einhergeht. Und sollten wir ausgerechnet jetzt neue Basel-Regeln einführen, die die europäischen Verhältnisse unzureichend berücksichtigen – weil sie etwa Kredite für Mittelständler ohne externes Rating teurer machen? Bei nachhaltigen Krediten sollen wir außerdem prüfen, wo gezielte regulatorische Vorteile sinnvoll sein könnten – zum Beispiel in Form von Abschlägen bei risikogewichteten Aktiva für bestimmte Darlehen. Das betrifft etwa grüne Hypotheken und die Finanzierung von nachhaltiger Infrastruktur – also nachweislich risikoarme Projekte, mit denen wir gleichzeitig wichtige Hebel für geringere CO_2-Emissionen nutzen können.

Zweitens: Weil Banken die Transformation allein nicht finanzieren können, brauchen wir dringend Fortschritte bei der europäischen Kapitalmarktunion. Ich würde sogar noch einen Schritt weitergehen: Ohne einen funktionierenden Kapitalmarkt wird es keinen Green Deal geben. Denn ohne einen gemeinsamen Kapitalmarkt wird es uns nicht gelingen, die gigantischen Summen, die derzeit einen Anlagehafen suchen, nach Europa zu locken.

Wir brauchen drittens ein global abgestimmtes Handeln im Bereich Sustainable Finance. Klimawandel und Nachhaltigkeit sind weltweite Themen. Lieferketten sind global, aber die Regelwerke sind fragmentiert. Das schafft Unsicherheit und hohe Kosten. Der wohl wichtigste grundlegende Standard für ESG-Produkte wird perspektivisch die EU-Taxonomie sein. Sie wählt den richtigen, auf wirtschaftliche Aktivitäten bezogenen Ansatz und wird sich noch weiterentwickeln. Aber sie sollte vor allem auf Prinzipien beruhen anstatt zu versuchen, jedes Detail in einer äußerst dynamischen Welt zu regeln. Zu solchen Prinzipien zählen Ziele wie der Übergang zu einer Kreislaufwirtschaft oder ein inklusiver Zugang zu Gesundheit und Bildung. Sie ersetzen den nicht erfüllbaren Anspruch, jede einzelne wirtschaftliche Tätigkeit zu definieren, die auf Nachhaltigkeitsziele einzahlt. Hier kann an diverse Marktstandards angeknüpft werden, zum Beispiel die Green and Social Bond Principles der International Capital Markets Association.

Aber auch andere Staaten arbeiten gerade an eigenen Taxonomien – darunter Großbritannien, Singapur oder Kanada. Im Detail werden sich diese Regelsysteme unterscheiden. Entscheidend wird sein, dass die Taxonomien miteinander kompatibel und in ihrer Grundsystematik ähnlich sind. Sonst wird es wieder unnötig kleinteilig. Bestenfalls wären die Daten dann nicht mehr miteinander vergleichbar; schlimmstenfalls würden Märkte voneinander abgeschottet – obwohl alle Beteiligten nur die besten Absichten hatten.

Und viertens brauchen wir Übergangsregelungen für die Phase der Transformation. Die EU-Taxonomie im aktuellen Stand definiert zwar, was grün ist. Der Transformationsaspekt für Sektoren, in denen der nachhaltige Wandel erst noch ansteht, ist aber noch zu wenig berücksichtigt. Hier wäre es nötig, realistische Eingangsschwellen und Zielmarken für noch nicht grüne Branchen und ihren Transformationspfad zu definieren.

Und natürlich wird auch der Sustainable-Finance-Strategie der Bundesregierung große Bedeutung zukommen, an deren Vorarbeiten die Finanzindustrie im Sustainable-Finance-Beirat mitgewirkt hat. Die Bundesregierung setzt sich zu Recht das Ziel, dass Deutschland ein führender Markt für Sustainable Finance wird. Das kann und soll in enger Anlehnung an die internationalen und europäischen Vorgaben passieren. Nationale Sonderwege wie etwa eine »Nachhaltigkeitsampel« für Finanzprodukte mit deutschen Regeln wären hingegen nicht im Sinne eines einheitlichen europäischen Kapitalmarkts.

Für die heimische Finanzbranche besteht nun die Herausforderung darin, Nachhaltigkeit in alle ihre Prozesse zu integrieren. Am Beispiel der Deutschen Bank lässt sich zeigen, wie wir unseren Beitrag zur Nachhaltigkeit leisten können und wollen.

Das beginnt bei unserem eigenen Betrieb: Wir arbeiten zum Beispiel bereits seit 2012 klimaneutral und wollen bis 2025 allen unseren Strom aus erneuerbaren Quellen beziehen. Zudem müssen ab 2022 unsere Dienstleister für jeden neuen oder verlängerten Vertrag mit einem Volumen von mehr als 500 000 Euro pro Jahr ein externes Nachhaltigkeitsrating von Ecovadis oder einer anderen Ratingagentur haben. Ab 2023 werden wir neue Aufträge nur noch an Anbieter vergeben, die ein Mindestnachhaltigkeitsrating vorweisen können. Und wir wollen den Kraftstoffverbrauch unserer Fahrzeugflotte in Deutschland – immerhin mehr als 5000 Autos – bis 2025 um 30 Prozent verringern. Und bis 2030 soll die Flotte kohlenstofffrei sein.

Allerdings ist das, was wir in unserem eigenen Bankbetrieb tun und lassen, nicht der größte Hebel, den wir haben. Am meisten können wir in unserem eigentlichen Geschäft bewirken, in der Arbeit mit unseren Kunden. Das setzt voraus, dass wir uns einen klaren Rahmen setzen, was wir tun und wozu wir nicht mehr bereit sind. So haben wir versprochen, nach 2025 keine Förderung von Kraftwerkskohle mehr zu finanzieren.

Dazu gehört aber auch, dass wir messen können, was wir tun – so zum Beispiel den Kohlendioxid-Fußabdruck unseres Kreditportfolios. Das ist eine Herausforderung für uns, aber auch für unsere Kunden: Wir alle werden die Folgen unseres Handels besser erfassen und Transparenz schaffen müssen.

Das setzt einen intensiven Dialog zwischen Bank und Kunde voraus – und genau das steht im Mittelpunkt des dritten Aspekts: Wir wollen unsere Kunden bei ihrer eigenen Transformation unterstützen, sie finanzieren und damit aktiv mitgestalten. Hierin sehen wir unsere zentrale Funktion. Um das zu unterstreichen, haben wir vor wenigen Monaten unsere Ziele noch ehrgeiziger formuliert. Wir wollen nun schon bis 2023 statt ursprünglich geplant bis 2025 insgesamt 200 Milliarden Euro an nachhaltigen Finanzierungen und Investitionen ermöglichen. Wir sehen unsere Aufgabe dabei nicht nur darin, unseren Kunden ESG-Anleihen und andere Produkte anzubieten. Es geht vielmehr um eine umfassende Beratung zur Finanzierung, zum Portfoliomanagement und zur Regulierung. Gerade bei den großen Unternehmen ist das Thema ESG inzwischen durchweg Chefsache, ich erlebe kaum noch ein Kundengespräch, ohne dass wir aufs Thema Nachhaltigkeit kämen. Wir werden uns künftig sehr genau anschauen, welche Strategie ein Unternehmen hat, um die eigenen Emissionen und den Ressourceneinsatz zu verringern. Der Dialog und die Beratung über die Transformationsstrategie werden in unserem Firmenkundengeschäft schon bald zum Standard gehören.

Und schließlich, das zeigt auch der Beitrag zu diesem Buch, wollen wir uns als global aufgestellte Universalbank mit unserer Expertise in die öffentliche Debatte um eine nachhaltige Transformation der Wirtschaft einbringen. Und zwar nicht nur mit unserem Research. Wir werden vielmehr auch intensiv mitarbeiten, wenn es darum geht, Standards zu entwickeln. Deshalb bringen wir uns beispielsweise als Gründungsmitglied in der Net Zero Banking Alliance ein.

Nachhaltiges Wirtschaften ist eine Jahrhundertaufgabe, die einen Schulterschluss von Politik, Unternehmen und Finanzwirtschaft erfordert. Wenn das klug und auch pragmatisch angehen, kann Sustainable Finance zu einem wichtigen Standortvorteil für Europa werden. Wir haben die Chance, Standards zu setzen und Technologieführer für neue, grüne Industrien zu werden. Aber dafür brauchen wir langfristige, berechenbare Politikziele, international abgestimmte Regeln sowie marktwirtschaftliche Anreize für Unternehmen und Finanzinstitute. Wir Banken stehen bereit und wollen bei dieser Transformation ein Teil der Lösung sein – so wie wir das in der Coronakrise waren und sind.

Transformation gestalten – der KfW-Beitrag zu einer nachhaltigen und klimagerechten Zukunft

VON INGRID HENGSTER

Die Bundesregierung hat die KfW zu ihrer transformativen Förderbank ernannt, die den Übergang zum treibhausgasneutralen Wirtschaften begleiten und mitgestalten soll. Dieser Verantwortung stellt sich die KfW durch:

- *ihr Finanzierungsportfolio, in dem sich die Klimaziele der Bundesregierung sowie die SDGs abbilden. Die KfW wird verstärkt transformative Technologien fördern, die zur Treibhausgas-Neutralität beitragen.*
- *ihr Engagement am Kapitalmarkt. Die KfW unterstützt die Entwicklung des Green-Bond-Markts als Emittentin und Investorin.*
- *Stärkung des Venture-Capital-Markts, damit innovative Start-ups, die Motor des strukturellen Wandels sind, besseren Zugang zum Kapital bekommen. Dazu gehören die Umsetzung und die Verwaltung des 10-Milliarden-Zukunftsfonds in den nächsten zehn Jahren.*

Wir stehen vor einer gewaltigen Umstellung in allen unseren Lebens- und Wirtschaftsbereichen. Mit dem Klimaschutzprogramm 2030 hat Deutschland Ende 2019 das Pariser Klimaschutzabkommen in seiner nationalen Gesetzgebung verankert. Mit dem Klimaschutzgesetz 2021 hat die Bundesregierung die Klimaschutzziele verschärft. Bereits 2030 sollen die Emissionen um 65 Prozent gegenüber 1990 sinken, bis 2040 um mindestens 88 Prozent und bereits 2045 (statt 2050) soll Deutschland klimaneutral werden. Das Sofortprogramm 2022 legt die Maßnahmen dafür fest, mit den Schwerpunkten in den Bereichen Industrie, klimafreundliche Mobilität, Landwirtschaft und Gebäude.

Der Förderbank KfW kommt im Klimaschutzprogramm eine wichtige Rolle zu. Sie soll als transformative Förderbank der Bundesregierung den Übergang zum treibhausgasneutralen Wirtschaften begleiten und mitgestalten. Dazu gehört auch die Aufgabe, dafür zu sorgen, dass der Strukturwandel sozial gerecht abläuft.

Bereits seit ihrer Gründung hat die KfW Transformationsprozesse begleitet: etwa den Wiederaufbau Deutschlands nach dem Zweiten Weltkrieg, den Aufbau Ost, die Energiewende. Nicht zuletzt unterstützte die KfW Unternehmen seit Beginn der aktuellen Coronapandemie dabei, die Transformation aus der Krise in Richtung Zukunftsfähigkeit zu meistern.

Als Institution hat sich die KfW das Thema Nachhaltigkeit schon vor Jahrzehnten auf die Fahne geschrieben. Bereits in den 60er Jahren förderte die KfW erste Klimaschutzmaßnahmen, also zu der Zeit, in der der Begriff als solcher gar nicht geläufig war.

Um die Bedeutung der Klimamaßnahmen hervorzuheben, hat sich die KfW zuletzt eine Quote von 38 Prozent ihres jährlichen Zusagevolumens für Vorhaben im Umwelt- und Klimaschutz als strategisches Ziel gesetzt. Coronabereinigt entfielen im letzten Jahr sogar rund die Hälfte unserer Finanzierungen weltweit auf den Umwelt- und Klimaschutz.

Unseren eigenen Weg zur Klimaneutralität haben wir mithilfe unserer Roadmap Sustainable Finance systematisch festgelegt. Das Ziel ist: unser Geschäft noch stärker an den Sustainable Development Goals und dem Pariser Klimaabkommen auszurichten. Einige Meilensteine sind schon erreicht, etwa ein anspruchsvolles Nachhaltigkeitsleitbild, eine konzernweite Ausschlussliste, die sehr umfassend Finanzierungen für Kohlevorhaben ausschließt, oder auch unser eigenes Verfahren, wie wir unsere Projekte den jeweiligen SDGs transparent zuordnen, das sogenannte (Sustainable Development Goals) SDG-Mapping. Auf diesem Gebiet ist die KfW Vorreiter. Außerdem bietet das SDG-Mapping wichtige Anhaltspunkte für die Weiterentwicklung der KfW als transformative Förderbank.

Als transformative Förderbank der Bundesregierung verfolgen wir eine Strategie, die auf drei Säulen basiert: Wir steuern alte Technologien, die CO_2-intensiv sind, etwa Öl oder Kohle, aus – durch sektorspezifische Paris-kompatible Sektorleitlinien. Wir fördern verstärkt Zukunftstechnologien wie Photovoltaik oder grünen Wasserstoff. Und wir finanzieren Technologien, die zwar nicht per se treibhausgasneutral sind, aber deutliche Treibhausgasminderungen ermöglichen, bspw. anspruchsvolle energetische Gebäudesanierungen.

Unser Förderportfolio haben wir entsprechend angepasst und erweitert. Dabei wollen wir die Wirkung breit streuen und adressieren deshalb unterschiedliche Wirtschaftszweige: Im Bereich der Industrie unterstützen wir die Transformation des deutschen Mittelstands, etwa mit der im März 2020 gestarteten KfW-Klimaschutzoffensive für den Mittelstand.

Im Bereich Verkehr fördern wir die Elektromobilität, etwa mit dem Zuschuss für Ladesäulen für E-Autos. Die hohe Nachfrage nach diesem Zuschuss zeigt, dass die Menschen in Deutschland bereit sind, in klimafreundliche Technologien zu investieren. Fast verdreifacht hat sich die Anzahl der neu zugelassenen Elektro-Pkw (BEV) (+206,8 Prozent). Ihr Anteil stieg um 4,9 Prozentpunkte auf 6,7 Prozent. Höhere Zuwächse waren nur noch bei den Pkw mit Plug-in-Hybrid (+342,1 Prozent) zu beobachten, deren Anteil auf rund 6,9 Prozent stieg.

Zentral im Bereich Gebäude ist die Bundesförderung für effiziente Gebäude (BEG), die am 1. Juli 2021 mit erhöhten Zuschüssen für den Bau bzw. Kauf von energieeffizienten Gebäuden oder Sanierung auf ein Effizienzhausniveau gestartet ist.

Bei der Finanzierung der Schifffahrt verfolgt die KfW-Tochter KfW IPEX-Bank den »Green Shipping«-Ansatz und hat bereits eine Reihe von Finanzierungen für Schiffe mit LNG- oder Hybridantrieben abgeschlossen.

Es gibt auch eine Reihe von Ansätzen, die wir international angehen. Zu erwähnen wäre etwa die Clean Oceans Initiative gegen Plastikmüll, die wir vor zwei Jahren zusammen mit der EIB und der französischen AFD ins Leben gerufen haben, oder das Engagement für die europäische Kreislaufwirtschaft.

Wasserstofftechnik sehen wir als das entscheidende, aber nicht das einzige Vehikel zur Dekarbonisierung energieintensiver Industriezweige. In Deutschland sind Vorhaben mit Wasserstoffbezug bereits in einer Vielzahl unserer Programme förderbar. In welchem Umfang eine Förderung im Einzelfall möglich ist, hängt allerdings von der Marktreife der Technik und den konkreten Programmbedingungen ab. Eine bankmäßige Finanzierbarkeit von Investitionen in Wasserstofftechnologie setzt zum einen Marktreife der Technologie und zum anderen wirtschaftliche Geschäftsmodelle der Investoren voraus. Für eine zentrale Rolle von grünem Wasserstoff sind von politischer Seite – auf nationaler sowie der EU-Ebene – ein geeigneter regulatorischer Rahmen und ausreichende Anreize erforderlich. Außerdem bedarf es eines massiven Ausbaus bei den erneuerbaren Energien, denn die Produktion von Wasserstoff ist sehr energieintensiv. Die KfW steht bereit, die nationale Wasserstoffstrategie zu unterstützen. International ist der Geschäftsbereich Entwicklungsbank der KfW in den Aufbau internationaler Partnerschaften eingebunden. In Schweden stand die KfW bei der Finanzierung eines Wasserstoff-Stahlwerks beratend zur Seite.

Eine weitere Möglichkeit, verantwortungsvolle Investitionen zu stärken, ökologische Investments zu fördern und den Übergang zu einer kohlenstoffarmen Wirtschaft zu unterstützen, bietet der Kapitalmarkt. Die KfW ist weltweit eine der größten und aktivsten Anleihe-Emittentinnen und refinanziert ihre Geschäftsaktivitäten in der Regel fast vollständig über die internationalen Geld- und Kapitalmärkte.

»Green Bonds – Made by KfW« sind in der Gesamtstrategie der KfW am Kapitalmarkt stark verankert, sie bilden eines der vier

Standbeine der KfW-Refinanzierung. Mit Green Bonds bietet die KfW seit 2014 Anlegern die Möglichkeit, die für KfW-Anleihen typische Sicherheit und Liquidität gezielt mit der Förderung des Umwelt- und Klimaschutzes zu verbinden. Im Jahr 2020 stieg der Anteil der »Green Bonds – Made by KfW« an der Refinanzierung auf 13 Prozent und insg. 8,3 Milliarden Euro – das ist der höchste Prozentsatz seit der Erstemission im Jahr 2014. Mittlerweile ist es uns gelungen, rund 100 neue Investoren für »Green Bonds – Made by KfW« zu gewinnen.

In Deutschland ist die KfW der größte Anbieter für Green Bonds und unterstützte die Bundesregierung bei der Emission ihrer ersten grünen Anleihe.

Die KfW fördert seit April 2015 im Auftrag des Bundesumweltministeriums Vorhaben für Klimaschutz und -anpassung, Ressourcenschonung und Umweltschutz auch durch Investitionen in Green Bonds. Die KfW hat hierzu ein Portfolio mit grünen Anleihen aufgebaut, das nun, nach Erreichen der Zielmarke von zwei Milliarden Euro, auf einem Niveau von zwei bis 2,5 Milliarden Euro verstetigt werden soll.

Wir freuen uns, unseren umfassenden Ansatz zur Entwicklung des Green-Bond-Marktes auch künftig weiter zu verfolgen als anspruchsvolle Investorin und als eine der größten Emittentinnen weltweit. Green Bonds ermöglichen den vertieften Dialog zwischen einer Vielzahl von Stakeholdern über die notwendige Transition der Wirtschaft zur Klimaneutralität in 2045 – für die Mobilisierung des Kapitals ist dies essenziell. Um dieser umfassenden Transition Rechnung zu tragen, werden wir künftig noch stärker die gesamthafte Ausrichtung der Emittenten im Hinblick auf Nachhaltigkeit und Klimaschutz in unsere Investitionsentscheidungen integrieren.

Die Umstellung auf eine nachhaltige, klimaneutrale Wirtschaft erfordert enorme Investitionen. Dabei ist eine funktionierende Start-up-Kultur besonders wichtig. Von den innovativen Start-ups gehen entscheidende Impulse für die Lösungen der Zukunftsaufgaben aus – für Energie, Nachhaltigkeit, Ernährung, Gesundheit, Mobilität und Bildung.

Allerdings benötigen Start-ups Kapital, um ihre Vorhaben realisieren zu können. Die Beteiligungstochter der KfW, KfW Capital, investiert in deutsche und europäische Venture-Capital-Fonds. Ziel von KfW Capital ist, die nachhaltige Stärkung der VC-Fondslandschaft, damit innovative Technologieunternehmen in Deutschland besseren Zugang zu Wachstumskapital erhalten und der Innovationsstandort nachhaltig gestärkt wird. Bei der Auswahl der Zielfonds legt KfW Capital Wert auf die Berücksichtigung von Environmental Social Governance (ESG)- und Nachhaltigkeitskriterien.

Dieses Engagement wird KfW Capital, die mit der Koordination des Zukunftsfonds betraut ist, nun ausbauen. Die Bundesregierung stellt in den nächsten zehn Jahren zusätzliche zehn Milliarden Euro für einen Beteiligungsfonds für Zukunftstechnologien (»Zukunftsfonds«) bereit. Wir sind überzeugt, dass der Zukunftsfonds eines der wesentlichen Instrumente ist, den Innovationsstandort Deutschland zu sichern und Investitionen in nachhaltige Wirtschaft anzukurbeln.

Die ersten Module sind bereits gestartet, darunter auch die ERP-Zukunftsfonds-Wachstumsfaziliät. Damit kann KfW Capital bis zu 50 Millionen Euro in einen VC-Fonds investieren. Insgesamt investiert KfW Capital darüber in den nächsten Jahren mit Unterstützung des ERP-Sondervermögens und des Zukunftsfonds 2,5 Milliarden Euro. Dies wird dazu führen, dass wir deutlich kapitalstärkere Fonds in Europa sehen werden, die dann größere Finanzierungsrunden für Wachstumsunternehmen in Deutschland realisieren können. Hieran mangelte es bisher – daher ist das neue Programm ein entscheidender Schritt für den VC-Markt in Deutschland und Europa.

Die »grüne Welle« ist in der Wirtschaft bereits angekommen. Die globale Coronapandemie hat auf den ersten Blick die Prioritäten verschoben, gleichzeitig aber Impulse gesetzt. Das, was vorher unmöglich schien – Homeoffice, Homeschooling, blitzschnelle Entwicklung neuer Impfstoffe und Aufbau einer pandemiegerechten gesundheitlichen Infrastruktur – klappte plötzlich. Zahlreiche Unternehmen haben mitten in der Krise ihre Geschäftsmodelle angepasst und dabei oft die »Vergrünung« zu ihrer Kernaufgabe gemacht. Und nebenbei gingen die Treibhausgasemissionen massiv zurück – ein Corona-Nebeneffekt, der sehr willkommen ist.

All das hat uns deutlich gemacht, dass Nachhaltigkeit, Resilienz und Zukunftsfähigkeit untrennbar miteinander verbunden sind. Es liegt nun an uns allen, die in der Krise gewonnene Dynamik zu nutzen, um die Aufgaben des Klimaschutzes zügig, entschlossen und ambitioniert anzugehen. Packen wir es gemeinsam an, um damit nachhaltig unsere Wettbewerbsfähigkeit von morgen zu erhalten und für unsere Nachkommen eine lebenswerte Zukunft zu sichern.

Als einer der weltweit größten Klimaschutzfinanzierer und Wegbereiter in Sachen Sustainable Finance steht die KfW Finanzierungsinstituten, Unternehmen und Politik als engagierte Ansprechpartnerin zur Verfügung.

Wie die DZ BANK nachhaltige und verantwortungsvolle Kapitalmärkte fördert

VON CORNELIUS RIESE

Die DZ BANK ist seit 2013 im Markt für Sustainable Bonds tätig und gehört in diesem Segment zu den führenden europäischen Konsortialbanken.

Nachhaltige Finanzinstrumente werden ebenfalls auf der Kreditmarktseite benötigt, um die Dekarbonisierung der globalen Wirtschaft und die Bewältigung weiterer Nachhaltigkeitsherausforderungen zu stemmen.

Märkte benötigen ein transparentes, materielles und wettbewerbsfähiges Regelwerk für Sustainable Finance.

Die aktuell zahlreichen, komplexen Regulierungsvorhaben laufen Gefahr, sich in Widersprüchen und Arbitrage zu verstricken.

Die Politik sollte durch gezielte Maßnahmen den Eintritt in den nachhaltigen Kapitalmarkt ökonomisch attraktiv(er) gestalten.

In der DZ BANK und der DZ BANK Gruppe ist Nachhaltigkeit in den Unternehmenswerten und der Strategie verankert. Dabei konzentrieren sich die Geschäftsaktivitäten auf die rund 800 Volksbanken und Raiffeisenbanken und deren Kunden. Ziel dieser Ausrichtung ist es, die Positionierung der Genossenschaftlichen FinanzGruppe mit einer Bilanzsumme von 1,4 Billionen Euro und mit einem Eigenkapital in Höhe von über 122 Milliarden Euro als einer der führenden Allfinanzanbieter in Deutschland nachhaltig auszubauen. Dabei sind die Prinzipien der Subsidiarität, Dezentralität und regionalen Marktverantwortung die Grundlagen der Zusammenarbeit zwischen den Genossenschaftsbanken und den Unternehmen der DZ BANK Gruppe. Verantwortungsbewusstes und nachhaltiges Handeln ist somit tief in unserer Unternehmens-DNA verankert.

Im Zuge sich wandelnder gesellschaftlicher Wertevorstellungen haben die Themenfelder Nachhaltigkeit und Klimawandel eine noch höhere Dringlichkeit und Bedeutung erhalten. Die Covid-19-Pandemie hat bereits angestoßene Veränderungen beschleunigt und rückt Aspekte wie Resilienz, Gesundheit oder alternative Arbeitsmodelle stärker in den Mittelpunkt.

Als Vertreter der genossenschaftlichen Organisation nehmen wir diesen Wandel sehr ernst. Dabei folgen wir der Überzeugung, dass uns die Berücksichtigung von Nachhaltigkeitsaspekten hilft, sowohl Risiken zielführender zu steuern als auch Chancen zu ergreifen. Wir wollen mit unserem Handeln einen Unterschied machen – gegenüber unseren Kunden und gegenüber der Gesellschaft.

Nachhaltige Kapitalmarktfinanzierungen haben in den letzten zehn Jahren stark an Dynamik gewonnen. Im Jahr 2020 lag das Emissionsvolumen für grüne Anleihen in Europa bei rund 133 Milliarden Euro. Die sehr starke Wachstumsprognose für die kommenden Jahre ist, auch Covid-19 bedingt, getragen von zusätzlichem Rückenwind für soziale Anleihen. Darüber hinaus werden neue nachhaltige Finanzierungsmöglichkeiten wie Sustainable Bonds und Transition Bonds zum weiteren Wachstum des Marktes beitragen – und so die Transformation der Realwirtschaft zu einer CO_2-ärmeren und nachhaltigeren Wirtschaft spürbar unterstützen.

Für die Weiterentwicklung unseres Wirtschafts- und Gesellschaftssystems hin zu einem nachhaltigen Wirtschaften spielt der Kapitalmarkt eine zentrale Rolle. Seit 2013 ist die DZ BANK im Markt für Sustainable Bonds tätig und gehört zu den führenden europäischen Konsortialbanken in diesem Segment. Nachdem die DZ BANK AG 2018 ihren ersten eigenen Green Bond mit einem Volumen von 250 Millionen Euro emittiert hat, folgte im Dezember 2020 die zweite Emission einer eigenen grünen Anleihe in Höhe von 250 Millionen Euro. Für uns war es zudem ein besonders wichtiger Schritt, die Anleihen aus dem »Support to mitigate Unemployment Risk in an Emergency (SURE)-Programm« der EU zu begleiten, das Arbeitsmarktprogramme, wie z.B. Kurzarbeiterregelungen der Mitgliedstaaten, finanziert und so die Folgen der Pandemie abmildert.

Mit der Emission eigener Green Bonds unterstreicht die DZ BANK die große Bedeutung, die sie Nachhaltigkeitsthemen beimisst. Auf Grundlage unserer langjährigen Nachhaltigkeitskompetenz und Kapitalmarkterfahrung strukturiert die DZ BANK ihre Green Bonds anhand der Prinzipien der International Capital Market Association (ICMA) und platziert diese eigenständig im Markt. Dabei ist die hohe Qualität der Portfolien von besonderer Bedeutung: Im grünen Asset-Pool werden gezielt Projekte ausgewählt, bei denen Nachhaltigkeit gemäß international anerkannter Standards eindeutig definiert ist – so wie bei On-shore-Windkraftanlagen.

Auch deshalb sind die regulatorischen Vorhaben rund um die EU-Taxonomie so wichtig, schaffen sie doch für alle Marktteilnehmer die notwendige Transparenz, welche wirtschaftlichen Aktivitäten nachhaltig sind und welche nicht. Auch der mit der Taxonomie assoziierte EU Green Bond Standard – der nicht nur auf europäische Emittenten referenziert – soll zu einem globalen Standard werden. Ein wichtiges Signal, denn der Klimawandel und andere ökologische Herausforderungen sind globale Probleme, die nur gemeinsam gelöst werden können. Eine zentrale Herausforderung ist weiterhin, dass die regulatorischen Nachhaltigkeitsvorhaben bisweilen noch viele Unklarheiten auf dem Weg zu einem klaren Regelwerk für nachhaltige Aktivitäten aufzulösen haben.

Die zahlreichen Regulierungsvorhaben laufen Gefahr, sich in Widersprüchen und regulatorischer Arbitrage zu verstricken. Etablierte Mechanismen der Bankenregulierung können nicht einfach auf ein komplexes Querschnittsthema wie das der Nachhaltigkeit übertragen werden. Regulierung sollte in erster Linie das Ziel verfolgen, nachhaltige Finanzmärkte zu fördern und das Wachstum zu beschleunigen. Innerhalb des Rahmens sollten aber Differenzierungen möglich sein, denn nur so kann Wettbewerb weiterhin gewährleistet werden. Eine Überregulierung hingegen würde adverse Effekte nach sich ziehen und das Wachstum von Sustainable Finance bremsen.

Ein wichtiger Impulsgeber für grüne Finanzmärkte ist dabei die ambitionierte Haltung vieler Staaten innerhalb der Europäischen Union. Laut der Climate Bonds Initiative stellt Europa nicht nur den größten Markt für grüne Anleiheemissionen mit 48 Prozent des globalen Emissionsvolumens im Jahr 2020, sondern ist auch Domizil für bedeutende Socially Responsible Investments-Kernmärkte wie Skandinavien, Frankreich oder die Niederlande. Was muss geschehen, damit nachhaltige Kapitalmärkte »made in Europe« auch weltweit zum Standard werden?

Insbesondere sollte die Politik eine Vorbildrolle im Hinblick auf Sustainable Finance einnehmen. Der Bundesregierung kommt als Rahmensetzer eine Schlüsselrolle bei der nachhaltigen Transformation unserer Wirtschaft und Gesellschaft zu. Sie sollte ein transparentes, materielles und wettbewerbsfähiges Regelwerk für Sustainable Finance schaffen und stärker darauf einwirken, dass die öffentliche Hand ihre Vorbildfunktion im Hinblick auf die Umsetzung der nationalen, europäischen sowie globalen Nachhaltigkeitsagenda aktiver wahrnimmt. Dies betrifft sowohl die (Re-)Finanzierungsseite als auch die Investitionsseite. Den Bürgerinnen und Bürgern gegenüber sollte zudem Rechenschaft über den Beitrag des Haushalts zu nachhaltiger Entwicklung abgelegt werden. Hierzu ist es auch wesentlich, die Nachhaltigkeitsberichterstattung zu harmonisieren. In den letzten Jahren haben sich hierzu unterschiedliche Rahmenwerke herausgebildet, z. B. SASB, GRI, TCFD. Aktuell ist derzeit das Auseinanderlaufen von Anforderungen der EU und des IASB zu beobachten. Während die IFRS einen Standard planen, der sich nur auf die Klimarisiken bezieht, geht die EU viel weiter und bezieht auch die Abbildung weiterer Umwelt-, Sozial- und Governancerisiken ein. Eine Zweigleisigkeit eines künftigen EU-Rahmenwerks und IASB-Rahmenwerks sollte möglichst vermieden werden.

Die Politik kann darüber hinaus – als Emittent oder Investor – durch gezielte Maßnahmen den Eintritt in den nachhaltigen Kapitalmarkt ökonomisch attraktiv(er) gestalten. Ein Beispiel ist der im Mai 2021 von der Hong Kong Monetary Authority (HKMA) veröffentlichte »Green and Sustainable Finance Grant Scheme«. Durch diesen Ansatz sollen Emittenten von ausgewählten Green Bonds in den Genuss von Subventionen kommen, um die durch die Emission entstandenen Kosten, beispielsweise durch externe Verifizierer, zu decken. Ein ähnlicher Ansatz könnte in Europa die Implementierung des EU Green Bond Standards (und damit der EU Taxonomie) fördern, da der Kostenaspekt potenzielle Emittenten in Teilen weiterhin von der Begebung nachhaltiger Anleihen abhält.

Natürlich tragen auch Bankinstitute eigenverantwortlich dafür Sorge, dass sie weiterhin nachhaltig agieren. Im Frühjahr 2021 hat die DZ BANK deshalb eine Reihe messbarer Nachhaltigkeitsziele formuliert, welche im Zeitverlauf weiterentwickelt werden. Neben dem Halten unserer sehr guten externen Nachhaltigkeitsratings durch die ESG-Agenturen ISS ESG und MSCI wollen wir das Geschäftsportfolio der DZ BANK AG weiterhin positiv im Sinne der Nachhaltigkeit ausrichten. Bis zum Jahr 2022 soll das Finanzierungsvolumen für erneuerbare Energien auf sechs Milliarden Euro ausgebaut werden, und im gleichen Zeitraum sollen die nachhaltigen Assets under Management der Union Investment von 61 auf 81 Milliarden Euro steigen.

Für uns als DZ BANK wird die Begleitung unserer Kunden in deren Fortentwicklung hin zu einem nachhaltigeren Wirtschaften von herausgehobener Bedeutung sein. Wir nehmen hierbei eine Beraterrolle ein und möchten unsere Kunden mit unserem gesamten Produkt- und Dienstleistungsspektrum im Bereich Nachhaltigkeit – d. h. im Kapitalmarktgeschäft, aber auch im Research, Asset-Management, Versicherungsbereich und Firmenkundengeschäft – als verlässlicher und verantwortungsvoller Partner unterstützen. Denn ein grüner Kapitalmarkt allein kann die Dekarbonisierung der globalen Wirtschaft sowie die Bewältigung weiterer Nachhaltigkeitsherausforderungen nicht stemmen.

In dem Spannungsfeld zwischen Kapital- und Kreditmarkt benötigen wir neben Green, Social und Sustainability Bonds ebenso Finanzinstrumente auf der Kreditmarktseite, die die Unternehmen bei ihrer Transformation hin zu mehr Nachhaltigkeit unterstützen. Aus diesem Grund bauen wir unsere ESG-Expertise in allen Geschäftsbereichen kontinuierlich aus. Nachhaltigkeit ist ein komplexes Thema mit vielen Facetten, das sich insbesondere auf sektorspezifisches Wissen stützt. Diese Expertise setzten wir im Bereich der erneuerbaren Energien bereits seit vielen Jahren erfolgreich im Markt ein.

Im Jahr 2020 haben wir auf Basis einer Indikatorlogik die Nachhaltigkeitswirkungen der 17 Sustainable Development Goals der Vereinten Nationen (SDGs) für das Kreditportfolio der DZ BANK AG ermittelt. Bei der Entwicklung dieses innovativen Ansatzes war maßgeblich, dass wir mit den SDGs alle Komponenten der Nachhaltigkeit abbilden können – neben Umweltaspekten auch soziale und Governance-Aspekte. Mit dieser Methode nehmen wir jedoch nicht nur eine ganzheitliche Nachhaltigkeitsbetrachtungsweise ein, sondern sind auch in der Lage, positive *und* adverse Auswirkungen zu klassifizieren. So schaffen wir die notwendige Transparenz, um zu verstehen, wo die größten Hürden – und Chancen – im Sinne der Nachhaltigkeit für unsere Kunden liegen.

Oberstes Gebot ist hierbei, den tatsächlichen Willen der Unternehmen zur Transformation auf den Prüfstand zu stellen. Nur so beugen wir Greenwashing vor und fördern nachhaltige Geschäftspraktiken. Das gilt explizit auch für Unternehmen, die in der Stahl-, Zement oder Luftfahrtindustrie tätig sind. Dort existieren heute nur wenige und vor allem noch keine kommerziell nutzbaren CO_2-armen Technologiealternativen. Wir wollen jedoch mit all unseren Kunden in einen Austausch auf Augenhöhe treten und mit ihnen gemeinsam Entwicklungschancen und Transformationsrisiken – fernab von Weltanschauungen – diskutieren.

Solche Risiken entstehen zum einen infolge des Klimawandels oder anderer Umweltveränderungen, zum anderen aufgrund sich verändernder politischer und regulatorischer Rahmenbedingungen. Konkrete Beispiele für klimabezogene Risikotreiber sind beispielsweise lange Dürreperioden oder ein höherer CO_2-Preis. Beide Arten wirken sich nicht nur auf Unternehmen, sondern über mikro- und makroökonomische Transmissionskanäle sowohl auf Banken als auch auf das Bankensystem als Ganzes aus.

Dem kürzlich erschienenen Bericht des Basler Ausschusses für Bankenaufsicht zufolge unterscheiden sich die Auswirkungen von klimabedingten Risiken auf die Wirtschaft und die globalen Finanzmärkte je nach Geografie, Sektor und Entwicklung des Wirtschafts- und Finanzsystems. Noch fehlt es an ausreichend granularen Daten und zukunftsorientierten Messmethoden, um solche Risiken zu erfassen. Eine wichtige Aufgabe für die Zukunft wird daher sein, Klimarisiken mithilfe der Finanzrisikomessung und -methodik quantifizierbar zu machen.

Die Fragen, die sich in diesem Zusammenhang stellen, liegen jedoch schon heute auf der Hand: Wie wirkt sich ein höherer CO_2-Preis für Emissionszertifikate auf bestimmte Branchen aus? Kann eine frühzeitige Übernahme neuer Technologien mittel- oder langfristig zu einem Wettbewerbsvorteil werden (trotz der kurzfristigen Kosten)? Wie können Unternehmen ihre Produktionsprozesse umstellen und neue Technologien einführen – beispielsweise grünen Wasserstoff – ohne dass ein globales Level Playing Field besteht? Wer beurteilt, welche Technologien erfolgversprechend und nachhaltig sind?

Als DZ BANK arbeiten wir daran, unser nachhaltiges Kredit-angebot weiter auszubauen und die Möglichkeiten, die sich aus ESG-gebundenen oder nachhaltigen Krediten ergeben, voll aus-zuschöpfen. Auch im Kapitalmarktsegment wollen wir weiterhin führend bleiben. Wir unterstützen Ideen, die Kapital für Inno-vationen, eine funktionierende und zukunftsfähige Standortent-wicklung und nachhaltige Transformation mobilisieren. Wichtig ist hierbei, dass der nachhaltige Umbau der Realwirtschaft so ge-fördert wird, dass technologische Innovationen gesichert bleiben und die heimische Wirtschaft fördern. Gerade der genossenschaft-liche Bankensektor steht dafür, dass Nachhaltigkeit unternehme-risch sinnvoll ist. Dieses Verständnis wird uns auch künftig leiten.

Epilog –
was bis 2030 geschah

Nachhaltige Kapitalmärkte – ein Rückblick aus dem Jahr 2030

VON NICOLAUS HEINEN

Die 20er Jahre dieses Jahrhunderts werden das Jahrzehnt der Wende hin zu einem nachhaltigeren Wirtschaftsmodell sein.

Ermöglicht wird dieser Wandel von freien Kapitalmärkten – sie schaffen das notwendige Momentum der Transformation. Doch auch sie werden sich wandeln. Geschäftsmodelle werden digitaler, Investitionsentscheidungen transparenter, und die Anbieterlandschaft konsolidiert sich. Europa kann diesen Wandel nutzen, um eigene Standards weltweit zu prägen.

Marktkräfte werden weltweit bis 2030 mindestens so viel bewirkt haben wie Jahrzehnte ökologisch-sozialer Debatten und Proteste. Und 2050, im Zieljahr des Pariser Klimaabkommens, wird wahrscheinlich niemand mehr danach fragen, ob ein Produkt oder eine Dienstleistung klimaneutral ist. Denn dies dürfte eine Selbstverständlichkeit sein.

Die große Transformation, die vor uns liegt, wird das Ergebnis vieler kleiner Transformationen sein – von Verbrauchern, Unternehmen und Investoren, die Präferenzen, Anreizen und Markttrends folgen. Einiges wird dabei nicht gelingen, vieles schon. Aus Versuch und Irrtum im Kleinen lernt die Ökonomie als Ganzes. Sie baut Expertise auf, setzt Ressourcen immer effizienter ein, lässt Fortschritt zu – und kommt damit noch schneller voran. Die Fähigkeit dazu zeichnet die offenen Gesellschaften aus, die Deutschland und Europa in der Vergangenheit so erfolgreich gemacht haben.

Eine Frage, die in der öffentlichen Debatte über Nachhaltigkeit immer wieder gestellt wird, lautet: Wie werden künftige Generation über uns urteilen? Werden Sie uns belächeln, weil wir uns in eine hysterische Weltuntergangsstimmung hineingesteigert haben? Werden Sie uns verfluchen, weil wir ihnen in unserer Zukunftsvergessenheit eine unwirtliche Welt hinterlassen haben? Oder werden Sie uns achten als die Generation, die gerade noch rechtzeitig zur Besinnung gekommen ist und die Art, in der wir wirtschaften, auf eine dauerhaft tragfähige Basis gestellt hat?

Vermutlich wird keine dieser Denkmöglichkeiten in dieser Drastik eintreffen. Und wie die Generationen in künftigen Jahrhunderten über uns urteilen werden, davon können wir nichts wissen – was nicht heißt, dass uns deren Wohlergehen gleichgültig sein darf. Doch wie werden wir selbst zu Beginn der nächsten Dekade auf die 20er Jahre des 21. Jahrhunderts zurückblicken? Auf ein Jahrzehnt, dessen Jahre 1 und 2 im Zeichen einer Pandemie und einer Fülle besorgniserregender Naturkatastrophen standen: von verheerenden Waldbränden bis hin zu tödlichen Überschwemmungen. Immer mehr Menschen weltweit bringen diese Ereignisse mit dem Klimawandel in Verbindung.

Begeben wir uns also auf Zeitreise – und versuchen uns in retrospektiver Futurologie.

In acht Jahren kann viel geschehen

Bis zum Jahr 2030 sind es noch acht Jahre – und in acht Jahren kann viel geschehen. Wenn uns die Dichte an Veränderungen, die wir in den letzten acht Jahren erlebt haben, auch nur ansatzweise als Richtschnur für die nächsten acht Jahre dienen kann, dann steht uns eine ereignisreiche Zeit bevor. Vor acht Jahren gehörte Großbritannien noch zur Europäischen Union, und wer vorausgesagt hätte, dass das Brexit-Referendum eine Mehrheit finden würde, wäre wohl als hoffnungsloser und womöglich anglophober Europaskeptiker belächelt worden. Auch dass Donald Trump einmal Präsident der Vereinigten Staaten von Amerika werden würde, hätte viele überrascht. 2013 begannen die ersten Sherpa-Runden für den Pariser UN-Klimagipfel – dass sich die Staatengemeinschaft der Welt auf ein gemeinsames Emissionsziel einigen würde, war damals noch undenkbar. Und wer 2013 vor einer Pandemie gewarnt und zugleich betont hätte, dass forschende Unternehmen gegen diese innerhalb weniger Monate wirksame Impfstoffe entwickeln würden, wäre auch auf Verwunderung gestoßen.

Gerade unsere frische Pandemieerfahrung zeigt: Organische Entwicklungen verlaufen selten linear. Ökologische Systeme zeichnen sich durch vielfältige Wechselwirkungen aus, die sich im Idealfall gegenseitig stabilisieren, bei Störungen auch nur des kleinsten Elements sich aber auf schwer kontrollierbare Weise gegenseitig verstärken können – denken wir nur an das Abschmelzen der Gletscher und Eisschichten in den Polarregionen, die einerseits direkt den Meeresspiegel erhöhen, andererseits aber auch die Reflexion der Sonneneinstrahlung verringern, was wiederum die Luft erwärmt und das Abschmelzen weiter beschleunigt – und Starkregen begünstigt. Ebenso verläuft auch Wachstum in der Ökonomie nicht linear – ganz besonders am Kapitalmarkt: Ihm zugrunde liegt eine eigene Dynamik sich selbst verstärkender Prozesse. Ist ein Thema erst einmal im Mainstream angekommen, zieht es immer mehr Interesse auf sich – Produkte, Investoren und Organisationen folgen, Standards und neue Märkte entstehen. Das beste Beispiel hierfür ist die Digitalisierung, die viele neue Wertschöpfungsketten und Geschäftsmodelle geschaffen hat und exponentiell wächst.

Genau so dürfte sich die nachhaltige Transformation unserer Volkswirtschaften Bahn brechen – mehr noch: Die sich selbst verstärkenden Prozesse, das exponentielle Wachstum, das *Momentum* sollten wir nutzen und aktiv fördern. Allerdings: Optimismus, der nicht von der Vorsicht ehrbarer Kaufleute eingehegt wird, kann leicht in irrationalen Überschwang umschlagen. Und irrationaler Überschwang erzeugt Blasen, die früher oder später platzen. Dies gilt nicht nur für Kleinanleger oder Vermögensverwaltungen, sondern kann selbst für Zentralbanken zum Thema werden, die in bester Absicht versuchen, den Markt für nachhaltige Anleihen zu gestalten. Hinzu kommen politische Risiken: Neben Verwerfungen der internationalen Politik besteht die Gefahr, dass sich die Befürworter nachhaltiger Kapitalmärkte als elitäre Avantgarde inszenieren und – in bester moralischer Absicht – den Umbau unserer Ökonomien ohne Rücksicht auf potenzielle Verlierer durchziehen. Sie würden in breiten Kreisen der Bevölkerung schnell den Rückhalt verlieren – eine gesellschaftliche Polarisierung und offener Widerstand wären die Folge. Zwischen Überzeugung und Ideologie ist es oft nur ein schmaler Grat.

Wie können wir diese Klippen umschiffen – und trotzdem den Schwung nachhaltiger Kapitalmärkte nutzen und weiter verstärken? Um heute die positiven Trends zu nutzen und die Risiken auf dem weiteren Weg zu minimieren, müsste man in die Zukunft schauen können – doch die Möglichkeiten, die uns jenseits linearer Extrapolationen und Szenarioanalysen zur Verfügung stehen, sind begrenzt. Wir wollen es trotzdem einmal versuchen. Denn bei allem Wissen um unser Nichtwissen selbst über unsere unmittelbare Zukunft: Ein fiktiver Blick zurück aus der Warte des Beginns der kommenden 2030er Jahre kann uns Hoffnung machen. Wenn wir uns Optimismus zur Leitlinie unseres Blicks auf die vor uns liegenden Jahre machen, dann können wir auch mutigere Prognosen abgeben, als aus streng wissenschaftlicher Sicht geboten wäre. Mit anderen Worten: Wir können uns eine höhere Flughöhe erlauben und auf diese Weise wünschbare Strukturveränderungen sichtbar machen, die uns bei einer rein empirischen Betrachtung verborgen blieben.

Mit dieser Einschränkung halte ich drei Thesen für vertretbar.

Erstens: Nachhaltigkeit wird der neue Mainstream in Gesellschaft, Politik und Wirtschaft. Weltweit.

Was in den technikbegeisterten 2010er Jahren die Digitalisierung war, wird in den grünen 2020ern die Nachhaltigkeit sein – das ist zumindest die Ansicht des Chefredakteurs des Wirtschaftsmagazins *Capital*, Horst von Buttlar.[1] Von Buttlar hat Recht. Dazu trägt nicht nur die immer näher an uns heranrückende Drastik von Naturereignissen bei, die mit hoher Wahrscheinlichkeit menschengemacht sind: Waldbrände, Wasserfluten, Trockenperioden, Artensterben. Gleichzeitig macht uns der enorme technische Fortschritt der nächsten Jahre klar, welche Möglichkeiten uns zu Gebote stehen, schädliche Entwicklungen des Klimawandels abzufedern.

Dieses große Umdenken betrifft die Gesellschaft, die Politik und die Wirtschaft. Wenn die Gesellschaft sich ändert, kann die Politik nicht bleiben, wie sie ist. Nachhaltiges Wirtschaften ist angewiesen auf eine leistungsfähige Infrastruktur. In den Jahrzehnten vor und nach der letzten Jahrhundertwende gingen mit dem Auf- und Ausbau des Schienen- und Straßennetzes, der Energieversorgung und später der Telekommunikation wichtige Impulse von mutigen privaten Unternehmerpersönlichkeiten aus – aber nicht nur von ihnen; auch der Staat engagierte sich. Ebenso werden die Staaten in den 2020er Jahren neue Infrastrukturprojekte vorantreiben. Sie werden dafür die notwendigen Rahmenbedingungen setzen, und sie werden bei bestimmten Leuchtturmprojekten auch selbst investieren. Dass Markt und Staat, vorausschauende Planung durch die Politik und schöpferische Zerstörung durch ein mutiges Unternehmertum nicht Gegensätze sein müssen, sondern in eine Partnerschaft treten können, haben bereits die An-

---

1 Vgl. hier und im Folgenden von Buttlar, H. (2021). *Das grüne Jahrzehnt*. Capital 7/2021. S. 26–36

fänge des Internets gezeigt: Es ging aus von militärstrategischen Überlegungen der Vereinigen Staaten hervor und hat im Laufe der Zeit die größten privatwirtschaftlichen Konzerne überhaupt hervorgebracht.

Unternehmen werden nicht nur ihre Geschäftsmodelle verändern, sondern auch ihr Selbstverständnis. Plattformunternehmen, die für ihre Kundschaft die Möglichkeit zum organisierten Austausch von Waren, Informationen und umfassenden Optionen für ihr Leben schaffen, gehört die Zukunft. Diese Konzerne stehen unter einem viel höheren Legitimationsdruck, als dies bei den klassischen Unternehmen der Fall war. Diese konnten sich mit ihren Angeboten einfach auf das Prinzip der Souveränität der Nachfrageseite berufen: Wir produzieren, was gefällt – und solange es gefällt. Plattformunternehmen dagegen arbeiten oft nach dem Prinzip, neue Welten zu schaffen, die nach und nach so sehr zur neuen Normalität werden, dass alle, die sich ihr verweigern, zu Randgruppen werden. Deshalb provozieren sie eine staatliche Gegenreaktion: Preiskontrollen, erzwungene Marktöffnungen, Einführung von Kontrollgremien bis hin zum Ruf nach Zerschlagung aus kartellrechtlichen Gründen. Eine Möglichkeit, dies zu vermeiden, besteht darin, gesellschaftlich geforderte und politisch vorangetriebene Projekte zu unterstützen – ja, sich sogar an ihre Spitze zu setzen. Das ist ein Grund für die Ergänzung reiner Gewinnziele durch einen zunehmend auch unternehmensrechtlich relevant werdenden Unternehmenszweck: einen *Purpose*, unterstützt durch einen Wertekanon, der mehr sein will als ein bloßes Lippenbekenntnis. Der Vorwurf des Greenwashings oder des Wokewashings birgt heute nicht nur Reputationsrisiken, die sich negativ auf die Verkaufsziffern auswirken; er kann im Zweifel auch dazu führen, dass der Regulator dem Unternehmen gar keine Wahl lässt, als umzusteuern – sofern es seine hohe Börsenbewertung halten möchte. Im deutschen zweigliedrigen System der Corporate Governance hat zudem der Aufsichtsrat die Möglichkeit, durch das Setzen von Regeln Anreize für das Management zu schaffen, die über eine reine Orientierung an kurzfristigen Profiten hinausgehen.

Es besteht daher kein Zweifel daran, dass innerhalb der nächsten acht Jahre die Personen an der Spitze der Privatwirtschaft die Sprache des ESG-Reportings ebenso virtuos beherrschen werden, wie sie heute mit *EBITDA*, *ROE* und *PA* hantieren – so die englischen Akronyme für den Gewinn vor Zinsen, Steuern und Abschreibungen, die Rendite des Eigenkapitals sowie das Verhältnis von Aktienkurs und Gewinn. Und das gilt nicht nur für den börsennotierten Konzern in Frankfurt, Stuttgart oder München, sondern auch für das familiengeführte Unternehmen in Schleswig-Holstein, im Thüringer Wald oder im Voralpenland. Weltweit tätig sind ohnehin die meisten.

Diese Überlegung führt zur nächsten These.

Zweitens: Die 20er Jahre dieses Jahrhunderts werden eine Epoche großen technischen Fortschritts im Zeichen der Nachhaltigkeit einläuten. Ermöglicht wird diese von freien Kapitalmärkten.

Was bedeutet dies für die Realwirtschaft? Neue Technologien werden über Kapitalmärkte vorfinanziert – ähnlich wie vor 150 Jahren in den USA die Eisenbahn. Anwendungsfelder dafür gibt es genug: von der Wasserstofftechnologie bis hin zu Solar- und Windparks. Effiziente Kapitalmärkte können sogar dabei helfen, Solaranlagen zur Wasserstoffproduktion im globalen Süden anzusiedeln und so zur wirtschaftlichen Entwicklung dieser Weltregion beizutragen. Aber da ist noch mehr: Die schnelle Entwicklung von Impfstoffen gegen Covid-19 hat gezeigt, dass der Kapitalmarkt überlebenswichtige Innovationen deutlich beschleunigen kann.

All dies macht Hoffnung für die Entwicklung neuer nachhaltiger Methoden zur Energieerzeugung und der Substitution ESG-schädlicher Prozesse und Produkte durch nachhaltige – und weit über die Dimensionen dessen hinaus, was uns heute bekannt ist.

In Zeiten niedriger Zinsen und eines globalen Anlagenotstands suchen sich Anleger und ihr Kapital schnell Wege für höhere Renditen; in energieeffizienten Technologien könnten sie ihr neues Ziel finden.

Dies könnte so weit gehen, dass allein durch die Konzentration von Ressourcen auf Quanteninnovationen im Energiesektor Energieunabhängigkeit bald in greifbare Nähe rücken könnte. Zukunftsmusik? Schon heute hören wir von israelischen Unternehmen, denen es gelungen ist, Bakterien zu züchten, die CO_2 in Zucker verwandeln. Von Biopolymeren, die einen Großteil fossiler Rohstoffe in der industriellen Fertigung überflüssig machen. Von E-Auto-Batterien aus Vanillin. Von Dresdner Technologieschmieden, die bald organische Solarfolien in Serie herstellen. Und wir haben noch nicht mal richtig angefangen.

Drittens: Zusätzliches Momentum für die Transformation kommt von den Kapitalmärkten selbst. Auch sie werden sich wandeln.

Aus dem ersten und zweiten Trend folgt, dass auch die Kapitalmärkte selbst sich in den kommenden Jahren verändern werden. Nachhaltigkeit und Digitalisierung treiben sich als Megatrends gegenseitig an – und insbesondere an den Kapitalmärkten dürften sie in den kommenden Jahren völlig neue Effizienzpotenziale erschließen. Passive Investmentstrategien, die sich an ESG-Kriterien ausrichten, erhalten im Zuge dieser Entwicklung eine noch größere Schlagkraft. Wir werden erleben, wie eine komplett transparente Datenwelt für Unternehmen entsteht. Die Lieferkette und Energiebilanz vieler Produkte werden dadurch schon auf kleinster Ebene sichtbar – und damit auch an Märkten handelbar. Das eröffnet neue Möglichkeiten der Kontrolle ESG-gemäßen Wirtschaftens. Daraus folgt auch, dass ganze Berufszweige und Geschäftsmodelle überflüssig bzw. von digitalen Lösungen ersetzt werden – vor allem im klassischen Research – und dafür neue im Bereich der Analytik entstehen. Investitionsentscheidungen

werden dadurch rationaler und unaufgeregter – auch dank neuer Möglichkeiten in der Echtzeitanalyse von Marktentwicklungen
und Unternehmenswerten.

Eine noch höhere Skalierbarkeit entsteht auch über die Europäische Kapitalmarktunion – also über eine einheitliche Regulierung
der Kapitalmärkte in der Europäischen Union bei gleichzeitiger
Kapitalverkehrsfreiheit. Auf den erhöhten Wettbewerbsdruck im
dann größten Binnenmarkt für nachhaltige Finanzdienstleistungen – mit oder ohne das Vereinigte Königreich – folgt zunächst
eine Konsolidierung der Anbieterlandschaft. Es entstehen wenige
große europäische Spieler von Weltrang in ESG-Datenerhebung
und Analytik, die ihre Produktstandards schnell zur weltweiten
Benchmark entwickeln. Geschickte Allianzen zwischen Daten-
häusern, Handelsplattformen und Asset-Managern können
ebenfalls bewirken, dass die Europäische Union auch eine Spit-
zenposition mit ESG-gerechter Vermögensverwaltung »made in
Europe« einnimmt. Selbst Teile des längst verloren geglaubten
Investmentbankings können wir Europäer zurückerobern, etwa
über die Begleitung der Ausgabe grüner Anleihen. Das liegt nicht
nur an den Unternehmen, sondern auch daran, dass die Politik
schnell erkannt hat: Für die nachhaltige Transformation muss sie
wirksame Allianzen mit dem Kapitalmarkt schmieden – und gemeinsame Foren und Cluster für den Austausch bereitstellen. Am
Ende liegt es an Europa selbst, wie es die Dynamik für sich nutzen
und globale Standards im eigenen Sinne gestalten kann.

Vieles spricht auch aus demografischer Sicht dafür, dass dieses neue Momentum nicht von kurzfristiger Natur ist – denn
eine weltweit wachsende Mittelschicht gibt eine verheißungsvolle
Perspektive auf eine stabile Nachfrage nach nachhaltigen Finanzprodukten. Außerhalb der traditionellen Industrieländer wächst
die Mittelschicht in nie gekanntem Ausmaß. Damit einher gehen
eine höhere Zahlungsbereitschaft, höhere Ansprüche und auch
ein Wertewandel. Je bedeutender der mittlere Wohlstand der
Menschen weltweit ist, desto stärker werden sie immun gegen

dirigistische Verheißungen, die politische Tagesmeinungen in Langfristzielen zementieren. Und umso empfänglicher werden sie zugleich für offene, regulierte Kapitalmärkte – und deren Fähigkeit, die besten Ideen der Zukunft zu entdecken und zu fördern. Auch dies wird entscheidenden Einfluss auf die Kapitalmärkte nehmen – und ihre Wirksamkeit weiter stärken.

Versuch und Irrtum im Kleinen – Transformation im Großen

Im Ergebnis werden wir sehen: Marktkräfte werden weltweit bis 2030 mindestens so viel bewirkt haben wie Jahrzehnte ökologisch-sozialer Debatten und Proteste. Und 2050, im Zieljahr des Pariser Klimaabkommens, wird dann wahrscheinlich niemand mehr danach fragen, ob ein Produkt oder eine Dienstleistung klimaneutral ist. Denn dies dürfte eine Selbstverständlichkeit sein. Verwundert wird man dann auf die öffentlichen Debatten der Jahre 2020 und 2021 zurückblicken, als das Vertrauen in die Lösungskreativität und Schaffenskraft von Menschen und Märkten noch niedrig war und staatlich administrierte Mindestpreise für Energie und Emissionsrechte,[2] Nullwachstumsforderungen einschließlich Geburtenbeschränkungen[3] oder sogar ein Klimalockdown[4] noch ernsthaft als Lösungsansätze in Erwägung gezogen wurden.

Damit uns all dies gelingt, müssen wir den Weg, der vor uns liegt, ergebnisoffen gestalten – und der Initiative des Einzelnen überlassen. Die große Transformation, die vor uns liegt, wird weder das Resultat staatlicher Planung am Reißbrett sein noch der positive

---

2   Vgl. Ockenfels, A. (2021). *Es braucht einen Mindestpreis für CO₂*. Gastkommentar. Handelsblatt Online vom 3. Februar

3   Vgl. Bauchmüller, M. und Weiß, M. (2021). *Da rennen Sie in eine Falle*. Interview mit Ottmar Edenhofer und Niko Paech. SZ Online vom 27. März

4   Vgl. Lauterbach, K. (2020). *Klimawandel stoppen? Nach den Corona-Erfahrungen bin ich pessimistisch*. Namensbeitrag in Welt Online vom 27. Dezember

Ausgang eines großen Drehbuchs. Die große Transformation ist vielmehr das Ergebnis vieler kleiner Transformationen – von Verbrauchern, Unternehmen und Investoren, die Präferenzen, Anreizen und Markttrends folgen und die Chancen virtuos nutzen, die sich aus ihnen wiederum ergeben.

Einiges wird dabei nicht gelingen, vieles schon. Und damit auch die Fehlversuche zu etwas gut sind, brauchen wir Raum dafür, aus Fehlern zu lernen: Versuch und Irrtum im Kleinen, aus denen die Ökonomie als Ganzes lernt, Expertise aufbaut, Ressourcen immer effizienter einsetzt, Innovationskräfte entfesselt, Fortschritt zulässt – und damit noch schneller vorankommt. Die Fähigkeit dazu zeichnet die offenen Gesellschaften aus, die der Wissenschaftstheoretiker und politische Philosoph Karl Popper in der Zeit des Kalten Krieges als positives Leitbild moderner Gesellschaftsformen beschrieben und begründet hat. Deutschland und Europa haben diesem Konzept ihren wirtschaftlichen Wohlstand, ihre politische Freiheit und ihre gesellschaftliche Stabilität zu verdanken. Diese Idee gilt es, in die neue Zeit zu übertragen – und mit neuem Leben zu erfüllen.

Biografien

© Oliver Rüther

Tarek Al-Wazir (1971) wurde in Offenbach am Main geboren. Nach dem Schulbesuch in Offenbach, Sana'a (Jemen) und Frankfurt am Main (Abitur 1991) leistete er von 1991 bis 1992 Zivildienst und nahm anschließend in Frankfurt das Studium der Politologie auf, das er mit dem Diplom abschloss. Noch als Schüler trat er 1989 den Grünen bei und war von 1992 bis 1994 Vorsitzender der Grünen Jugend Hessen. 1993 wurde er Mitglied der Offenbacher Stadtverordnetenversammlung, 1995 Abgeordneter des Hessischen Landtags. Von Mai 2000 an führte er die Landtagsfraktion von Bündnis 90/Die Grünen, von September 2007 an zudem den Landesverband der Partei. Beide Ämter legte er vor der Ernennung zum Hessischen Minister für Wirtschaft, Energie, Verkehr und Landesentwicklung (seit 2019: Wohnen) sowie stellvertretenden Ministerpräsidenten am 18. Januar 2014 nieder.

© Federico Pedrotti

Oliver Bäte (1965) ist seit 2015 Vorsitzender des Vorstands der Allianz SE. Bäte startete seine berufliche Laufbahn bei McKinsey & Company, wo er 2003 Leiter des europäischen Versicherungs- und Vermögensverwaltungs-Sektors wurde. Seit 2008 ist Oliver Bäte Mitglied des Vorstands der Allianz SE – 2008 zunächst als Chief Operating Office und ab 2009 dann als Finanzvorstand. 2013 wurde er verantwortlich für das Versicherungsgeschäft in Frankreich,

Benelux, Italien, Griechenland, der Türkei sowie für das Center of Competence *Global Property & Casualty*. Bäte studierte Betriebswirtschaftslehre an der Universität zu Köln und hält einen MBA der NYU Leonard Stern School of Business.

© Licht Form Arte

Prof. Dr. Christina E. Bannier (1974) ist Professorin für Banking & Finance an der Justus-Liebig-Universität Gießen und Leiterin des Sustainable Governance Lab. Vorherige Positionen führten sie an die Gutenberg Universität Mainz, die Frankfurt School of Finance & Management und die Leibniz-Universität Hannover. Neben ihrer akademischen Tätigkeit ist sie u. a. als Sprecherin des Nachhaltigkeitsfachbeirats der Evangelischen Bank, Mitglied der Kommission Governance & Stewardship sowie im Vorstand der Deutschen Vereinigung für Finanzanalyse und Asset-Management (DVFA), im Arbeitskreis Leitlinien für eine nachhaltige Vorstandsvergütung und im Aufsichtsrat der Clearstream Banking AG aktiv. Ihre Lehr- und Forschungsschwerpunkte liegen in den Bereichen Sustainable Finance, Corporate Governance, Compliance, Mittelstandsfinanzierung und Finanzwissen.

© Luxembourg Stock Exchange/Raoul Somers

Julie Becker (1975) steht seit April 2021 an der Spitze der Luxemburger Börse (LuxSE). Sie kam 2013 zur LuxSE und wurde 2015 in den Vorstand berufen, bevor sie 2019 zur stellvertretenden Vorstandsvorsitzenden und zwei Jahre später zur Vorstandsvorsitzenden ernannt wurde. Ihre Karriere im Finanzsektor in Luxemburg erstreckt sich über zwei Jahrzehnte und umfasst Positionen bei der Zentralbank von Luxemburg und Dexia. Im Jahr 2016 gründete Julie Becker die Luxembourg Green Exchange (LGX), die weltweit führende Plattform für nachhaltige Wertpapiere. Als anerkannte Expertin auf dem Gebiet nachhaltiger Finanzen hat Julie Becker die LuxSE und die LGX in den vergangenen Jahren bei zahlreichen internationalen Expertenforen und Konferenzen vertreten, unter anderem bei der EU High-Level Expert-Group on Sustainable Finance von 2016 bis 2018. Sie ist außerdem Vorsitzende von LuxCMA, einem 2019 gegründeten Branchenverband der Kapitalmärkte.

© DSW GmbH

Jella Benner-Heinacher (1960) ist Rechtsanwältin mit internationaler Ausbildung (Master of Law/USA). Als Hauptgeschäftsführerin (stellvertretend) der Deutschen Schutzvereinigung für Wertpapierbesitz e.V. (DSW) in Düsseldorf widmet sie sich seit vielen Jahren den Themen Corporate Governance, Corporate Finance und ESG. Daneben besucht sie Hauptversammlungen in Deutschland und im europäischen Ausland und ist in diversen Aufsichtsgremien vertreten. Sie ist Mitglied in der Börsensachverständigenkommission und der Expertengruppe Corporate Finance bei der europäischen Börsenaufsicht ESMA. Zudem ist sie aktuell Vizepräsidentin des europäischen Anlegerverbandes BetterFinance in Brüssel.

Dr. Richard Böger (1959), Diplom-Volkswirt, trat 1998 in den Vorstand der Bank für Kirche und Caritas eG in Paderborn ein und ist seit 2002 Vorstandsvorsitzender der bundesweit tätigen genossenschaftlichen katholischen Kirchenbank. Bereits 2004 beschloss die Bank für Kirche und Caritas ihre Strategie Nachhaltige Geldanlagen, mit der die Eigenanlagen der Bank an den Grundsätzen der Nachhaltigen Geldanlage ausgerichtet wurden.

Dr. Tammo Diemer (1969) gehört seit 2013 der Geschäftsführung der Bundesrepublik Deutschland – Finanzagentur GmbH an. Zudem ist er Mitglied im Aufsichtsrat der Eurex Clearing AG und im Verwaltungsrat der FMS-Wertmanagement AöR. Von 2001 bis 2013 hatte er verschiedene Positionen bei der Aareal Bank AG inne, seit 2008 leitete er als Managing Director den Bereich Treasury. Seine berufliche Laufbahn begann er 1999 als Asset Liability Manager bei der Depfa Deutschen Pfandbriefbank AG. Tammo Diemer ist promovierter Mathematiker. Er studierte an der Universität Bonn und an der University of Warwick, Großbritannien.

© BASF

Dr. Hans-Ulrich Engel (1959) ist Präsident des Deutschen Aktieninstituts und stellvertretender Vorstandsvorsitzender, Finanzvorstand (CFO) und Chief Digital Officer (CDO) der BASF SE. Von 1977 an studierte er an den Universitäten Göttingen und Freiburg Rechtswissenschaften. 1983 schloss er sein Studium an der Universität Göttingen ab. Von 1984 bis 1987 absolvierte er seinen juristischen Vorbereitungsdienst (Referendariat) im Bezirk des Oberlandesgerichts Oldenburg. 1990 promovierte er an der Universität Göttingen. Bei der BASF ist er zuständig für die Bereiche Corporate Finance, Corporate Audit, Corporate Taxes & Duties, Global Business Services, Global Digital Services, Global Procurement.

© Barbara Gandenheimer

Markus Ferber (1965) ist seit 1994 Abgeordneter des Europäischen Parlaments. Er ist Sprecher der EVP-Fraktion im Ausschuss für Wirtschaft und Währung des Europäischen Parlaments (ECON) und hat als Berichterstatter für die Finanzmarktrichtlinie MiFID II die europäische Finanzmarktregulierung in den vergangenen Jahren entscheidend mitgestaltet. Markus Ferber ist außerdem Vorsitzender der Hanns-Seidel-Stiftung sowie Bezirksvorsitzender der CSU Schwaben.

© European Energy Exchange AG

Robert Gersdorf (1981) begann nach seinem Studium der Politikwissenschaft und Betriebswirtschaftslehre 2008 bei der European Energy Exchange (EEX) im Bereich Political Communications. Mit der Eröffnung des Berliner Büros der EEX 2014 wechselte er als Ansprechpartner für politische Kontakte in die Hauptstadt. Dort arbeitet Robert Gersdorf derzeit als Expert Political & Regulatory Affairs. Inhaltlich beschäftigt er sich seit Jahren mit den Herausforderungen der Energiewende auf den Energiehandel, insbesondere mit Fragen des Strommarktdesigns und der Marktintegration erneuerbarer Energien.

© Banque de France/Pascal Assailly

Sylvie Goulard (1964), ehemalige französische Ministerin, ist ehemaliges Mitglied des Europäischen Parlaments und seit 2018 Vizegouverneurin der Banque de France. Zu Ihrem Ressort gehören unter anderem Fragen der Finanzstabilität im Zusammenhang mit dem Klima (Network for Greening the Financial System, NGFS). Sie ist Mitglied des One Planet Lab. Diese Ideenschmiede wurde von Präsident Macron gegründet und befasst sich mit der nachhaltigen Entwicklung, insbesondere in Bezug auf das Finanzwesen und die Artenvielfalt. Ferner vertritt Sylvie Goulard die französischen Behörden in der Task Force for Nature-related Disclosures (TNFD).

© Voith Group

Dr. Toralf Haag (1966) ist seit Oktober 2018 Vorsitzender der Konzerngeschäftsführung der Voith GmbH & Co. KGaA. Zwei Jahre zuvor hatte er zunächst die Rolle des Geschäftsführers Finanzen der Voith Group übernommen. Nach seinem Abschluss als Diplom-Kaufmann an der Universität Augsburg und der Promotion an der Universität Kiel startete Haag seine Karriere 1994 als persönlicher Referent des Vorstandsvorsitzenden der Thyssen Handelsunion AG in Düsseldorf. Von 1997 bis 1999 hielt er die Position des Director Finance, M&A and Corporate Development bei The Budd Company Detroit, USA, einem Tochterunternehmen von ThyssenKrupp. Im Jahr 2000 wurde er zum CEO der Stamping & Frame Division von The Budd Company Detroit berufen. Von 2002 bis 2005 war Dr. Toralf Haag Finanzvorstand bei der Norddeutschen Affinerie AG, heute Aurubis AG, in Hamburg, bevor er 2005 Finanzvorstand des Schweizer Chemie- und Pharmaunternehmens Lonza Group AG wurde.

© Deutsche Börse

Dr. Nicolaus Heinen (1980) leitet die ESG-Konzernstrategie der Deutschen Börse und koordiniert in dieser Funktion alle Nachhaltigkeitsaktivitäten und ESG-Produktinitiativen des Unternehmens. Heinen ist seit 2019 bei der Deutschen Börse. Zuvor war er ab 2008 als Analyst bei der Deutschen Bank tätig und baute ab 2015 eine Abteilung für Business-Intelligence bei der Linde AG auf. Heinen ist Vorstandsmitglied der Ludwig-Erhard-Stiftung, Lehrbeauftragter für Wirtschafts- und Wettbewerbspolitik an der Universität Bayreuth und Autor mehrerer Wirtschaftsbücher.

Dr. Ingrid Hengster (1961) gehört dem Vorstand der KfW Bankengruppe an. Sie verantwortet das inländische Fördergeschäft, darunter die KfW-Coronahilfen. Ihre Karriere begann die promovierte Juristin bei der Österreichischen Kontrollbank, danach arbeitete sie bei der Commerzbank, der UBS sowie der Credit Suisse First Boston. Vor dem Eintritt in die KfW 2014 war Hengster Country Executive Germany, Austria und Switzerland der Royal Bank of Scotland und Vorstandsvorsitzende der RBS (Deutschland) AG.

Dr. Maximilian Horster (1977) leitet ISS ESG, das ESG-Daten- und Servicegeschäft von Institutional Shareholder Services. Er hat in Cambridge (UK) studiert und fünf Jahre bei der Capital Group in Nordamerika, Asien und Europa gearbeitet. Mit dem Verkauf eines von ihm gegründeten ESG-Unternehmens an ISS im Jahre 2017 übernahm Horster die Leitung des dort neu gegründeten Klimabereichs. Seit 2021 verantwortet er das ESG-Geschäft.

© EIB

Dr. Werner Hoyer (1951), geboren in Wuppertal, studierte und promovierte 1977 in Volkswirtschaftslehre an der Universität zu Köln, wo er auch als wissenschaftlicher Mitarbeiter und später als Lehrbeauftragter für internationale Wirtschaftsbeziehungen tätig war. Während seiner Zeit als Abgeordneter im Deutschen Bundestag fungierte er in der FDP-Bundestagsfraktion u. a. als parlamentarischer Geschäftsführer, sicherheitspolitischer Sprecher, stellvertretender Vorsitzender und außenpolitischer Sprecher sowie Generalsekretär der FDP und Staatsminister im Auswärtigen Amt. Er wurde 2012 von den EU-Mitgliedstaaten als Präsident der Europäischen Investitionsbank gewählt. Der Rat der Gouverneure bestätigte im Juli 2017 die Wiederwahl Dr. Hoyers zur zweiten Amtszeit beginnend am 1. Januar 2018.

© Renato Ribeiro Alves

Kristina Jeromin (1982) war von 2009 bis 2020 bei der Gruppe Deutsche Börse zunächst zuständig für die in- und externe Kommunikation von Nachhaltigkeitsthemen. Ab 2015 verantwortete sie als Head of Group Sustainability das konzernweite Nachhaltigkeitsmanagement. Seit 2018 ist Kristina Jeromin Geschäftsführerin des Green and Sustainable Finance Cluster Germany. Sie ist Mitglied des Sustainable-Finance-Beirats der Bundesregierung und der Deutschen Gesellschaft des Club of Rome. Kristina Jeromin ist außerdem Bundestagskandidatin der Grünen in Hessen.

Dr. Christoph Kesy (1972) verantwortet seit 2009 das Asset-Management bei der deutschen Familienverwaltungsgesellschaft Profunda Verwaltungs-GmbH. Davor leitete er unter anderem im Finanzbereich eines DAX-Unternehmens die für das strategische Management der Pensionsvermögen verantwortliche Abteilung und war Vorstand des konzerneigenen Pension Trust (CTA). Christoph Kesy promovierte als wissenschaftlicher Mitarbeiter an der Ludwig-Maximilians-Universität München bei Prof. Bernd Rudolph.

Karsten Löffler (1967) ist Geschäftsführer des Green and Sustainable Finance Cluster Germany. Zudem leitet er seit 2017 das Frankfurt School UNEP Centre for Climate & Sustainable Energy Finance. Er ist Mitglied der Platform on Sustainable Finance der Europäischen Kommission sowie Vorsitzender des Sustainable-Finance-Beirats der Bundesregierung. Zuvor war er als Geschäftsführer von Allianz Climate Solutions für die Entwicklung von klimabezogenen Geschäftsmodellen in der Allianz Group verantwortlich.

© Gaby Gerster

Dr. Sabine Mauderer (1970) ist Mitglied des Vorstands der Deutschen Bundesbank und verantwortlich für die Zentralbereiche Märkte und Personal. In ihrer Funktion ist sie auch Mitglied im Lenkungsausschuss des Central Banks and Supervisors Network for Greening the Financial System (NGFS). Zuvor arbeitete sie in verschiedenen Bereichen bei der KfW-Bankengruppe und war als Referentin im Bundesministerium der Finanzen tätig. Sie studierte Rechtswissenschaften, promovierte an der Universität Osnabrück und erwarb einen Executive MBA an der ESSEC & Mannheim Business School.

© Jens Schicke

Friedrich Merz (1955) begann seine berufliche Karriere nach dem Jurastudium als Richter, wechselte später in den Anwaltsberuf und gehört heute noch der Kanzlei Mayer Brown LLP als Senior Counsel an. Während seiner beruflichen Laufbahn war er in verschiedenen Gremien tätig, u. a. als langjähriger Vorsitzender des Aufsichtsrates der WEPA SE (Arnsberg). Im Juni 2019 wurde Merz zum Vizepräsidenten des Wirtschaftsrates der CDU e. V. gewählt. Von 1989 bis 1994 war Merz Abgeordneter im Europäischen Parlament und von 1994 bis 2009 im Deutschen Bundestag. Dort war er maßgeblich an zahlreichen finanzpolitischen Weichenstellungen beteiligt, u. a. als Berichterstatter der CDU/CSU-Bundestagsfraktion für das EURO-Einführungsgesetz. In den Jahren von 2000 bis 2002 war Merz Vorsitzender der CDU/CSU-Bundestagsfraktion. Merz gilt als Wirtschafts- und Finanzexperte und ist bekannt als ein Verfechter der sozialen Marktwirtschaft.

© Clarity AI

Rebeca Minguela (1981) ist eine Entrepreneurin, derzeit Gründerin & CEO von Clarity AI und ehemalige Gründerin & CEO von Blink Booking, welches im Jahr 2013 von Groupon übernommen wurde. Zuvor arbeitete sie im Tech- und Digitalbereich, u. a. als Global Head of Digital Transformation bei der Santander Bank, im Private Equity bei Bain Capital, in der Strategieberatung (Boston Consulting Group) und als Ingenieurin bei der Deutschen Raumfahrtagentur, Siemens und IBM. Sie ist Young Global Leader des Weltwirtschaftsforums und European Young Leader und berät mehrere Start-ups. Sie und ihre Unternehmen wurden in Topzeitschriften vorgestellt: unter anderem *Forbes*, *The Economist* und der *Financial Times*. Sie hält einen MBA der Harvard Business School und einen MSc in Telecommunication Engineering, beide mit Auszeichnung.

© Eurex Frankfurt AG

Michael Peters (1963) ist seit Juli 2020 Vorstandsvorsitzender der Eurex Frankfurt AG, gehört seit 2006 dem Vorstand an und war seit 2016 dessen stellvertretender Vorsitzender. Er ist Mitglied der Geschäftsführung der Eurex Deutschland und war von 2006 bis 2013 Mitglied des Vorstands der Eurex Clearing AG. Zuvor war Peters bei der OMX AB in Stockholm (heute Teil von Nasdaq), leitete Projekte in den USA und Asien/Pazifik und war Managing Director von Trading Technologies in Frankfurt am Main und Chicago. Davor war er bei der Deutschen Terminbörse (DTB) tätig.

Peter Reitz (1965) ist seit dem 1. August 2011 Vorsitzender des Vorstands der EEX AG und ECC AG. Die Entwicklung der EEX und ECC begleitete er bereits seit 2007 als Mitglied des jeweiligen Aufsichtsrats. Seine Karriere startete der Diplom-Mathematiker 1991 als Produktmanager bei der Deutsche Börse AG in Frankfurt. Von 2000 bis 2001 arbeitete er bei Dow Jones Indexes in New York. Anschließend wurde er zum Vorstandsmitglied der Terminbörse Eurex berufen, eine Position, die er bis Dezember 2018 innehatte.

Dr. Cornelius Riese (1975) ist seit Januar 2019 Co-Vorstandsvorsitzender der DZ BANK AG, der Zentralbank innerhalb der Genossenschaftlichen Finanz-Gruppe Volksbanken Raiffeisenbanken. Der gebürtige Heidelberger hat Betriebswirtschaftslehre an der Universität Mannheim mit dem Abschluss Diplom-Kaufmann studiert. 2005 promovierte er an der Technischen Universität Chemnitz. Von 1999 bis 2006 war Riese bei Accenture in der Strategieberatung für Finanzdienstleister tätig. 2007 ging er als Bereichsleiter zur heutigen DZ HYP AG und wechselte im Mai 2009 als Bereichsleiter Stab zur DZ BANK AG. Seit 2013 war er Mitglied des Vorstands mit der Zuständigkeit für Finanzen, Strategie und Controlling. Als Co-Vorstandsvorsitzender der DZ BANK AG liegt Rieses Schwerpunkt auf Holdingaktivitäten der DZ BANK Gruppe.

Michael Rüdiger (1964) ist Chairman von BlackRock in Deutschland, Österreich und Osteuropa und Aufsichtsratsvorsitzender der BlackRock Asset Management Deutschland AG. Er gehört den Aufsichtsräten der Deutsche Börse AG und von Evonik Industries AG an. Ehrenamtlich begleitet Rüdiger die Stiftung Deutsche Krebshilfe in deren Stiftungsrat. Michael Rüdiger verfügt über 25 Jahre Erfahrung in Senior-Managementpositionen in der Finanzbranche, zuletzt als Vorstandsvorsitzender der DekaBank Deutsche Girozentrale.

Prof. Dr.-Ing. Siegfried Russwurm (1963) ist seit 2021 Präsident des BDI. Im Jahr 1988 schloss er sein Studium der Fertigungstechnik an der Universität Erlangen-Nürnberg als Diplom-Ingenieur ab. Dort promovierte er am Lehrstuhl für Technische Mechanik mit einer Arbeit zu numerischen Simulationsverfahren. Nach diversen Stationen in der Siemens AG wurde er im Jahr 2006 Bereichsvorstand in der Medizintechnik, im Januar 2008 Mitglied des Vorstands der Siemens AG, in dem er bis März 2017 tätig war. Russwurm ist in verschiedenen Aufsichtsräten und Beiräten aktiv. Unter anderem ist er seit März 2019 Vorsitzender des Gesellschafterausschusses und des Aufsichtsrats der Voith GmbH & Co. KGaA und wurde im Oktober 2019 zum Vorsitzenden des Aufsichtsrats der Thyssenkrupp AG gewählt.

© Deutsche Bank

Christian Sewing (1970) begann seine Laufbahn bei der Deutschen Bank im Jahr 1989. Er arbeitete an Standorten wie Frankfurt am Main, Toronto, Tokio und London und bekleidete unter anderem Führungspositionen im Risikomanagement und in der Konzernrevision. Im Januar 2015 wurde er Mitglied des Vorstands, zunächst verantwortlich für Recht und Revision, ab Juli 2015 dann für die Privat- und Firmenkundenbank. Seit April 2018 ist er Vorstandsvorsitzender. Seit Juli 2021 ist Christian Sewing auch Präsident des Bundesverbands deutscher Banken.

© Tobias Koch

Bettina Stark-Watzinger (1968) ist seit 2017 Mitglied des Deutschen Bundestages. Sie ist Parlamentarische Geschäftsführerin der Fraktion der Freien Demokraten, Mitglied des Präsidiums der FDP und Landesvorsitzende der Freien Demokraten in Hessen. Als Haushalts- und Finanzexpertin beschäftigt sie sich u. a. mit Sustainable Finance sowie der Finanzierung von Start-ups und Innovationen. Im Anschluss an ihr Studium der Volkswirtschaftslehre war sie in der Finanzbranche tätig. Nach einem mehrjährigen Auslandsaufenthalt in London wechselte sie in das Bildungswesen und war bis 2017 Geschäftsführerin eines Forschungsinstituts in Frankfurt.

Michael Vassiliadis (1964) ist Vorsitzender der IG Bergbau, Chemie, Energie. Nach dem Abschluss der Realschule absolvierte Michael Vassiliadis bei der Bayer AG in Dormagen die Ausbildung zum Chemielaboranten und war nach Abschluss seiner Ausbildung bis 1986 in diesem Beruf tätig. Vassiliadis wurde auf dem 4. Ordentlichen Gewerkschaftskongress der IG BCE 2009 zum Vorsitzenden der IG BCE gewählt. Seit Mai 2011 ist er Präsident der Föderation Europäischer Bergbau-, Chemie- und Energiegewerkschaften (EMCEF) und seit Mai 2012 der Nachfolgeorganisation IndustriAll Europe, der Dachorganisation der europäischen Industriegewerkschaften. Michael Vassiliadis war und ist Mitglied diverser Beratungsgremien der Bundesregierung und stellvertretender Aufsichtsratsvorsitzender der RAG AG sowie Mitglied des Aufsichtsrats der BASF SE, der Henkel AG & Co. KGaA und der Steag GmbH.

Dr. Asoka Wöhrmann (1965) ist seit 2018 CEO und Vorsitzender der Geschäftsführung der DWS KGaA. Zuvor war er Leiter des Privatkundengeschäfts in Deutschland der Privat- und Firmenkundenbank (PCB) der Deutschen Bank. Bevor er 2015 zu PCB stieß, verbrachte Wöhrmann 17 Jahre bei der DWS in verschiedenen Führungsrollen, zuletzt als globaler Chef-Anlagestratege. Er erwarb ein Diplom in Volkswirtschaftslehre an der Universität Bielefeld und promovierte an der Universität Magdeburg.

© Thorsten Jansen

Dr. Holger Wohlenberg (1966) ist Geschäftsführer der Qontigo GmbH und Verwaltungsratspräsident der STOXX Ltd. Nach Abschluss seines Betriebswirtschaftsstudiums an der LMU München startete er 1991 seine berufliche Laufbahn bei McKinsey & Company, wo er 1997 zum Partner gewählt wurde. Im Jahre 2000 wechselte Holger Wohlenberg dann zur Deutschen Bank als Managing Director Technology Investment Banking. Vier Jahre später verpflichtete ihn die Deutsche Börse Gruppe, um das Daten- und Indexgeschäft der Gruppe aufzubauen. Im Jahr 2019 wurde das Indexgeschäft ausgegründet und mit dem amerikanischen Analytics-Anbieter Axioma, Inc. zu Qontigo verschmolzen.

© Bank für Kirche und Caritas eG/Jan Braun

Dr. Helge Wulsdorf (1968), Diplom-Theologe, Bankkaufmann, ist seit 2003 Leiter des Bereichs Nachhaltige Geldanlagen bei der Bank für Kirche und Caritas eG in Paderborn, Vorstandsmitglied im Forum Nachhaltige Geldanlagen e. V., Dozent an der EBS Business School, Mitglied des BVR-Projekts »Nachhaltig Investieren« und Mitglied des Sustainable Finance-Beirats der Bundesregierung. Er hat zahlreiche Fachpublikationen zu wirtschaftsethischen Fragen und Nachhaltigkeitsthemen veröffentlicht.